MULTINATIONAL HUMAN
RESOURCE MANAGEMENT

跨国企业
人力资源管理

赵晓霞·著

社会科学文献出版社
SOCIAL SCIENCES ACADEMIC PRESS (CHINA)

序 一

随着经济全球化和信息技术的快速发展，越来越多的企业跨出国门投入到世界市场的竞争中。目前，世界上多数企业的业务都与其他国家的企业有直接或间接的关系，国际间企业的合作促进了区域和世界经济的发展，跨国企业的发展推动了经济全球化的进程。

《跨国企业人力资源管理》是一部在深入研究国内外人力资源管理前沿理论的基础上，集中探讨跨国企业人力资源管理理论与实践的专著。作者围绕跨国企业人力资源的敏感问题和实际问题，从人力资源管理的实践出发，在书中构建了完整的跨国企业人力资源管理体系。

在研究方法上，作者综合运用经济学、管理学的一般分析方法，通过资料分析、跨国企业调查、比较研究等，以客观、动态发展、跨学科的研究视角，对跨国企业人力资源管理的体系，以及所涉及的职能进行了系统归纳；特别对跨国企业的经营环境、跨国企业文化、管理决策、人力资本教育投资等问题给予深刻阐述，并提出了独到的见解。

关于跨国企业经营环境问题，作者认为，跨国企业经营实际上是跨国企业本土环境适应的过程。这一观点的意义在于，如何面对外部环境的变化，利用本土的资源和优势进行经营活动，是跨国企业保持竞争优势的必要条件。

关于跨国企业文化的多元化问题，作者的分析表明，跨国企业文化的多元化和企业经营者对多元化的认识与适应，给跨国企业管理带来了新的挑战。优秀的经营者必须以独到的经营理念不断调整自己的管理方式，以适应变化着的跨国企业的外部和内部环境；必须在善于理解东道国文化的基础上，公平、客观、全面地面对现实，有意识地使企业文化达到适应东道国文化的最佳状态。成熟的跨国企业文化，应在保持本国文化特色的同时，适应于东道国文化，成为融合于东道国文化中的优良竞争企业。书中对多元化经济社会中跨国企业的社会责任和企业价值取向问题的观点十分重要。企业创造利润是企业行为的目的之一，而不是唯一的目的；企业价值应该与外部环境即社会价值的取向一致，同时肩负起对社会的责任与义务，这是保证跨国企业持续性发展的重要条件。

关于跨国企业管理决策问题，作者强调企业管理者的决策能力决定企业的前途与命运，是跨国企业人力资源管理职能的重要内容之一。领导决策的正确与否，关系到跨国企业的全局方向和事业的兴衰，必须予以高度重视。由于跨国企业所处的特殊社会环境和法律、风俗习惯等的影响，其领导决策与在本国的决策有着很大的差异性。成功的领导者不仅依赖于一种领导风格，而且要根据情境的需要，在合适的时间和场合，灵活选用合适组织的领导风格。

关于人力资本教育投资问题，作者通过美日关于教育投资与雇佣的变化关系，提出企业激励性教育投资与收益的有效性问题。值得注意的是，作者强调企业"特殊培训"与人力资本形成的关系。特殊培训对实施培训的企业可大大提高其生产力，完全的特殊培训可以大幅度增加培训企业的劳动生产率。如日本实施的 OJT（on the job training）、工作轮换等均属于企业内的特殊培训。

我认为，本书对跨国企业人力资源管理理论的学习与实践有很高的参考价值；对在华外资的人力资源管理，以及外资企业本土化管理都将有一定的借鉴作用；对在华的外资企业了解中国员工的意向，以及引进和培养人才等有较大的参考价值。

国际金融危机给中国企业带来了新的挑战与机遇。随着中国经济的发展和对外开放的深入推进，中国已成为世界经济中的一支重要力量。因此，希望本书对中国企业跨出国门，吸收国际社会资源，对中国企业在其他国家进行经营与管理活动，有一定的参考和借鉴作用。

中国工程院士

中国社会科学院学部委员　学部主席团成员

2010 年 8 月

序 二

《跨国企业人力资源管理》一书，是作者长期以来从事人力资源管理研究和探索的结果。多年来，在人力资源管理的研究与教学实践中，赵晓霞同志始终致力于对人力资源管理内涵及人力资源价值的探索，关注和追踪跨国企业人力资源管理理论与实践的进展。本书在追踪发达国家人力资源管理理论以及跨国企业人力资源管理实践经验的基础上，对企业人力资源管理理论以及跨国企业人力资源管理的基本框架和内涵进行了重新整理和阐述。

人力资源管理的理论源于企业的管理实践。从 19 世纪末泰勒（Taylor. F. W）提出"科学管理"以来，管理学大致经历了人际关系学、行为科学、人力资源管理、人力资本投资与人力资本产权实现等发展阶段。在管理学发展的过程中，人们逐渐认识到，人力资源管理的形成与发展是理论与实践相结合的过程，是围绕企业发展、处理好企业经营效益与员工利益关系的问题。

作者系统阐述了科学管理研究的先驱学者对管理理论的研究，大致可归类为追求"经济人"效益与"社会人"效益两个不同的视角。在现代化初期，人力资源管理的研究与应用有单纯追求经济效益的倾向。到 20 世纪 60 年代，情况发生了变化。美国通过技术革新使生产力达到了新的高度，但对公司的员工来说，紧张的机械过程使工人产生了厌倦工作和疏远工作的现象，劳动积极性及劳动生产率大幅下降。

除美国之外，日本在经济高速发展时期，企业的主要目的也是过度追求企业经济效益和降低生产成本，对员工实行了封闭式管理和一系列严格的考核制度。

由于极度追求"经济人"效益，忽视了"社会人"的价值，其结果给员工在精神上造成高度紧张，甚至出现了"过劳死"的现象。

作者从经济学的视角对经济增长与科学的人力资源管理产生的历史必然性进行了概括，评述了传统管理学理论和人力资源管理的发展过程，阐述了以舒尔茨（Schultz，T. W.）、贝尔（Becker，D. S.）为代表的"人力资本教育"学说，以及以麦金森（Megginson，L. C.）、金斯伯格（Ginzberg，E.）为代表的重视"人的多面性"与"人的尊严"的"人力资源论"学说，并对二者进行区别分析，这种区别分析是以前没有人做过的。

本书特别提出，20世纪60年代美国技术革新在使生产力达到高度机械化的同时，产业界与学术界提倡"劳动的人性化"（humanization of work）热潮，出现要求提高"劳动生活的质量"（quality of working life，QWL）的理论，这是人力资源管理理论发展的一个重要阶段。作者对"劳动生活的质量"理论及观点进行了系统归纳与分类，并认为，人力资源管理的形成与发展是理论与实践相结合的过程，是围绕企业发展处理企业的经营效益与员工管理关系的过程。在经济社会发展初期，人力资源管理的研究与应用有追求其经济效果的倾向。作者进一步阐述，从社会进步和企业可持续性发展的角度看，企业人力资源管理单纯追求经济效益是远远不够的，企业在创造价值和追求产能的同时，也应是员工个体价值实现的过程；在人力资源管理与人力资本的关系问题上，作者提出，人力资源与人力资本理论同在西方工业经济已经成熟的背景下产生，是两个密切相关的概念，两者在理论视角和分析内容上虽然有所不同，但在研究过程中两者不可避免地相互联系、相互影响、相互交替与包容，人力资本理论比人力资源理论更进一步强调人的价值。作者的这些见解，是颇有见地的。

可以说，人力资源管理是从单纯的人事管理，把人作为资源，并向"社会人"管理的根本性转变，是企业从单纯追求经济效益到实现企业可持续发展的转变。从社会进步和企业持续性发展的视角，企业人力资源管理单纯追求经济效益是远远不够的，在管理学的发展史上已证明了这一点，并已显现出它的局限性和非人性的一面。因此，人力资源管理"社会人"的意义显得尤为重要。企业在追求经济效益和产能的同时，也应是员工共同价值的体现，只有真正树立起"尊重人的尊严"的管理理念，才能充分调动员工的积极性，使员工的生产能力和潜能得到有效发挥。人力资源管理应在最终实现企业生产目标的同时，考虑员工的心理健康、自尊心、自我开发等内在要素，使员工个人价值得到体现。这就是本书最为精彩之处。

全国政协委员

中国社会科学院学部主席团秘书长　研究员

2009 年 12 月

目 录

CONTENTS

第 1 章
人力资源产生的历史必然性

人力资源管理的形成与发展是理论与实践相结合的过程，人力资源管理的理论源于企业的管理实践。这可大致归类为追求"经济人"与"社会人"两个不同的视角。在经济社会发展初期，人力资源管理的研究与应用有追求其经济效果的倾向。

从英国资产阶级古典政治经济学的创始人亚当·斯密开始，即对经济增长的源泉进行探讨。亚当·斯密的代表作《国富论》（*The Wealth of Nations*）就是研究如何使财富获得增长的经济学奠基之作。它汇集并发展了此前一个多世纪以来经济思想的优秀成果。亚当·斯密经济理论体系的科学成分在于：首先，在研究方法上克服了重商主义停留于研究经济表面现象的缺陷，对经济增长源泉的探讨从流通领域深入到资本主义生产关系内部联系之中，因而作了许多符合实际的贡献。其次，提出了劳动决定商品价值的观点，最先明确地将经济增长同人力资源、人力资本紧密地联系起来。

第一节　经济增长之源泉——人力资源

亚当·斯密在《国富论》中谈到，一国国民所有后天所获得的有用能力是资本的重要组成部分，因而获得能力需要支出费用，所以这可以被看做每个人身上固定的、已经实现了的资本。当这种能力成为个人能力的一部分时，也就成为社会财富的一部分。一个工人技能的提高，如同一部机器或一件工具，可以节约劳动，提高效率。虽然提高工人技能要投入相当多的费用，但它能生产出来更多的利润，足以补偿费用的支出。亚当·斯密提出了劳动技巧的熟练程度和判断能力的强弱必然要制约人的劳动能力和水平，而劳动技巧的熟练水平要经过教育培训才能提高，教育培训则需要花费时间和付出学费。

关于劳动的价值，马克思（Karl Marx）运用科学的唯物史观，提出在生产过程中人的主导地位与作用。他认为人的劳动最具有能动性，是生产的主控要素。马克思还论述了复杂劳动比简单劳动可以创造更多的社会财富的观点。他认为，从事复杂劳动的劳动者需要较高的教育费用或培养这些技能需要更多的劳动时间，因此具有较高的价值。他认为劳动力价值就是生产和再生产劳动力所消耗的生活资料的价值，其中包括劳动者本人恢复体力和智力所必需的生活资料，维持家庭及子女生活所必需的生活资料，以及教育和培训劳动者所必需的生活资料价值。马克思还特别指出，教育和培训作为提高劳动者劳动能力的重要途径，它的花费是构成劳动力价值的重要组成部分。

一 人力资本论与人力资源开发学说

人力资本理论的研究与发展，对人力资源开发与管理理论的形成与发展起到了重要作用。20 世纪中叶，以舒尔茨（Schultz, T. W. ）为代表的人力资本（human capital）理论在西方兴起，提出了与"物质资本"相对应的"人力资本"的概念，从宏观上提倡人力资本投资的重要性及人力资本的经济价值。按照舒尔茨的观点，完整的资本概念应包括人力资本和物质资本。人力资本属于资本的范畴，是相对于物质资本的一个概念，具有"非物质性"，因此，把舒尔茨有关人力资本的内容和资本的特征结合起来界定其含义，即人力资本是经过长期性投资形成的体现于劳动者身上的由智力、知识、技能和健康状况构成的资本。他认为，人力资本属于"总括性的资本概念"。

舒尔茨[①]认为，现代经济发展已经不能单纯依靠自然资源和人的体力劳动。科技进步必须要求提高体力劳动者的智力水平，增加脑力劳动的成分，以此来带动现有的生产要素，强调应从宏观上提倡人力资本投资的重要性以及人力资本的经济价值。他认为，土地、厂房、机器、资金等已不再是国家、地区和企业致富的源

---

① 1960 年，美国著名经济学家舒尔茨在美国经济学年会上发表了题为《论人力资本投资》的演说；其代表作《论人力资本投资》论述了人力资本理论，开创了人力资本研究的新领域。

泉，唯独人力资源才是企业和国家的富裕之泉。人力资本是通过对人力资源投资而体现在劳动者身上的体力、智力和技能，它是另一种形态的资本，与物质资本共同构成了国民财富，这种资源是企业和国家生产和发展之根本，"人的知识、能力、健康等人力资本的提高对经济增长的贡献远比物质、劳动力数量的增加重要得多"。

贝克尔（Becker, G. S.）接受了教育经济学的权威——舒尔茨的提倡，在其著作《人力资本》一书中，把人力资本投资定义为通过增加人身上的资源（能力）来影响其未来货币收入和心理的活动。他认为这种投资有很高的回报率，人力资本投资有较长的时效性；在进行资本投资时，既要考虑当前的经济利益，又要考虑未来的经济效益。在贝克尔看来，职业培训是人力资本构成和投资的重要内容，且在职培训主要有两种模式，即一般培训和特殊培训[①]。

彼得·德鲁克（Peter F. Drucker）1954 年在其《管理的实践》一书中提出"人力资源"的概念。他指出："与其他所有资源相比较而言，唯一的区别就是它是人"，并且是经理们必须考虑的具有"特殊资产"的资源。德鲁克认为人力资源拥有当前其他资源所没有的素质，即"协调能力、融合能力、判断力和想象力"。德鲁克关于"人力资源管理"概念的提出正如他自己在其著作中所说的："传统的人事管理正在成为过去，一场新的以人力资源管理开发为主调的人事革命正在到来。"

对于人力资本理论以及相关政策的研究，哥伦比亚大学的金兹伯格（Ginzberg, E.）教授，从社会学、政治学、文化人类学等学术视野，进行了跨学科的综合性研究与分析，从宏观上提出了"人力资源的开发体系"（the manpower development system）的概念。这一概念的提出，使得"人力资源"取代了历来的"人力资本"经济模式中的"商品价值"的概念。传统的"人力资源"商品价值的概念，即把人作为"经济人"，以经济效用最大化作为行动的原理，强调人的经济作用。而金兹伯格提出的"人力资源"概念，认为人的心理现象是由复杂和多方面因素构成的，人作为一个社会的实体，处在一定的社会系统之中。在研究人的决策和人的行为过程时，除了研究人们的心理现象外，还要考虑人的生长环境、社会、经济制度、国家政策以及社会的思潮等诸多因素，这些都是影响人们决策的重要因素。

---

① Becker, G. S., *Human Capital：a Theoretical and Empirical Analysis，with Special Reference to Education*，2nd，New York：Columbia University Press，1975.

在金兹伯格的"人力资源的开发体系"中，分为人力资源开发体系和人力资源使用体系。人力资源开发体系主要包括家庭、教育机构以及雇佣单位三方面。该体系认为家庭的文化背景、父母的职业以及收入直接影响孩子人格的形成，对今后的社会适应能力以及形成人的基本素质起着重要作用；教育机关包括正规的教育机关、民间的教育培训，以及职业培训等，对人们今后就业的选择，以及为参与市场劳动获得知识和技能起着重要作用；雇佣单位开发主要是指在工作过程中所接受的岗位培训，在职培训是一般教育机构不能完成的，具有掌握职业技能、与实际工作紧密结合的特点，因此，在职培训是雇佣单位经营活动的重要环节，学习新的技术以及掌握新技能的培训过程，其本身就促进了生产活动，具有很重要的意义。人力资源的使用体系主要是雇佣单位。作为人力资源的使用单位，对员工职务设计、绩效评估、晋升以及岗位培训、劳动政策的实施等负有重要责任。此外，直接影响这两个体系的是包括政府以及经济环境等在内的社会价值体系（见图1-1）。

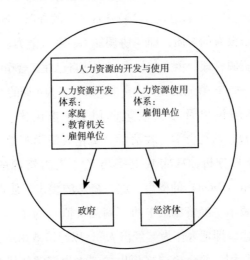

图1-1 人力资源开发与使用体系的构成

资料来源：Ginzberg，E.，*The Human Economy*，
New York：McGraw-Hill，1976。

二 古典管理理论与诸学派学说

人力资源管理问世于20世纪70年代末，是一门有关如何管理人、使用人的科学。它从传统的人事管理演变而来，是传统人事管理的现代术语。但人力资源管理不能按照传统的人事管理来认识，因为人事管理与人力资源管理的性质完全不同。在美国，20世纪30年代被称为人事管理（personnel administration）阶段。30年代后期，随着工会的发展，人事管理也被称为"劳使关系"（personnel management and labor relations）。在当时，人事管理的主要内容有雇佣、服务、培训、就业、工资、福利、劳使关系等。20世纪初随着工业化进程的加快，管理理论的研究与实践均呈现出空前的繁荣，流派迭出。在研究方法上展开了经营学、劳动经济学、产业社会学、产业心理学（包括人际关系、行为科学）、劳动生理学等跨学科的综合研究。美国管理学家、管理过程学派的主要代表哈罗德·孔茨（Harold Koontz），对现代管理理论中的各种学派加以分类，发表了《管理理论丛林》（1961）、《再论管理理论的丛林》（1980），指出经过近二十年的时间之后，管理理论的丛林不但存在，而且更加茂密，至少产生了11个学派。哈罗德·孔茨把管理学派异彩纷呈的现象称为"管理理论的丛林"[①]。他认为到1980年为止，管理学的观点至少有11种，有管理过程学派、人际关系学派、群体行为学派、经验学派（案例学派）、社会协作系统学派、社会技术系统学派、系统学派、决策理论学派、数学学派（或管理科学学派）、全变理论学派以及经历角色学派，系统地对管理理论学派作了归纳，并分析了学派林立的原因。

人力资源论的先驱者梅金森（Megginson, L. C.），通过微观的视角研究一个企业的成长与人力资源的关系及其所产生的企业效益。梅金森指出，员工的工作环境是由经济、政治、宗教、文化、社会以及心理等多方面内容构成的。企业是员工在相互依存和相互联系中形成的工作场所，因此对企业员工的各种需求应理解为"员工的多面性"，并提倡通过对员工"人的尊严的尊重"来确立企业人事管理的指导理念。梅金森的研究给我们提示了一个深刻的道理，即企业在创造价值和追求产能的同时，也应是员工共同价值的体现；只有建立在对"人的尊严的尊重"的管理理念上，才能充分调动员工的积极性，使员工的生产能力和潜能得到有效发挥，在完成企业生产目标的同时，满足员工的心理健康、自尊心、自我开发等内在要求，使员工个人价值得到体现。

（一）科学管理运动

西方古典管理理论的主要代表、科学管理运动的创始人泰勒（F. W. Taylor,

[①] 哈罗德·孔茨（1908～1984），美国著名管理学家，管理过程学派的主要代表人物。对"管理理论的丛林"现象，于1980年在《管理学会评论》上发表论文《再论管理理论的丛林》。

1856～1915)，其提出在管理实践和管理问题研究中采用观察、记录、调查、试验等手段的近代分析科学方法，被后人尊称为"科学管理之父"。泰勒曾当过水压工厂学徒，后来转入米德维尔钢铁公司工作。在工作期间为提高生产率，提高工人的工资，他进行了一系列的科学实验和研究。其一生中在管理方面的主要著作和论文有《计件工资制》(1895)、《车间管理》(1903)、《效率的福音》(1911)、《科学管理原理》(1912) 等，其中，《科学管理原理》是一个新的管理时代的标志，掀起了一场企业管理的变革，使得西方 19 世纪末 20 世纪初的早期工厂管理向科学管理迈进了一大步。泰勒的研究激励和启示了无数的管理者，影响了人类工业化的进程。

　　《科学管理原理》的内容主要分为"作业管理"和"组织管理"。其中，"作业管理"分为：(1) 挑选"第一流的工人"。在泰勒看来，每一个人都具有不同的天赋和才能，只要工作适合于他，就都能成为第一流的工人。经过观察发现，泰勒认为人与人之间的主要差别不在智能上，而是在意志上的差异。有些人适合做这些工作，而有些人则不适合做。第一流的工人是适合于其作业而又努力工作的人。因此，在各行业中的工人都应是最适合该项工作的人。这其中就体现了泰勒的"专业分工"思想。(2) 实行工作定额制。泰勒认为在旧的管理体制下，不论是雇主还是工人，对于一个工人一天应该干多少活，都心中无数。雇主或管理人员对工人一天工作量的规定是凭经验来确定的，缺乏科学依据。在他看来，必须采取科学的方法来确定工人一天的工作量，即选择合适而熟练的工人，进行"时间和动作研究"，确定劳动时间定额，完善科学的操作方法，以提高工效。(3) 制定科学的工艺流程，使机器、设备、工艺、工具、材料、工作环境尽量标准化。同时对机器安排和作业环境等进行改进，消除各种不合理的因素，把最好的因素结合起来，从而形成一种标准的作业条件。泰勒认为，要用科学知识代替个人经验，只有实行标准化，才能使工人使用更有效的工具，采用更有效的工作方法，从而达到最大的劳动生产率。(4) 实行计件工资、超额劳动给予超额报酬的激励性工资制度。按照工人是否完成定额而采用不同的工资率，如果工人达到或超过定额，就按高的工资率付给报酬，以表示鼓励；如果工人的生产没有达到定额，就将全部工作量按低的工资率付给，并发给一张黄色的工票以示警告，如不改进就将被解雇。此外，为调动工人的生产积极性，制定了及时发放酬金的制度。作为"组织管理"，泰勒主张明确划分计划职能和执行职能，即管理和劳动相分离。工作计划必须由管理人员依据科学规律来制定，因此就需要一种事先作出工作计划的人员，即设立专门的计划部门。其主要任务是：（1）进行调查研究，以便为制定定额和操作方法提供依据。（2）制定有科学依据的定额和标准化的操作方法、工具。执行的职能由工作现场的工人和工长担任，他们按照计划部门制定的操作方法和指示，使用标准工具，从事实际的操作。泰勒认为，为提高组织的工作效率，对组织中的员工要进行有目的的管理，不但要拥有完成特定作业的最精良的机器，而且还要训练工人，掌握操作这种机器的最优化方法。

《科学管理原理》集中体现了泰勒的管理思想与研究成果，给管理领域带来重大变革。科学管理在当时美国企业界和管理学界引起广泛关注，从而成为 20 世纪生产管理的主流。在漫长的管理理论发展史中，"科学管理"是一个最重要的里程碑，标志着一个全新管理时代的来临，使得西方 19 世纪末 20 世纪初的早期工厂管理实践向科学管理迈进了一大步。

但由于历史的局限性，泰勒追求工作效率的科学管理被认为是把人作为"经济人"的"非人性化"管理，把极具人性色彩的管理变成了简单的效率衡量，忽视了人的内在需求。如，波士顿有一个兵器工厂 1909 年导入了泰勒的科学管理方式，1911 年遭到了工人的反对，并引起大规模的工人罢工，1913 年罢工达到了高潮。工会方面对反对科学管理的导入提出了四点理由：（1）科学管理加大了劳动强度和提高了工作效率，从而带来了收入的差异；（2）在生产过程中忽视了人的要素，把人视为机器一样运转；（3）所有的工作计划都由经营者来决定，是一种独裁式经营管理，员工只有服从命令；（4）科学管理忽视了工会的存在等。

泰勒的"科学管理"很明显地提高了工作效率，使企业利润最大化，同时，也使工人工资有所提高，使劳动者的生活得到一定程度的改善。但利润最大化受益者仍然是企业的经营者，忽视了工人的心理承受能力和个人工作中的自主需求，所以必然导致工人对工作的怠慢以及产生不满情绪。

（二）福特公司生产体系

作为科学管理理论应用的成功案例，福特公司首先在汽车制造工业中运用流水生产线。实现了机械化的大工业，大幅度提高了劳动生产率，出现了高效率、低成本、高工资和高利润的局面。

随着大规模生产方式在发达资本主义国家的广泛使用，涌现出了"福特体系"的大规模生产模式。1903 年由亨利·福特（Henry Ford，1863 – 1974）先生创立的福特公司，是世界最大的汽车制造商之一。1908 年，福特汽车公司生产出世界上第一辆属于普通百姓的汽车——T 形车。随着设计和生产的不断改进，1913 年，福特汽车公司开发出了世界上第一条流水线，这一创举使 T 形车产量达到了 1500 万辆，缔造了一个至今仍未被打破的世界纪录。福特先生因此被尊为"为世界装上轮子"的人。1921 年，T 形车的产量已占世界汽车总产量的 56.6%。世界汽车工业革命就此开始，从此确立了单一品种大量生产的"福特生产体系"。

流水线是把一个重复的过程分为若干个子过程，每个子过程可以和其他子过程并行运作。福特公司的流水线不仅把汽车放在流水线上组装，也花费大量精力研究如何提高劳动生产率。福特公司把装配汽车的零件装在敞口箱里，放在输送带上，送到技工面前，工人只需站在输送带两边，节省了来往取零件的时间，而且装配底盘时，让工人拖着底盘通过预先排列好的一堆零件，负责装配的工人只需安装，这样装配速度自然就加快了。第一条流水线使每辆 T 形汽车的组装时间由原来的 12 小时 28 分钟缩短至 10 秒钟，生产效率提高了 4488 倍。福特汽车在一年之中生产几十万辆汽车，这个新的系统高效率，节约成本，结果使汽车的价格由最初的每辆售价 850 美元降至每辆 260 美元。1913 年美国人均收入为 5301 美元，1914 年一个工人工作不到 4 个月就可以买一辆 T 形车。在现代化社会大生产中，以汽车、家电等产品为代表的大批量生产方式是一种主要的生产类型。现代的流水作业生产方式起源于福特制，福特是管理方式的变革者，他将大众消费和大规模生产结合起来，开拓了现代社会工业史的新纪元，使美国的社会经济从以生产定向转向了以消费定向，实现了"低价格、高工资"（low prices and high wages）的经营理念。

福特生产模式被广泛地应用于汽车生产中，节省了时间，降低了成本，增加了产量，同时也提高了工人的工资。但是，应该指出，福特的生产模式使企业组织内部形成极度的等级制及劳动分工，缺乏有效的激励措施，长此以往，会使工人对工作产生倦怠感。大规模生产提高了生产效率，提高了工人的工资，但单纯的高工资并不能使工人需求得到满足，可以说福特生产模式忽略了劳动者的内在需求和作为有独立人格、有感情生命体的存在价值。20 世纪 70 年代，由于福特主义的内在缺陷以及外部环境和条件的变化不断显性化，以及市场饱和消费模式发生的多样化转变，使建立在标准化产品、长周期生产基础上的生产模式不再具有大规模生产的优势，致使福特主义企业组织获取高额利润更加困难，发达资本主义国家进入了长期经济结构调整阶段。

第二节 人力资源管理"劳动人性化"学者与观点

从 19 世纪末泰勒提出"科学管理"以后，管理学大致经历了人际关系学、行为科学、人力资本、人力资源管理（HRM）等发展阶段。这个发展过程可以使人们逐渐认识到人力资源管理的发展形成是理论与实践相结合的过程，是围绕企业的发展处理企业的经营效益与员工管理关系的过程。因此，人力资源管理的理论源于企业的管理实践，是企业最初的劳务管理和人事管理后来发展为人力资源管理的演变过程。科学管理研究的先驱学者对管理理论的研究，大致可归类为追求"经济人"与"社会人"两个不同的视角。在经济社会发展初期，人力资源管理的研究与应用有追求其经济效果的倾向。

一 "劳动人性化"的新命题

20 世纪 60 年代末到 70 年代，随着福特制的大批量生产方式与自动化生产和企业的发展产生了新的矛盾。大批量生产方式提高了工人的工作效率，但工作的细分和单纯化劳动，使工人丧失劳动的技能，工人的做工没有实质的内容。久而久之，使劳动的质量降低，带来了所谓"劳动的衰退"（degradation of work）现象。可以说，大批量生产增强了劳动的无意义感和工人的孤独感。其结果是工人的工作怠慢和不良质量产品的出现。导致工人发生缺勤、高移动率、罢工等现象。在此背景下，如何改善劳动环境，使工人工作更为有意义，以及对工作的轮换、工作内容的扩大、工作的充实和半自律工作等劳动人性化管理的制度安排与改善，成为当时学界与企业界关注的焦点。

"劳动的人性化"（Humanization of work）作为新的命题，在美国、英国等西方发达国家迅速展开，1972 年 9 月，在美国纽约召开了"关于工作生活质量国际会议"。根据会议决议，成立了"关于工作生活质量国际委员会"（国际 QWL 委员会）。随着国际组织的"产业民主主义"运动的展开，在企业与管理层之间"工作再设计"（job redesign）与"劳动的人性化"等术语被广泛使用。虽然这些概念的内容和观察视角各不相同，但围绕着劳动者的工作环境及工作条件的改善，强调人性化管理以及"劳动生活质量"（quality of working life，QWL）的改善和对策方面，学者们有着广泛的共识。国际劳工组织（International Labor

Organization，ILO）对劳动的人性化真正内涵的解释为"改善劳动者的工作环境及诸劳动条件的国际项目"。这个项目的根本目的是"使劳动更为人性化"，保护劳动者的生命和健康，确保劳动者拥有更多的工作时间，以及通过对劳动者个人能力的开发，使员工在工作中得到充实和满足。

二　行为科学的贡献与人际关系论

1. 人际关系论

行为科学理论广泛应用于管理学，主要是分析研究工人在生产中的行为，以及这些行为产生的原因。研究内容包括人的本性和需要、行为动机，特别是生产中的人际关系等。从尊重个性的角度来讲，行为科学为实现员工的有效利用，以及在管理技法上发挥了重要作用。现在管理学中的行为科学是应用心理学、社会学、人类学及其他相关学科的成果，是研究管理过程中的行为和人与人之间关系规律的一门科学。行为科学的产生是生产力和社会矛盾发展到一定阶段的必然结果，也是管理思想发展的必然结果。泰勒科学管理理论建立以后，社会经济、政治、文化发展状况导致了行为科学的兴起。可以说，行为科学的产生是当时社会政治、经济和文化背景下的产物。

20世纪20年代，人际关系论（human relations）的创始人、哈佛大学心理学家梅奥（Elton Mayo）等人在芝加哥附近的霍桑工厂进行了著名的"霍桑试验"，揭开了作为组织中的人的行为研究的序幕。1924～1932年间的美国国家研究委员会与西方电气公司合作开展的这项研究，探讨工作环境（照明及其他条件等）对工人和生产率的影响，研究心理和社会等因素对工人劳动过程的影响。研究人员先后进行了四个阶段的实验：照明实验、继电器装配工人小组实验、大规模访谈和继电器绕线组工作室实验。

试验结果出乎意料：无论工作条件、照明增强还是减弱，试验组和非试验组的产量都在不断上升；在研究人员打算宣布整个试验失败之际，梅奥发现了某些不寻常的东西，与罗特利斯伯格（F. J. Roethlisberger，1898 - 1974）等人继续展开研究。实验中发现，在改善休息时间或工厂温度等的情况下，产量依然不断上升，无法解释生产率变化的原因。为此，梅奥对传统假设与实验所观察到的行为之间做出了如下解释：（1）影响生产效率的根本因素并不是工作条件，而是工人自身。"被注意"导致了劳动生产率的提高。（2）生产率的提高是由一些社会因素在起作用，在工作中，劳动集体成员之间满意的相互关系，以及工人为集体所接受的融洽性和安全感比奖励性工资更重要。这被称为"霍桑效应"。

梅奥提出了自己的观点，认为工人是"社会人"而不是"经济人"，工人并不以单纯追求金钱为动机；工人有追求社会的、心理方面的需求，以及人与人之间的友情、安全感、归属感和受人尊敬等；企业中存在着非正式组织，非正式组织的作用在于维护其成员的共同利益，非正式组织中，有大家共同遵循的观念、价值标准、行为准则。因此，重视非正式组织的作用，才能使管理人员与工人之间进行协调与合作；领导能力在于提高工人的满意度，在决定劳动生产率的诸因素中首先是工人的满意度，生产条件、工资报酬只是第二位的。

罗特利斯伯格作为哈佛大学企业管理学院梅奥的一名主要助手，参加了著名的"霍桑实验"，对研究成果起到很大的作用，并提出了一些独到的见解。罗特利斯伯格认为，工厂的劳动者并非理性的"经济人"，并不是以逻辑思维来判断事物；他们是有感情的，是有着各种动机和价值观的复合体，希望通过自己的劳动感受工作的重要，希望在工作中得到满足和上级对自己的尊重及认可。生产效率主要取决于职工的工作态度和人们的相互关系。工人的"士气"是调动工人积极性的关键因素。获得的工资报酬要能反映工人所做不同工作的社会价值。罗特利斯伯格的研究提出了企业中的人首先是"社会人"，即人是社会动物，而不是早期科学管理理论所描述的"经济人"的思想。

罗特利斯伯格认为，企业的经营环境是一个"社会体系"，其中包含着"技术组织"与"人的组织"两个相互关联的方面。人的组织是一种社会关系的形式，其内容可分为"正式组织"和"非正式组织"两种。正式组织以效率逻辑为重要准则，即依据一定的方针、制度，明确规定人与人之间的各种关系；然而，存在于经营活动中的人际关系形式往往不是通过正式组织来表现的，而是通过一种"无形组织"即自发的非正式组织来表现的，是一种自然产生的人际关系形式。自发的非正式组织对其组织成员的评价与正式组织有很大的不同，它不以这些个人在正式组织的经营活动中的表现为其标准。

"霍桑实验"推动了管理学的发展，确立了行为科学的概念。可以说行为科学理论体系的确立，在很大程度上得益于"霍桑实验"对人性的探索。其实，在这之前就涌现出了一批工业心理学家，为解决工业和经济领域中产生的问题，从各种不同角度进行了一系列研究。工业心理学家（Industrial psychology）强调探究人们在工作时的行为和产生这种行为的原因，研究工人做工的工作动机、人的心理和人的行为的内在联系，从而更好地满足工业生产与劳动者的需求。工业心理学是应用于工业领域的心理学分支。它主要研究工作中人的行为规律及其心理学基础，其内容包括管理心理学、劳动心理学、工程心理学、人事心理学、消费者心理学等。雨果·闵斯特伯格（Hugo Munsterberg，1863－1916）是工业心理学的主要创始人，他用传统的心理学研究方法研究工业中的实际问题。闵斯特伯格认为，心理学应该对提高工人的适应能力与工作效率作出贡献。他希望能对工业生产中人的行为，作进一步的科学研究。他研究的重点是：如何根据个体的素质以及心理特点，把他们安置到最适合他们的工作岗位上；在什么样的心理条件下可以让工人发挥最大的干劲和积极性，从而能够从每个工人处得到最大的、最令人满意的产量；怎样的情绪能使工人的工作产生最佳的效果。他在其所著《心理学与经济生活》（1912）一书中，论述了对人类行为进行科学研究以发现人类行为的一般模式和解释个人之间差异的重要性。该书研究：（1）最适合的人，即研究工作对人们的要求，识别最适合从事某种工作的人应具备什么样的心理特点，将心理学的实验方法应用在人员选拔、职业指导和工作安排方面。（2）最适合的工作，即研究和设计适合人们工作的方法、手段与环境，以提高工作效率。他发现，学习和训练是最经济的提高工作效率的方法和手段，物理的和社会的因素对工作效率有较强的影响，特别是创造工作中适宜的"心理条件"极为重要。（3）最理想的效果，即用合理的方法在商业中也同样可以确保资源的合理利用。他研究了对人的需要施加符合组织利益的影响的必要性。

2. 人性管理理论

行为科学理论的主要代表、美国心理学家道格拉斯·麦格雷戈（Douglas M. Mc Gregor，1906－1964）在其所著《企业的人性方面》（1960）一书中提出 X 理论和 Y 理论（theory X and theory Y）。该理论完全基于两种完全相反假设的理论：X 理论（强制型）是一种传统观念，认为人们有消极的工作原动力，普通人生性懒惰，尽可能地少工作；对组织漠不关心；必须采取强制、命令、惩罚、控制的办法。而 Y 理论（责任型）希望自我实现，认为人们有积极的工作原动力。人们身上都存在着发展的潜力和承担责任的能力，以及愿意把自己的行动指向组织目标的特性。因此，消极被动和抵御组织并不是人的天性，要注重发掘、鼓励，致力于组织目标，以实现他们自己的目标。

　　麦格雷戈以人本主义的观点，回应了传统的忽略人的本性和内在需求的管理方式，试图用 Y 理论来解释 X 理论所遭遇的困境。他将传统的忽略人性管理的观点称为 X 理论，将对人性作出一种新的管理观点的假设称为 Y 理论。他认为，有效地引导和激发员工的内在需要，他们就会积极进取，不仅能够承担责任，还能勇于接受具有挑战性的新任务。

　　X 理论和 Y 理论的差别在于对人的需求与看法不同，采用的管理方法也有所不同。X 理论的管理是采取严格的控制和强制方式。Y 理论的管理是创造一个多方面满足员工需要的环境，使人的智慧、能力得以充分发挥，以便更好地实现组织和个人目标。

　　此外，组织心理学与行为科学的先驱者克瑞斯·阿吉里斯（Chris Argyris），注重经验的学习，将研究与行为科学结合起来，提出了"个性与组织"的概念，称为"不成熟—成熟"理论，即组织行为首先是两个要素，即个体和正式组织的相互融合。他认为：人都是从不成熟逐渐发展到成熟，这种发展是一个自然的过程，但由于环境、管理制度的限制，很多人没有完成这一过程，只有少数人达到了完全成熟，但随着社会的发达，成熟的人会越来越多。从不成熟到成熟的过程包括七个方面，即：由被动转为主动；由依赖转为独立；由有少数技能发展到能做多种动作；由兴趣浅薄发展到兴趣浓厚；由目光短浅发展到有远见卓识；由附属地位发展到平等或优越地位；由缺乏自我认识发展到自我意识和自我控制。阿吉里斯认为，组织中的个体有独立的人格，不认同传统管理理论所解释的，只是整部机器的一个零件，只能受组织的约束。并认为，每个人随着年龄的增长，从不成熟转为成熟，但成熟的进程则不尽相同。其研究的目的是探索领导方式对个人行为及其在环境中成长的影响。

三　"劳动生活质量"学者与观点

　　对于"劳动生活质量"的概念，美国职业培训与开发委员会定义为：工作生活质量对于工作组织来讲是一个过程，它使该组织中各个级别的成员积极地参与营造组织环境，塑造组织模式，产生组织成果。这个基本过程基于两个孪生的目标：一是提高组织效率，二是改善雇员工作生活质量。

　　戴维斯（Davis, L. E.）针对当时劳动生活质量的恶化，认为劳动生活质量内容应是劳动者和劳动环境等各个方面质量的提高，在职务设计上，技术及经济要素中强调被忽略的人性化要素。他认为，劳动生活质量的要素包括：就业、劳动保障、薪酬和公正的待遇，舒适、安全的作业环境，合理的工作时间，以及克服低效率的烦琐的事务性工作和官僚主义作风，提倡员工的自我开发和柔性劳动时间等。由于劳动人性化有着广泛的内涵，学者们提出了很多见解。归纳起来有以下几个方面：（1）公平、公正的待遇。平等就业、劳动的保障，公平、公正的劳动报酬和待遇，以及安全健康和良好的工作环境。（2）员工的个性化管理。主要包括工作的方法、给予员工能力开发的机会、员工自律以及继续学习等。（3）工作岗位的民主作风。明确员工的权利与责任，员工有权参与经营决策。保护员工个人隐私，员工有言论自由的权利。（4）工作和生活的协调。防止员工过度加班及频繁的职务轮换，以及过度的在职培训和频繁出差等。（5）企业组织的社会作用。注重员工工作的社会性，塑造企业形象，以及员工之间工作岗位上的良好人际关系。

学者们对劳动生活质量的研究，其研究方法与研究视角各有不同。把劳动人性化作为企业劳务管理的指导理念，强调劳动人性化在企业管理工作中的重要意义的研究，可以称为"广义的 QWL"；对劳动生活质量的研究表现在具体工作的岗位上，包括员工职务设计、企业决策、员工职业规划以及劳动时间等具体事宜上的研究，可以称为"狭义的 QWL"。有关劳动生活质量的研究以及学者的主要观点详见表 1 –1。

在劳动管理 QWL 研究上，虽然观点、研究视角与内容各有不同，但在劳动人性化的认识以及管理变革意识上有着共通性，对旧的劳务管理中无视劳动者人性的变革意识和问题提出的姿态一致。QWL 的核心论点是，企业管理过程中，充分体现人性化管理，把员工的利益放在重要位置上。把员工的需求和工作满意度放在管理的日常工作上。探讨员工工作生活质量，考虑到员工的心理健康、自尊心、自我开发和对工作的责任感，实现组织目标和员工个人目标的统一。

四 人力资源管理的发展阶段

人力资源管理的发展与形成经历了漫长的过程，对人力资源管理的发展阶段有不同的划分。例如，美国华盛顿大学的弗伦奇（W. L. French）认为，早在 20 世纪初，现代人力资源管理的内容已经形成，之后的发展主要是在观点和技术方面的改进。发展历程可划分为六个阶段：第一阶段为科学管理运动；第二阶段为

表 1 - 1　劳动生活质量的研究与学者观点

	学　者	主要观点	管理过程中具体实施方法
广义的 QWL	弗伦奇	改善劳动生产率和员工的劳动生活质量，协调劳资关系	强调劳资之间面对问题共同解决，建立新型劳资关系。区别于传统的谈判方式，双方共同收集信息，发现问题，共同讨论，建立新型"统合交涉"，协调劳资关系
	科尔曼 (Coleman, C. J.)	员工要求的人性化管理与组织的经济效益统合	强调管理者的作用、员工的作用、劳动观念三项结合的观点。意味着这将成为今后劳动管理的基本原则和规范
	德斯勒 (Dessler, G.)	通过组织，考虑如何满足员工的重要需求	如何提高员工在工作岗位上的个人满意度，成为管理者的指导理念。作为提升 QWL 的对策是，加强职业技能的开发以及职业生涯规划等
狭义的 QWL	舒勒 (Schuler, R. S.)	员工通过劳动，感到个人需求的满足与价值的实现	提高组织效率与满足员工的需求和价值观相结合，创造良好的企业文化氛围。员工参与管理决策及职务设计成为制度化
	梅金森	强调员工的决策权，柔性的工作时间及有效的管理方式	对于员工，其工作的意义是：工作满意在于参与企业决策权、柔性的工作时间及管理者有效的管理。使岗位职务设计及柔性劳动时间制度化，员工获得工作的满意报酬，提高工作业绩
	维特和戴维斯 (Werther, W. B. & Davis, K.)	职务设计体现劳动效率和员工的满足度	使更多的员工在劳动生活中产生兴趣，工作富有意义和挑战性，对其具体的对策是职务再设计
	杜柏林 (DuBrin, A. J.)	员工通过工会的组织活动，使个人的需求得到满足	为提高员工的劳动士气与生产效率，改善组织文化氛围与士气，对企业的决策权等做制度安排。如建立 QWL 委员会等

资料来源：根据相关学者的研究观点整理。

工业福利运动；第三阶段为早期的工业心理学；第四阶段为人际关系运动时代；第五阶段为劳工运动；第六阶段为行为科学与组织理论时代。以罗兰（K. M. Rowland）和费里斯（G. R. Ferris）为代表的学者根据人力资源管理的功能，提出了五个阶段的划分：第一阶段为工业革命时代；第二阶段为科学管理时代；第三阶段为工业心理时代；第四阶段为人际关系时代；第五阶段为工作生活质量时代。科罗拉多丹佛大学的卡肖（Wayne F. Cascio）认为，人力资源管理的发展经历了档案保管阶段（20 世纪 60 年代）、政府职责阶段（20 世纪 70 年代前后）、组织职责阶段（20 世纪 70 年代末到 80 年代）和战略伙伴阶段（20 世纪90年代）四个阶段。从古典管理理论到现代人力资源管理，作者通过对管理各个发展阶段的回顾，从科学管理、工业心理学、人际关系论、劳动的人性化、行为科学，以及组织行为学等发展历程进行了归纳总结（见图1-2）。

科学管理（1910~）

泰勒，科学管理之父,《科学管理方法》（1911）；
福特，福特生产体系，开发出世界上第一条流水线

工业心理学（1910~）

罗特利斯伯格，工业心理学创始人，在《心理学与工业效率》一书中发现人类行为的一般模式和解释个人之间差异的重要性。1）最适合的人；2）最适合的工作；3）最理想的效果。研究了对人的需要施加符合组织利益的影响的必要性

人际关系（1920~1940年）

梅奥等人提出"人际关系理论"（human relations theory）；
卢梭工厂实验：照明实验、面接实验、作业实验等；
约德（Yoder, D.），从事劳动力市场、劳动力管理研究

人力资本理论（1960~）

舒尔茨，"人力资本理论"创始者，从宏观上提出人力资本教育投资的意义以及人力资本的经济价值；贝克尔，继承舒尔茨人力资本理论，提出企业培训的重要意义和"一般教育"与"特殊教育"

行为科学（1960~）

马斯洛，创建了需求层次一说：生理、安全、社交、尊重、自我实现；麦格雷戈的"X理论"与"Y理论"；阿吉里斯、赫兹伯格、李克特（R.Likert）等，关注当时美国社会的经济、雇佣，以及黑人运动、人性、自由、人的尊严等

组织行为学（1960~）

巴纳德（Barnard, C.I.），社会系统学派。提出组织均衡论和协调社会、个人与组织的关系；认为，组织是一个开放系统，组织与外界环境有着动态的相互作用，并能不断地自行调节，适应环境和自身的需要。赫伯特·西蒙（Simon, H.A.），强调决策在组织中的重要地位，认为决策贯穿管理的各个方面，提出"有限理性"的概念。布克利（Walter Buckley）提出系统论（systems theory），认为一个系统是开放的，不仅仅因为与其环境的相互联系，相互联系是组织系统变化的关键因素

劳动的人性化（1970~）

劳动的人性化（Humanization of work）的兴起；
劳动生活的质量（Quality of working life，QWL）以美国、英国为主的QWL运动；其背景是机械化带来了厌倦工作和疏远工作现象

人力资源开发（1970~）

比奇（Beach, D.S.）等提出劳资关系，提倡工会的作用以及企业对员工和社会的责任；斯托瑞（Storey, J.）提倡人性化人力资源管理；泰森（Tyson）认为规范人力资源管理概念无意义；罗宾斯（Cenzo Robbins）提出人力资源管理职能为：录用、开发、激励、维持等；比尔（Beer）教授等提出人力资源管理流动(雇佣、人员配置、解雇)、报酬、职务分析等职能。金斯伯格（Ginzberg, E.）提倡人的开发体系(the manpower development system)，与过去的经济分析模式不同，提出人力资源管理研究和考核、晋升、员工教育等

人力资源管理战略（1970~）

波特、德鲁克、钱德勒（Chandler A.）等提出人力资源管理战略，对经营战略概念的形成作出贡献，并有一定影响；罗宾斯，提升竞争力的企业文化论；主张组织价值和个人价值的协调

图1-2　人力资源管理的发展阶段与主要观点

第三节　现代人力资源管理的界定

　　企业要在全球化的市场环境中生存，必须通过有效的人力资源管理和人才储备来增强自己的竞争优势。企业管理进入了一个新的即以人力资源为核心的现代管理时代。

　　对于现代人力资源管理，学者们更是以多视角、全方位的研究与实践进行论述。乌尔里希、布罗克班、克杨和莱克[①]把人力资源专业人员的重要职能分成三个要素：（1）企业经营管理知识，包括策略性能力、财务性能力、技术性能力及组织能力；（2）人力资源的传递，包括甄选、训练与发展、绩效评估、薪资福利、组织设计与沟通方面的专业能力；（3）变革管理，包括问题解决、影响力、发挥创新、缔结联系等。斯托瑞（Storey J.）通过对人力资源管理与人事管理的比较研究，从四个方面对人力资源管理的内容进行归纳：（1）人事管理、雇佣关系等所有的活动内容；（2）人力资源管理是有关人事管理的各种方法及职能的统合；（3）人力资源管理使经营管理更为合理化，是充分发挥人事管理的作用，有效地从事经营活动的一种有效方法；（4）人力资源管理的职能是挖掘员工潜在能力，使员工发挥能动性，提高企业组织效率追求企业的最终目标[②]。斯托瑞认为，人力资源管理是建立在员工与经营管理者双方共同努力的基础之上的，这也是人力资源管理的核心内容。从社会资源的视角，人力资源必然是在所有资源中最难获得和最重要的资源。他主张从重视人性化的视角关注人力资源管理所面临的员工教育、能力开发、健康以及安全等问题。

　　关于人力资源管理的各种活动，伊万瑟维奇（Ivancevich，J. M.）将其划分为四种类型：行动取向、个人取向、全球取向和未来取向[③]。行动取向是组织为达成目的，通过对员工的培训与能力开发，促使员工在工作中得到满足感和成就

---

① Ulrich, D., Brockbank, W., Yeung, A. K. & Lake, D. G., "Human Resource Competencies: An Empirical Assessment", *Human Resource Management*, 1995, 34（4）: 473 - 495. 摘自林怡娴、林文政《人力资源管理角色量表之建立》，"国立中央大学人力资源管理研究所"，2009。

② Storey, J., *Developments in the Management of Human Resources*, Oxford: Blackwell, 1992, pp. 24 - 28.

③ Ivancevich, J. M., *Human Resource Management*, 6th ed., Chicago: Irwin, 1995, pp. 4 - 5.

感；个人取向是尊重员工，把员工看成一个独立的人格，为员工提供满足个人需求的服务和其他项目；全球取向，是指人力资源管理并不是在一个特定的国家范围内进行活动，对其他国家的员工应以公平的态度慎重和稳妥地处理。有效的人力资源管理是提高员工的能力、提高员工的工作热情、为达成组织最终目标的有效方法。因此，对于组织来说，人力资源管理有必要进行长期的设计和战略规划。

最有影响的人力资源管理研究是哈佛大学比尔（Beer, M. B.）教授等的研究成果，将人力资源管理研究综合了组织行为学、组织理论、劳工关系以及人事管理等学科的特点。人力资源管理的研究领域已经扩展为对影响组织和员工之间关系的所有管理决策和活动的研究，认为员工的影响力应表现在企业管理方式上，体现在员工实际参加企业人力资源管理政策的制定上。他们还对企业员工与经营者之间的协调关系、长期雇佣的意义和价值、员工对企业贡献等问题进行研究。在《管理人力资本》一书中，把人力资源管理运用在整个组织的各层管理系统，把工作系统设计作为人力资源管理的重要领域。同时，在设计人力资源管理政策时，对人力资源管理的职能从四个方面进行了归纳。即：（1）员工的影响；（2）人力资源流动，包括组织内和组织外的流动；（3）薪酬制度；（4）职务设计等。这些涵盖了员工的激励、价值观、潜在能力、自我开发以及员工满足等内容（见图 1-3）。

比尔等对人力资源管理从政策的决定要素和结果进行了分析，该研究对以后人力资源管理的研究与实践产生了很大影响。人力资源管理模式主要由以下几个部分组成：（1）环境因素。环境因素概括了对企业的发展产生较大影响的因素，包括劳动力市场、经营战略和条件、经营理念、工会组织、劳动技能、法律和社会价值观等，而这些因素在运行过程中随时可能发生变化，左右着管理者对人力资源的战略选择。该模式反映了雇佣关系中所涉及的商业利益，同时也反映了雇佣关系应该实现的社会责任。（2）利益相关者。利益相关者包括股东、管理层、雇员群体、政府、社会和工会等，它们所代表的不同利益表示出在人力资源管理中所有者和雇员（工会代表）之间利益协调的重要性。（3）人力资源管理职能。这也是人力资源管理政策的选择。人力资源管理政策选择强调的是各种制约条件，并强调只有充分考虑了这些条件，人力资源管理所做的决策、所采取的行动，才会是正确的，而所有这些都直接影响到企业的产出效果。（4）人力资源

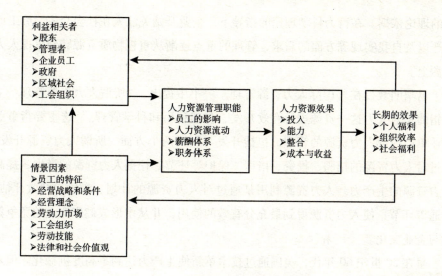

图 1-3　人力资源管理领域概念图

资料来源：Beer，M. B.，P. R. Lawrence，D. Q. Mills & R. E. Walton，*Managing Human Assets：the Ground Breaking Harverd Business Program*，New York：Free Press，1984（梅津祐良、水谷荣一译，日本生产性本部出版，1992，第 31 页）。

效果。管理者所做出的政策选择直接影响雇员投入（commitment）、雇员的能力（competence）、雇员目标和组织目标的一致性（congruence），以及人力资源管理实践总的成本与收益（cost-effectiveness）。

一　人力资源管理的"人性化"意义

人力资源管理是从传统的人事管理发展而形成的，但与传统的管理理念有着根本的区别。19 世纪以前的劳工管理，20 世纪初把雇员看成"经济人"，心理不受重视，导致工人不满情绪严重，罢工和怠工时有发生。哈佛商学院的教授1924～1932 年在霍桑工厂进行了著名的"霍桑实验"，结果发现，影响工人生产率的最重要因素是工作中发展起来的人际关系，而不是待遇及工作环境。这一实验导致了人际关系运动的开始，并逐渐发展成为行为科学理论。泰勒的"科学管理"与福特的生产管理体系代表了古典管理方式。大量生产的科学管理时代，在某种意义上提高了员工的工作效率，降低了劳动成本，提高了雇员的工资，促进了工业化发展的进程。而"科学管理"以及古典管理有着历史局限性，"行为科学"理论的发展，对企业探索新的管理方法与实践，以及人性化管理提供了新的理论依据。在行为科学理论的指导下，企业开始关注人在社会交往、员工的尊严以及自我实现等方面的需求，管理的重点逐渐从重视物质资源转到重视人力资源上。

赵曙明教授在《国际人力资源管理》一书中提出："所谓人力资源管理，主要指的是对人力这一资源进行有效开发、合理利用和科学管理。"这主要指事业企业单位内部人力资源的管理，包括开发与利用两个方面。所谓人力资源开发，通过对人力资源的招聘、投资、培训、保护等环节，挖掘人力资源的潜力，提高人力资源的生产力。人力资源利用是通过对人力资源的计划、激励、绩效评估、沟通等环节，使人力资源得到最充分有效的使用，并从中形成健康向上的竞争氛围与企业文化。

早在20世纪60年代，美国通过技术革新使生产力达到了高度机械化。但对公司的员工来说，单纯的作业使他们产生了厌倦工作和疏远工作的心理。因此，当时学术界开始提倡"劳动的人性化"以及"劳动生活的质量"等，并达到了高潮。同样，在日本经济高速发展时期，企业的主要目的是追求经济效益和降低生产成本，因此对员工实行了封闭式管理和一系列严格的考核制度。当时，由于极度追求"经济人"效益却忽视了"社会人"的价值。其结果给员工在精神上造成了高度紧张，甚至出现了过劳死现象。因此，人力资源管理是从单纯的人事管理向"社会人"管理的转换，也是企业从追求经济效益到实现企业可持续性发展的根本转变过程。从社会进步和企业持续性发展的角度看，人力资源管理如果单纯追求经济效益和员工报酬是远远不够的，管理史上已证明了这一点，并已显现出它的局限性和非人性的侧面。"社会人"的意义显得更为重要。人力资源管理的关键环节是要考虑到员工的心理健康、自尊心、自我开发和责任感以及重视员工精神上的需求及其自身的社会价值。

因此，人力资源管理是企业在管理实践与生产实践中的产物，人力资源管理理论的产生与企业员工管理以及企业生产活动密切相关。人力资源管理从传统的人事管理演变而来，它不仅包括了人事管理的所有内容，但与人事管理的性质有着根本不同。人力资源管理更重视员工的内在因素，重视员工综合素质的培养与能力开发。人力资源管理注重员工的心理健康、自尊心、自我开发以及员工对工作的责任感，最终实现企业组织目标与个人目标的统一。

二　人力资源与人力资本的必然联系

人力资源与人力资本论同在西方工业经济已经成熟的背景下产生，是两个密切相关的概念，但在理论视角和分析内容上有所不同。研究内容又不可避免地相互联系、相互影响。虽然人力资源与人力资本研究的侧重点与角度不同，但有共同的研究对象和目标，在研究过程中会出现相互交替与包容。人力资本比人力资源理论更进一步地强调了人的经济价值，是在认同人力资源理论的基础之上，形成"人力资本"的概念。人力资源被开发才有可能成为资本，而人力资本的实质是创造并获得更高的经济价值。

世界银行 2000 年发表的《增长的质量》提出了新的发展分析框架，将影响增长和福利的要素分为三类：人力资本、物质资本和自然资本，其中物质资本是通过增长影响福利，而人力资本和自然资本不仅可以通过增长影响福利，其自身就是福利的主要组成部分。

人力资本理论一方面阐明了人力资本对推动经济发展的重要作用，另一方面强调了由于人力资本是一种高效用的资本，人力资本投资具有高收益性。而人力资源的管理水平制约着人力资本效用的发挥，人力资本效用的发挥离不开人力资源的开发与管理。

人力资源主要是管理学的范畴，强调人力作为生产要素在生产过程中的创造能力。通过一系列的开发和管理形成一定的能力，目的在于充分挖掘人的这种内在能力，并将这些能力发挥出来。人力资源研究的侧重点是管理方法，包括人力资源的获取、开发、使用、考核、激励和薪酬等方面的内容。

人力资本是通过对人力资源进行投资所形成的一种资本。人力资本主要是经济领域的概念，分析内容侧重于价值研究。强调的是人在获得知识、形成能力、取得素质、保持健康的过程中的投入，是存在于人体中的能力和知识的资本形式，人力资本需要通过一定的投资形成，投资的代价可在提高生产力过程中以更大收益回收。其目的在于通过一系列投资获得更大的价值回报。人力资本体现在劳动者后天获得的以其数量和质量来衡量的知识、技能、智能以及体能等因素上。人力资本的形成是通过投资实现的，这种投资包括上学、职业培训、医疗保险、投资活动的收益，主要表现在能够改进人的技能、增加人的知识、增进人的健康，从而提高人的货币或心理收入。

第 2 章

跨国企业人力资源管理

> 跨国企业的发展推动着经济全球化，世界经济的全球化趋势使各国之间经济竞争日益加剧。在这过程中，必须清楚地认识到跨国企业是在特殊环境下的产物，具有管理的复杂性和多变性，因此，跨国企业管理需要更高的管理水平，企业的全球化经营向管理者提出了更高要求，而人力资源管理水平在很大程度上决定着跨国企业战略目标的达成。

第一节　跨国企业人力资源理论

第二次世界大战后，跨国企业得到迅速发展。几十年来，跨国企业不断发展壮大，在全世界范围内，拥有新技术、新生产工艺和新产品。经济全球化和信息技术的迅猛发展，越来越多的大型企业跨出国门投入到世界市场的竞争中。目前，世界上多数企业的业务都与其他国家企业有直接或间接的关系，国际企业的合作增进了区域和世界经济的发展。可以说，跨国企业的发展推动着经济全球化的进程。

一　跨国公司的界定

19 世纪末 20 世纪初，发达资本主义国家的一些大型企业通过对外直接投资，在海外设立分支机构和子公司，开始跨国经营活动。跨国公司作为一种复杂的经济形态，由于界定标准不同，对跨国公司的定义也多种多样。

1986 年联合国制定的《跨国公司行为守则》中，提出跨国公司包括三个要素：第一，把跨国公司界定为由两个或更多个国家的实体所组成的公营、私营或混合所有制企业；第二，不论实体的法律形式和活动领域如何，企业在一个决策体系下运营，通过一个或一个以上的决策中心使企业内部协调一致的政策和共同的战略得以实现；第三，该企业中各个实体通过所有权或其他方式结合在一起，从而其中一个或多个实体得以对其他实体的活动施行有效的影响，特别是与别的实体分享知识、资源和责任。

经济合作与发展组织（OECD）对跨国公司的界定为"通常包括所有权属于私人的、国营的或公私合营的公司或其他实体"。对于拥有国外企业股权的标准，目前普遍使用的权威性标准是国际货币基金组织提出的：跨国公司控制境外企业所有权的合理标准不得低于 25%。以上从企业的形态和产权责任方面对跨国企业进行了界定。

跨国公司具有全球战略目标和高度集中统一的经营管理。作为在国内外拥有较多分支机构、从事全球性生产经营活动的公司，与国内企业相比较，有如下区别：（1）跨国公司的战略目标是以国际市场为导向的，目的是实现全球利润最大化，而国内企业是以国内市场为导向的；（2）跨国公司是通过控股的方式对国外的企业实行控制，而国内企业对其较少的涉外经济活动大多是以契约的方式来实行控制；（3）跨国企业则在世界范围内的各个领域，全面进行资本、商品、人才、技术、管理和信息等交易活动，这些活动必须符合公司总体战略目标而处于母公司控制之下，其子公司也像外国企业一样参加当地的再生产过程，所以，跨国公司对其分支机构必然实行高度集中的统一管理；国内企业的涉外活动不涉及在国外建立经济实体问题，国内外经济活动的关系是松散的，有较大的偶然性，其涉外经济活动往往在交易完成后就立即终止，不再参与以后的再生产过程。

20 世纪 50 年代以来，邓宁（J. H. Dunning）教授致力于国际直接投资和跨国公司等经济课题的研究。他的"国际生产折中理论"是目前世界研究跨国公司理论的主要流派之一。邓宁的国际生产折中理论将三个要素融为一体，提出：产权和无形资产的特定所有权优势；内部化特定优势，即企业用来克服诸如买者不确定和缺乏期货市场等市场失灵的动力；区位特定优势，包括不同国家自然资源禀赋的不同、运输成本、文化因素和政府管制等①。邓宁教授对区位优势与国

---

① Dunning, J. H., "Towards an Electric Theory of International Production: Some Empirical Test," *Journal of International Business Studies*, 1980 (2).

际投资之间的关系问题解释道：如果一个投资者在国外生产比在国内生产能获得更大利润，那么他就会在国外投资。同时，如果在国外的甲地生产比在乙地生产更能使企业获益，那么投资就会转向甲地。

20世纪50年代，美国是世界上对外直接投资规模最大的国家。因此，邓宁的研究主要围绕美国的跨国公司。邓宁认为，跨国公司"简单地说就是在一个以上的国家拥有或控制生产设施（例如工厂、矿山、炼油厂、销售机构、办事处等）的企业"。这是迄今为止最为广泛的定义，但有学者指出，跨国公司一般应有相当广泛的地理分布，对于那些只在本国以外一至两个国家拥有子公司的企业，一般不能称之为跨国公司。从企业所有权来看，一个企业只有拥有国外企业的股份所有权才能构成跨国公司。

美国经济学家霍华德·佩尔穆特（Howard V. Perlmutter）从国际战略经营的视角认为，企业能否从国内公司成长为具有严格的现代意义上的跨国公司，必须以其战略决策的取向作为重要标准，只有那些实现了全球取向战略决策、实行全球系统化决策的企业，才能称得上是真正的跨国公司。

跨国公司作为一种复杂的经济形态，由于对其界定标准不同，跨国公司的定义也多种多样。联合国跨国公司中心在1983年的研究报告中提出，跨国公司应包括三个基本要素：第一，设在两个或两个以上国家的实体，不管这些实体的法律形式和领域如何；第二，在一个决策体系内经营，能通过一个或几个决策中心采取一致对策和共同战略；第三，各个实体通过股权或其他方式联系起来，其中一个或多个实体有可能对别的实体施加重大影响，特别是同其他实体分享知识资源和分担责任。20世纪80年代后，国际社会对于联合国提出的跨国公司定义的三大要素基本达成了共识。

二　国际人力资源管理模式

20世纪80年代以来，美国作为人力资源管理的发源地，对人力资源管理理论进行了深入的研究和细致的探讨，在此基础上提出了人力资源管理模式这一创新性的概念。

美国哈佛大学商学院巴利德（Christopher A. Bartlett）和法国INSEAD商学院的戈夏勒（Sumantra GhoShal）在合著的《无国界管理》一书中，把国际化经营企业的发展阶段分为全球性企业（global）、国际性企业（international）、多国企业（multinational）、跨国企业（transnational）四种类型。跨国企业为国际化经营企业中的最高理想，具有国际视野，可以根据实际情况，开展地方运作，对任何国家不带有偏见。

企业在其国际化发展的不同阶段表现为不同的组织架构，而组织架构的差异直接影响人力资源的管理活动。佩尔穆特以国际化经营视角，提出跨国公司在管理子公司和为子公司配备人员时的四种战略导向为：民族中心方式、多国中心方式、全球中心方式和地区中心方式，这一理论框架被视为确定国际人力资源管理类型和战略活动的基础（见表 2 - 1）。

表 2 - 1　国际人力资源管理的四种模式

企业的特征	民族中心模式	多国中心模式	地区中心模式	全球中心模式
标准设定	由公司总部负责	由公司所在地的管理部门负责	地区内部各个国家之间协调	全球和当地标准控制并行
沟通与协调	从公司总部到各地的子公司	子公司之间以及子公司与总公司之间很少	子公司与总部很少，地区的子公司之间一般较多	子公司之间以及与总部之间结成完全联系的网络
人　员	本国员工担任管理人员	东道国员工担任管理人员	本地区各国员工担任管理人员	最好的员工安排到最合适的地方

资料来源：Howard V. Perlmutter & Tagi Sagafi Nejad, *International Technology Transfer*, Pergamon Press Inc., 1981, p. 10.

（一）民族中心模式（Ethnocentrism）

这种类型的跨国企业，母国具有中心的决策主导性格，总部会以母国的产品、设计、技术、管理为标准。政策决定也多以总公司的认知为基础。此类企业又可称为民族中心主义企业。跨国企业总部认定母国的管理风格、知识、评价标准和管理人员均优于东道国。跨国企业所有的关键岗位都由母国人员担任。其结论是，来自母国的管理手段与文化主宰子公司管理，只有母国的管理人员才是公司包括总部和子公司高级经理人员的首选。在企业国际化的早期阶段，设在国外的子公司很少有自治权，母公司总部为其进行战略性决策的做法十分普遍。如宝洁公司、飞利浦以及多数外国子公司的重要职位均由外国人担当。但目前日本的丰田、松下等国际企业中的重要职位仍然由日本人担任。

企业采用民族中心方式进行人员安排主要有如下原因：首先，东道国的劳动力市场可能缺乏合格人选担任高级管理职务。其次，这是保持一个统一的企业文化的最好方式。第三，把母公司的核心优势传递给它的国外业务处，以此来创造价值，并认为达到这一目的的最好方式是把母公司中了解这种优势的人员转移到国外业务处。

民族中心方式现在已被绝大多数国际性企业逐渐废弃。（1）这种政策限制了东道国职员的发展机会，从而引起不满、低生产率和职员更换的高频率。（2）民族中心政策可能导致"文化近视"，即外国来的经理不理解东道国的文化差异，而这些差异要求公司采用不同的营销和管理方式。例如，外来经理可能不知道如何调整产品特性、分销策略、交流策略和定价方法，结果可能造成代价高昂的失误。（3）驻外人员适应所在国的环境需要很长的时间。在此期间，母国人员会做出错误或不当的决策。在人力资源管理上，对当地下属的需要和期望的感知不敏感。（4）驻外人员的维持费用也很昂贵。

（二）多国中心模式（Polycentric）

采用多国中心模式的跨国企业，其子公司在海外拥有决策自主权。母公司明确承认母国与东道国的差异，相信东道国的管理人员在处理当地问题上有更大的发言权，子公司有较大的自主权，母公司则通过财务手段进行控制。但是，多国中心模式的子公司管理人员也因文化、社会、经济的差异，很少晋升到母公司的管理职位上。跨国母公司总部会努力适应不同地区的特色，依照不同国家或地区，打造合适的经营格局。因此，在政策的决定上，会视不同地区的情况制定不同的政策。此类企业可归类为多元中心主义。

在许多方面，多元中心方式力图解决民族中心方式的诸多弊端。多国中心模式是一种更经济和有效率的方式。因为派遣母公司或华侨做经理的开销是非常昂贵的。多元中心方式也有自己的缺点。东道国职员获得国外经验的机会很少，无法晋升至子公司之外的更高层。正如在民族中心方式的情况下一样，不满情绪也会因此产生。东道国经理和母公司所在国经理之间可能产生断带也是该方式的缺点之一。语言障碍、对本国的忠诚和一系列文化差异可能把公司总部人员与各个外国子公司隔离开来。投资国和东道国之间若缺乏管理人员上的交流，则会加剧这种隔绝并导致公司总部和外国子公司之间缺乏整体性。

（三）全球中心模式（Geocentrism）

全球中心模式的核心内容是进行全球资源整合。公司总部与各子公司构成一个全球性网络，该网络被看成是经济实体而不是母公司与各个子公司的一个简单集合。管理者持全球导向的开放态度，企业从全球范围内招收管理者，并指派其在总部或子公司工作，而不过多考虑其国籍。此类型的跨国企业，以无国界的心态管理企业与制定企业决策。企业希望能发展出一种为全世界所共同接受的产品、行销方式、经营手法。在决策过程中，使用多元化的决策方式，超越国籍的限制。此类企业的决策可称为全球中心主义。

全球中心方式的人事策略是在整个组织内挑选最适合的人担任重要职务，而不考虑国籍因素。这一政策的优点是：首先，它使公司能最有效地利用其人力资源。其次，也许更重要的是，它使公司能建立一支国际管理人员队伍，成员们在许多不同国家里工作都会感到像在自己国家一样轻车熟路。建立这样一支领导人员队伍是走向创造一个强大统一的公司文化和非正式的管理系统（这两项都是实施全球战略或跨国战略的必要条件）的第一个关键步骤。采用全球中心方式安排人员的公司比采用其他方式的公司更有能力通过经验曲线和区位以及核心优势的多向转移来创造价值。另外，以此种方式建立起来的管理者队伍是由多国成员组成的，这能够减轻文化近视并提高对地方需求的反应能力。所以，在其他条件相同的情况下，全球中心方式策略看起来最具吸引力。尽管如此，许多问题仍限制公司采用全球中心政策的能力。许多国家希望外国子公司雇佣该国公民。为此，他们在移民法中规定当东道国公民掌握必要技术并数量足够时，外国公司必须雇佣东道国公民。

（四）地区中心方式（Regiocentric）

子公司按照地区分类，各个地区人力资源管理政策尽可能协调，子公司的管理人员由本地区任何国家的员工担任。在此模式中，地区内部协调与沟通的程度很高，而在各个地区与公司总部之间的沟通与协调非常有限。这种国际人员的配备方法主要反映跨国公司的战略结构。希南（Heenan）和佩尔穆特将此方式定义为多国基础上的功能合理化组合。具体组合随公司商务和产品战略性质而变化，但对跨国公司来说，方法之一是把它的经营按地理区域划分，人员在地区间流动。佩尔穆特的理论框架被视为确定国际人力资源管理类型和战略活动的基础。

第二节　战后跨国公司迅速发展及原因

一　战后美日国家跨国公司发展

第一次世界大战后，美国新兴工业拥有先进技术，在产品销路上处于垄断地位的企业，以跨国公司的形式向其他国家迅速扩展。20 世纪 50 年代后期，一些资本主义国家的大公司，利用技术和经营管理方面的优势，通过占领国外市场，掠夺国际资源，利用本土国家的廉价劳动力，跨国公司得到了快速发展。

第二次世界大战后美国跨国公司的迅速发展是诸多因素共同作用的结果，但是，第二次世界大战后的第三次科技革命是美国跨国公司迅速发展的最根本动力。自 20 世纪 40 年代起，在科学发展的基础上，人类生产技术展开了一场新的革命，这就是通称的第三次科技革命。这次科技革命以原子能的利用、电子计算机的发明和空间技术的发展为主要内容，涉及领域非常广泛。美国在这次科技革命中既是发轫国又一直处于领先地位，第三次科技革命中的许多关键性发明和技术创新都是首先在美国取得突破的。因此，这次科技革命对美国的经济有着深刻的影响，其中之一就是推动着美国的垄断企业日益向国际化方向发展，这可以从如下几个方面得到充分说明。

首先，在第三次科技革命的影响下，美国垄断企业的生产规模不断扩大，生产能力的增长与有限的国内市场形成尖锐的矛盾，这一矛盾成为促使垄断企业从事跨国生产和经营的内在动力。美国的垄断企业在这次革命中成为最直接的受益者，它们凭借其雄厚的人力、物力、财力购置最先进的技术设备，使企业的设备更新不断向大型化、高效化、精密化和自动化方向发展，新技术、新设备的应用，节约了原材料的消耗，降低了产品的成本，大大提高了企业的劳动生产率。同时，由于这些垄断企业最先采用了先进的科学技术，其竞争力大大提高。

其次，第二次世界大战后科学技术的迅速发展使生产的社会分工日益深化，这就要求垄断企业必须冲破国界，在世界范围内实行分工协作和专业化生产，以达到资源运用的最佳配置，从而促进了跨国公司的发展。由于各国经济基础和技术条件的不同，第二次世界大战后第三次科技革命的发展也具有很大的不平衡性，这种不平衡性使自然条件和社会条件本来就存在差异的世界各地生产不同商品的社会分工得到进一步发展，而且科技的进步对产品的质量和品种提出了更高的要求。在这种情况下，商业竞争和最大限度争取利润的动机就驱使美国的垄断企业首先跨越国界，把某一部门的生产或生产中的某一个环节集中到条件最有利的国家或地区中去，从而促进了美国与其他国家国际专业化分工和国际生产协作的加强①。

再次，第二次世界大战后科学技术的巨大进步使美国的企业管理水平发生了根本性的变革，为有效地对跨国公司进行管理提供了坚实的物质条件。随着科学技术的发展，电子计算机、现代通信设备等先进技术应用于企业管理，使企业管理更加高效而又准确。因此，第二次世界大战后科学技术的进步使企业的管理水平再一次发生了重大的变革，为战后美国跨国公司的迅速发展准备了必要的条件。

日本跨国公司的发展，主要得益于国内外的多种政治及经济因素。第一，日本经济的迅速恢复和发展，为跨国公司迅速发展提供了重要的物质基础。第二，本国资源缺乏和能源不足，促进了跨国公司向海外的扩张和渗透。第三，日本政府的政策和措施促进了跨国公司的发展。鉴于 20 世纪 60 年代国内财政状况的根本好转和巩固，日本大藏省提出了扩大对国外私人直接投资自由化的方针，放宽了对国外私人直接投资的管制②。

第二次世界大战后，日本跨国公司随着国内外社会经济环境的变化而得以发展。当时的日本跨国公司主要是综合商社，表现为规模小，对外直接投资额少，投资的技术水平较低。

进入 20 世纪 60 年代中期，随着日本经济的高速发展，日本的生产与资本日益集中，垄断资本高速发展，跨国公司的经济技术实力日趋增强，直到 20 世纪 70 年代末，日本跨国公司日益成长、壮大起来。日本跨国公司数量增加，规模扩大，对外直接投资迅速增加。日本对外直接投资的地区结构由以发展中国家为重点转向发达国家和发展中国家两头并重，对外直接投资的部门结构由以资源开

---

① 曹胜强、刘昌明：《科技革命：战后美国跨国公司迅速发展的根本动力》，《聊城师范学院学报（哲学社会科学版）》1997 年第 3 期，第 25 ~ 27 页。

② 隋启炎：《日本跨国公司发展快的原因及特点》，《国际经济合作》1987 年第 3 期，第 20 ~ 21 页。

发为主转向以金融服务业和制造业为主。综合商社参加型的日本跨国公司的合营子公司逐渐减少。

20世纪70年代日本对外直接投资迅速发展的原因是多方面的，其中除了继续受20世纪60年代日本国内外经济环境变化因素的影响外，还表现在：第一，日本政府采取的宏观调控措施，对促进对外直接投资的发展起到了积极的作用。第二，由于当时日本经济面临的生产过剩与市场需求不足的矛盾进一步尖锐化，促使日本企业为了缓解这一矛盾而到国际市场上寻找出路，进行直接投资。第三，日本经济经过20世纪60年代的高速增长以及"吸收型"技术革新战略的成功，大大缩短了其与欧美国家之间的技术差距，从而使拥有优质产品和廉价劳动力的日本垄断财团在"贸易战"中增强了国际竞争能力，占据了主动地位。第四，制造业垄断财团的对外直接投资带动了与其相关联的商业及金融业等第三产业的海外经营活动①。

20世纪80年代以来，随着国内外经济环境的变化，在自身成长机制的作用下，日本跨国公司迅速发展起来，实力剧增，跻身于世界一流跨国公司行列。它具体表现为：实力急剧增强，直接投资迅速扩大。对外直接投资的部门结构的技术水平大大提高，对外直接投资的地区结构转向以发达国家为主。日本跨国公司进入国际生产、经营主导型投资阶段。

二 战后西欧跨国公司发展特点

第二次世界大战以后，西方国家最显著的经济现象之一是跨国公司的迅速发展。西欧巨型跨国公司在海外的活动具有悠久的历史，但其经济实力获得迅速增长则开始于20世纪60年代后。西欧发达国家私人对外直接投资累计总额自20世纪60年代下半期以来有了迅速增长。其中，德意志联邦共和国增长速度最快，其次是荷兰和瑞士，英国增长速度虽较慢，但投资的绝对额在西欧国家中一直居于首位。与此相联系，西欧跨国公司在国外设立或收购的子公司数目增长也相当迅速。

目前西欧的大型跨国公司在主要资本主义国家钢铁、汽车、石油、化学、电机电子、机器制造、造船、飞机制造、纺织、食品十大工业部门中都占有相当份

---

① 洪继中：《试论日本跨国公司发展的历史特征》，《日本研究》1992年第4期，第16～20页。

额，在有的工业部门中还处于举足轻重的地位。此外，由于工业资本是同银行资本密切结合在一起的，跨国工业公司在国外的生产和销售等业务，离不开银行、金融机构的支持，所以伴随着西欧跨国工业公司的迅速发展，西欧跨国银行的实力及其在海外活动的范围也迅速增长和扩大。尤其是进入 20 世纪 70 年代以来，西欧跨国银行在海外的分支机构数目增长很快。

自 20 世纪 60 年代中期以来，西欧跨国公司之所以发展迅速，是由于西欧内部和外部许多政治和经济因素的影响。

首先，欧洲经济共同体的存在和发展加速了西欧跨国公司的发展。其次，西欧垄断企业或公司的合并和集中在较大程度上加速了西欧跨国公司的发展。进入 20 世纪 60 年代以来，西欧垄断资本的合并与吞并日趋加强。西欧企业、公司的合并有两种类型：一是国内公司的合并，二是跨国界的合并。而前者在西欧企业或公司合并浪潮中占有重要的地位。再次，资本主义经济发展不平衡规律的作用促进了西欧跨国公司的迅速发展。进入 20 世纪 70 年代后，发展不平衡性在美国同西欧共同体国家的经济实力对比中表现得十分明显。如果说 20 世纪 70 年代以前，西欧跨国公司在争夺市场的剧烈斗争中，主要在西欧本土迎战，那么进入 20 世纪 70 年代后，西欧跨国公司由于自己在数量、规模和竞争实力上的扩大和加强，不仅在美国国外市场上成为美国跨国公司强有力的竞争者，而且日益势不可挡地打入美国国内市场，进行许多投资和渗透活动①。

战后西欧跨国公司在发展过程中逐步形成了以下一些共同特点。

（1）在部门和行业的分布上，以制造业为主，特别是把资本技术密集型行业作为对外投资的重点。在西欧跨国公司销售额中，电气电子、化工、制药、飞机制造、科学仪器、石油产品等资本技术密集型行业也相应的占较大比重。

（2）在地区分布上，战后西欧跨国公司对外直接投资愈益集中于经济发达国家，而在发展中国家的投资额和子公司数目所占比重大大低于经济发达国家。

（3）国外业务比重大，设在国外的子公司对第三方的销售额占公司销售总额的比重有上升趋势。西欧跨国工业公司的生产越来越面向国际市场，其国外业务比重（指国外销售、生产、资产、赢利及雇佣职工人数对各项总的数额的比

---

① 隋启炎：《试论当代西欧跨国公司的发展》，《世界经济》1984 年第 1 期，第 53～56 页。

例）较大。西欧跨国公司国外业务比重较大并有上升趋势这一点，也反映在这些公司利润的获得越来越依靠国外市场上①。

三 跨国公司对发展中国家的经济扩张

战后，随着广大殖民地国家在政治上取得独立，各发达国家纷纷改变战前对这些国家进行直接政治控制的做法，加强了经济上的渗透。其中一个十分重要的手段是扩大向发展中国家的资本输出。除此之外，在战后资本主义世界经济高速增长时期，一方面，各发达国家对发展中国家资源的依赖程度日益加深；另一方面，许多发展中国家陆续采取吸引外资、发展民族经济的政策，这也在一定程度上刺激了发达国家对发展中国家的资本输出②。

进入 20 世纪 70 年代后，特别是 1973 年石油斗争后，跨国公司向发展中国家的扩张也出现了一些新特点，这主要表现在以下方面：（1）跨国公司向发展中国家直接投资增长速度超过了向发达国家投资的增长速度，从而扭转了战后向发展中国家投资比重下降的趋势。（2）跨国公司的直接投资集中化倾向更加明显。如按人均国民生产总值分类看，1978 年底，1000 美元以上的发展中国家占直接投资总额的 58.2%；从地区分布看，同年拉美占 56.7%，东南亚占 22.1%，仅这两个地区就占直接投资的近 80%，相反，最不发达国家仅接受了 1.5% 的直接投资。（3）跨国公司对发展中国家直接投资的部门结构有了较为明显的变化。跨国公司在初级产品部门（包括农业、采矿业和石油业）的投资比重下降了，与此同时，直接投资在制造业和劳务部门的比重上升了。（4）资本积聚的现象更为明显。（5）随着"非股权安排"的日益增加，外资参与的形式发生了重大变化。（6）通过加强技术输出，扩大渗透范围，榨取高额垄断利润③。

跨国公司对发展中国家经济的影响既有积极的方面，又有不利之处。积极方面主要表现为：跨国公司的直接投资，不仅为发展中国家提供了相当数量的资本，而且通过技术转让使发展中国家获得了一些较为先进的技术专利和生产设

---

① 张显高：《战后西欧跨国公司的发展及其特点》，《世界经济》1981 年第 11 期，第 21～23 页。
② 王新奎：《战后资本国际化与跨国公司的发展》，《亚太经济》1986 年第 3 期，第 68 页。
③ 李卫国：《跨国公司向发展中国家经济扩张的特点和作用》，《国际问题研究》1984 年第 2 期，第 19～20 页。

备，部分地解决了发展中国家发展经济所面临的资本不足和技术落后的困难，促进了经济发展。跨国公司对制造业投资的迅速增加，加快了一些发展中国家现代工业部门的建立和发展，使原来落后的经济结构和出口商品结构有所改善，国内工业制成品的生产和出口有了一定的扩大，同时为发展中国家的劳动力增加了就业机会。由于发展中国家经济不发达，必然对跨国公司产生一定的依附关系，造成一系列不利的经济后果。这主要表现在：跨国公司通过直接投资从发展中国家获得了巨额利润。跨国公司以技术转让、公司内部的划拨价格等多种途径，对发展中国家进行掠夺，从而使大量财富流入发达资本主义国家，使发展中国家外债日益严重。由于发展中国家民族工业力量薄弱，使本国一些重要经济部门和国内市场被跨国公司控制。由于投资多集中在大城市，这加剧了发展中国家内部的贫富不均。跨国公司把那些劳动密集型、能源消耗多、污染严重的产品或零部件的生产转移到发展中国家，在许多国家造成不良后果。对此不利因素，发展中国家纷纷采取措施，取得一定成效，但还是脱离不了一定的依附关系①。

第三节　跨国企业人力资源管理与企业经营战略体系

一　跨国企业人力资源管理战略体系

哈佛商学院的五位学者于 1981 年首次开创了人力资源管理课程，他们是迈克尔·比尔、伯特·斯佩克特（Speetor, B.）、保罗·劳伦斯（Lawrenee P.）、奎因·米尔斯（Quin Mills D.）和理查德·沃尔顿（Alton, R.），并于 1984 年合作出版了《人本管理》一书，在书中提出了"哈佛模式"管理的概念。这一模式的提出，为企业的高级管理战略性地指明了在管理大型企业的员工时所面临的棘手问题。

"哈佛模式"对人力资源管理的决定要素和结果进行了综合分析，该模式对后来的人力资源管理研究产生了很大影响。"哈佛模式"的人力资源管理领域，主要由以下几个部分组成：（1）环境因素。环境因素概括了对企业发展具有较大影响的因素。如劳动力特征、经营战略和条件、管理理念、劳动力市场、工

---

① 刘宾：《跨国公司对世界经济的影响》，《陕西财经学院学报》1992 年第 2 期，第 37 页。

会、技术、法律和社会价值观等变量。这些变量左右着企业高级管理人员对人力资源的战略选择。（2）利益相关者。利益相关者包括了股东、管理层、雇员、行政机构、区域社会和工会等；他们代表着不同阶层的利益，表示在人力资源管理过程中，所有者和雇员以及工会之间利益协调的重要性。（3）人力资源管理职能的选择。人力资源管理职能，只有充分考虑各种制约条件，人力资源管理的决策、所采取的行动才是正确的。这些都直接影响着企业的产出效果。"哈佛模式"的人力资源管理职能主要从企业雇员所带来的影响、人力资源流动、报酬体系、职务体系四个方面考虑。（4）人力资源管理成效。企业管理者对人力资源管理职能的选择，以及通过人力资源管理的全过程，直接影响着企业的成效。人力资源管理成效主要包括沟通、能力、整合及成本效益，即员工的目标和组织目标的一致性，通过人力资源管理实践，使企业获得的成本和收益。（5）长期效果。长期效果分为个人、组织和社会三个层面。个人层面包括员工通过个人努力获得的福利和奖励；组织层面包括人力资源管理为企业发展带来的长期效果；社会层面是企业通过有效的人力资源管理为增加就业率，以及为社会所作的贡献。企业人力资源管理的成效直接影响着企业的发展和股东的利益，环境因素制约着人力资源管理的职能以及政策的选择。

基于对跨国公司的研究与理解，并通过对跨国企业的调研和企业访谈，笔者对比尔等教授提出的人力资源管理模式做了进一步修正，对跨国企业人力资源管理所处的环境分为外部环境与内部环境。对跨国企业人力资源管理职能，根据公司所在地区、企业的规模、形态和行业不同，人力资源管理职能的选择应该有所不同。因此，将人力资源管理职能拓展为：企业决策；领导方式；人力资源规划；工作分析与工作设计；员工招聘；薪酬管理；员工培训；员工激励；绩效考核；管理沟通；外籍员工培训。其中，在跨国公司管理中，对外籍员工的培训尤为重要（见图2－1）。

跨国公司的人力资源管理职能，要根据企业所在行业（如汽车行业、电子行业等），以及企业的形态和企业的规模不同，对人力资源管理职能的选择和内容的设置应有所不同。此外，人力资源管理职能的选择与实践还受到所在区域环境因素、社会制度、劳动力市场以及当地习俗等综合因素的影响。作为跨国公司，人力资源管理职能的选择要与企业的发展目标和经营理念达成一致。企业目标就是实现其宗旨所要达到的预期成果，没有明确目标的企业是没有希望的

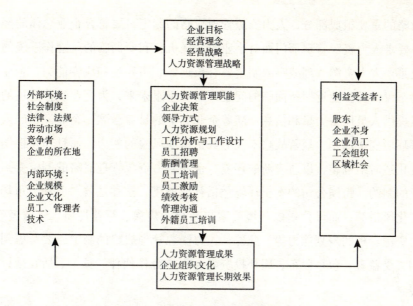

图 2-1 跨国企业人力资源管理结构

资料来源：部分内容参照并修改比尔人力资源管理模式制作。

企业。美国行为学家吉格勒提到，"设定一个高目标就等于达到了目标的一部分"。目标具有巨大的感召力，它可以使勇敢者更勇敢，使怯懦者摆脱怯懦，使人的潜能得以激发，使梦想变为现实。有了目标就有了方向，有了目标就有了行为动力。

跨国企业的经营理念是企业发展的指导思想和方向，企业经营活动要有基本的原则和指导思想，一切管理活动要围绕企业的核心目标进行运作。企业的经营理念，是管理者追求企业绩效的依据，是企业员工以及顾客、竞争者共同的价值观以及经营者的行为准则。作为企业，无论是跨国公司还是在本土发展，都应该有企业明确的经营目标和理念。关于企业经营理念，TCL 集团管理层认为，企业的竞争就是管理理念的竞争、人才的竞争，要建立一个好企业，首先要练就一支好的队伍。联想集团的高军副总裁曾说，"健康的经营理念、优秀的人才是成功的关键"。海尔的管理理念是"管理工作的本质不在于知而在于行"。海尔公司的技术创新理念是"用技术创新创造市场"。

经营战略的制定，是指关于企业大政方针方面所进行的决策，它要决定企业发展的总体目标以及实现这一目标的基本措施。人力资源管理战略是企业经营战略的重要组成部分，人力资源管理战略的制定，要符合企业总体的经营战略，要求人力资源管理部门面对企业的发展机会和所面临的风险作系统的分析和决策。人力资源管理战略的制定要有长远性、指导性和应变能力，企业经营战略不仅涉及企业近期所面临的问题，而要着眼未来，为企业经营管理的长期决策提供人员储备力量和信息。随着企业竞争的日益激烈，企业经营的内部和外部环境变化加剧，经营战略不仅应具备承受风险的能力，而且还须根据环境的变化适时地调整，以适应新的环境。企业人力资源管理战略的制定受到社会环境的制约。跨国公司的本土环境包括社会制度、法律法规、劳动力市场，以及文化风俗等；而母公司的环境要素包括行业规模、行业性质、经营者经验、人力资源管理的规划能力等。此外，人力资源管理战略的制定还要考虑到企业的相关受益者，包括股东、国外投资者、中方合作伙伴、员工、所在地区、工会等。

根据对比尔人力资源管理模式的修正，笔者曾对在华跨国日资企业进行了企业访谈，对中国员工做了问卷调研。对日资人力资源管理模式以及存在的问题进行了研究与调研。根据跨国日资企业所面临的环境，以及人力资源管理方式，将日资企业人力资源管理职能设定为：企业决策；领导方式；劳动合同；薪酬；岗位培训；职务满足；管理沟通；外籍员工培训 8 项，并通过对日资企业的调研和采访，对人力资源管理各职能得出的结论与建议见图 2-2。

人力资源管理成果包括人力资源管理的直接效果（短期效果）和长期效果。短期效果主要表现为：提高员工的工作积极性和主动性，提高企业的产品质量和服务，降低成本，营造良好的企业文化和融洽的氛围，带来良好经济效益，使企业得到可持续发展的可能，形成良性循环。人力资源管理的长期效果可回报予企业的受益者，使企业受益者得到满足。企业受益者包括股东、区域社会以及企业的员工等。如果股东得到企业收益的回报，股东将进一步增强对企业的投资信心和投资热情，保持持续投资效益。跨国企业对区域社会的贡献也非常重要。如公司积极参与所在地区的活动，对本区域的纳税额高，对区域社会有所贡献。其结果是，企业不仅参与了社会性公益活动，还可以通过与区域的交往，扩大企业在地区市场的声誉，对吸引人才和得到当地政府的支持等都可产生良好效果。

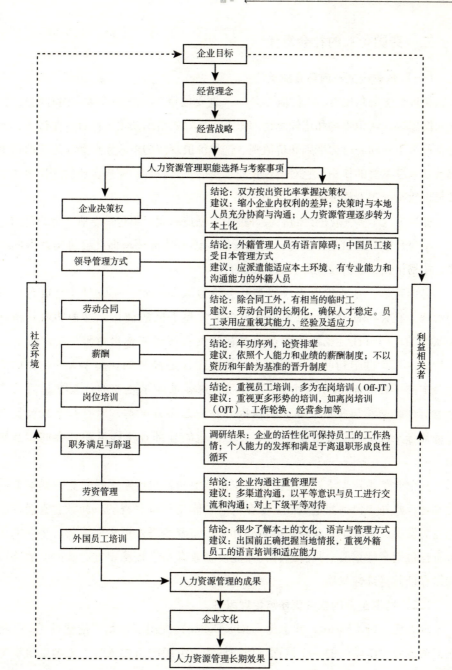

图 2 - 2　在华日资企业人力资源管理职能与调研结果

二　跨国企业的社会责任

（一）企业价值取向与企业责任

从社会学的角度看，"价值"是一个重要的概念。它基于某个固有的文化，是人们思维、认识事物和比较事物的依据。良好的组织文化规范着企业行为，成为企业员工共同的行为准则和价值观。这种价值观作为企业无形和非正式的约束起着越来越重要的作用。它对实现企业本身的管理目标、完成企业的经营活动以及员工激励都起着积极的促进作用。

在当今这个多元化的经济社会环境中，创造利润只不过是企业行为的目的之一，不应是唯一的目的。因此，企业价值应该与外部环境即社会价值的取向一致，才是保证企业持续性发展的重要条件。

进而言之，企业价值不仅要和社会价值取向一致，还应对社会负有一定的责任。在经济社会里，每个企业组织都负有不同的使命，这种使命是由社会赋予的，同时社会也期待着企业对社会负有责任和作出贡献。哈罗德·孔茨指出："20世纪初叶，工商企业的使命仅仅是经济的。而今天，在我们的社会中由于许多集团间的相互依存关系，这就加强了企业的社会参与活动。"企业对社会的参与和贡献除了纳税以外，应是多方面的，以有利于社会发展和造福于全民。因为企业的生存取决于企业的外部环境因素和社会的相互影响。

从企业受益者理论的角度分析，企业员工和公司股东无疑是企业最重要的受益者。此外，包括如地域社会等在内的主体是不可忽视的一面。它直接影响企业的发展，是决定企业存亡的重要部分。随着经济发展走向成熟，企业的社会责任也越来越重要。只有这样，才能使企业有一个较稳定的、长期的战略计划以保证其持续性发展。

（二）跨国企业的社会责任与伦理风气

维克托（Bart Victor）和卡伦（John Cullen）提出了一系列伦理风气，并将它们描述为工作风气的一个层面。他们认为，组织的道德风气"影响着组织考虑何为伦理分歧，如何解决这些分歧以及这些解决方式的性质"。他们确认了9种不同的伦理风气（见表2-2）。表2-2中，列表示组织成员用于了解道德问题的三种不同伦理准则：原则性方式（义务论的方式）是根据规则或法律的；

慈善性标准（功利主义的方式）是依据他人利益的；个人主义方式是依据个人利益的。行表示决策者在分析中参考的三个不同层次：个人层次是只考虑自己；公司层次是以局部利益为目标的，它关心的是公司的利益；社会层次是以整体为目标的，考虑到整个社会的利益。

表 2 - 2　伦理风气

伦理准则 ＼ 参考层次	个人	社会	公司
个人主义标准	自我利益	公司利益	效率
慈善性标准	友谊	团队利益	社会责任
原则性标准	个人道义	规则和经营程序	法律和专业规范

资料来源：维克托、卡伦《道德工作风气的组织基础》，《管理科学季刊》1988 年第 3 期，第 101～125 页。

表 2 - 2 中所列举的 9 种风气可概括为：自我利益、公司利益、效率、友谊、团队利益、社会责任、个人道义、规则和经营程序以及法律和专业规范。维克托和卡伦的研究证明了他们假定的这 9 种风气中有 5 种确实存在。他们在经验性研究中给这 5 种风气指定了新名称，以便理论性分类不会和经验性调查结果混淆，这 5 种新名称如下（对应的假定名称在新名称后的括号中）：工具主义（所有层次上的自我主义）、关心（所有层次的慈善性标准）、独立（个人道德）、规则（规则和经营程序）以及法律和规范（法律和专业规范）。

关于慈善性标准和个人主义标准可否细分的问题还须进一步研究。其中包括顾客、雇员、股东、供货商、竞争对手、政府以及团体。当今的管理者必须考虑到企业所有的利益相关者，而不仅是企业的股东们。历史上，这些利益相关者大多集中在单个国家内；而现在他们更可能分散于不同的国家之中。顾客、供货商、竞争对手、雇员，甚至于股东，都常常遍布世界各地。商业环境的全球化给现代企业管理者带来了一系列日益复杂的关系。当利益相关者的要求之间产生矛盾时，更增加了这些关系的复杂性，这样的事例举不胜举。例如，是继续在一个现有的工厂里生产，还是将工作外包给一个别国的企业，这个问题便涉及非常多的利益相关者：股东们期待他们的投资能够获得最大限度的回报，本地的雇员希望能够保住工作，外国的雇员希望得到工作机会，本地的社区希望保护它的税收对象不要流失，本地的政府则关心其居民的福利问题，而外国的社区也想借此扩大它的税收对象，等等。无论管理者做出何种决策，总会有一些利益相关者获得利益，而他们所获得的必是另一些利益相关者所失去的。

跨国企业的社会责任与这些复杂商业关系中的伦理问题密切相关。这些问题涉及人们之间的道德关系。例如，在开展全国或全世界的销售之前，要决定一个新产品是否引入东部地区或者欧盟，这一决策便不大会引起什么伦理问题。但是，的确有许多决策会引起伦理方面的问题。有些决策者不声不响地在他们的商业行为中坚守很高的伦理标准，而另外一些人却从不如此，或者只是偶尔将这个问题摆在首位。

第四节　在华跨国企业人力资源管理现状

《2004 年跨国公司在中国报告》① 中提到，进入 20 世纪 90 年代，跨国公司数量迅速增加。按照联合国贸发会议的统计数据，全球拥有跨国公司 3.5 万家。此后，随着经济全球化的迅速发展，2003 年 9 月发布的《世界投资报告》中提到，2002 年全球拥有 6.4 万家跨国公司，控制着 87 万家外国子公司。20 世纪 90 年代，跨国公司进行了相当深入的全球战略与业务结构、管理治理结构的调整。中国作为跨国公司全球战略中极为重要的环节加入 WTO 后，跨国公司纷纷调整在中国的战略。跨国公司的投资重点也相应的从加工组装环节发展到价值链两端，即研究开发和设计、营销与服务；从一般制造业，发展到制造业的上游产业。与此同时，在管理结构方面，跨国公司加强了在华经营资源的整合，通过设立或加强地区总部，形成从中国地区总部到各个运营中心以及各个经营机构的一体化格局。

一　在华跨国企业战略调整

中国加入 WTO 后，各种规则因此而改变，随着形势的变化开始了新的资

---

① 商务部研究院跨国公司研究中心：《2004 年跨国公司在中国报告》，2004 年 4 月。

源争夺。根据中国的实际情况，跨国公司对在华公司管理进入了结构调整阶段。这一阶段，总部的迁移体现出跨国公司已经对中国市场的地位进行了重新定义。伴随着投资规模的扩大和经营重心的转移，跨国公司纷纷在国内设立地区总部，就近管理和协调在中国的业务，整合内部资源，提高运营效率。例如德国西门子、日本松下和韩国的三星公司纷纷在华设立了总部，不仅发挥协调服务职能，而且具有管理在华业务的职能。美国《财富》杂志的一项调查显示，有 92% 的跨国公司计划在中国设立地区总部。据预测，在 10 年内，上海有望超过中国香港和新加坡，成为跨国公司地区总部的首选之地。

由于合资双方在利益和文化上的差异，加之对中国市场由陌生到熟悉，政策环境由紧到松，跨国公司现在更倾向于建立独资企业，或者通过增资扩股在合资企业中取得控股权，以便分享跨国公司的全球供应链、知识库等战略资源。跨国公司整合在华的各项业务，逐渐实现在华业务的集团化管理形势明显。例如微软公司在中国 20 多个省市都有业务，中国已经成为微软在全球最大的研发基地，包括技术研究、技术孵化、产品开发和产业方面的合作，因此微软在中国设立了在华总部，进行集团化管理。在华跨国企业不断整合在华企业与经营结构。由于中国市场以及区域差异和行业差别较大，跨国公司为全面有效地调配资源，开展竞争，在中国建立若干运营管理中心，协调中国总部的在华业务。

随着跨国公司对华战略以及组织管理结构的调整，对其人力资源管理必然会产生很大的影响，在华跨国公司在人力资源管理以及对高级人才的需求也呈现出新的趋势。对高级人才资源的控制还体现在那些名目繁多的技术大会、开发者大会或用户大会上。这些大会多为直接面向高校在校学生、开发人员或者用户，并邀请业界专家学者以及技术明星参加，主题大多是以与企业核心技术相关的技术发展趋势等引人注目的话题为主。而如微软、三星等跨国公司特别注重树立教育领域的形象，且由这些公司授权承认的各种考试证书或资格认证，与应届毕业生的就业或是相关从业人员的未来职业前途紧密相连，这些都有一定的影响力。

跨国企业在企业管理和企业决策层面上也做了战略调整。管理逐渐趋向本地化，而且这种趋势更加深入和表面化。比如作为最早进入中国 IT 企业的惠普公司，目前已成为同行业中员工本地化比例最高的公司之一。惠普的专业人员已经100%由本地员工担任，管理层经理和职能经理中，本地员工的比例也分别占到了95%和27%。

在研发层面上，跨国公司依然重视本地技术人才的高开发能力和低成本。据有关数据表明，跨国公司目前在国内设立的研发中心中，来自中国内地的研发人员的比例平均已经高达95%以上。如三星通信技术研究有限公司、微软亚洲研究院、朗讯科技（中国）有限公司贝尔实验室的研发人员几乎全部来自中国内地，而且绝大多数是硕士或博士。到目前为止，跨国公司在中国设立的研发中心已接近400家，未来还有增加的趋势，如，已在国内设立了18家研发中心的摩托罗拉公司打算在未来几年增加10亿美元的研发资金，并在北京建立全球研发基地；而已成立五年的IBM中国软件开发中心（CSDL），作为IBM全球五大开发实验室之一，已经是目前跨国公司在国内最大的软件开发中心。这些研发活动已不仅局限于简单的技术开发，而更关注于如何在中国特定的环境下面向全球进行最有优势的生产活动。国外企业加强在中国的研发投资，推动了与中国社会紧密相连的、具有较高水准的研发活动，让"中国研发引导市场"[1]。

二　中国国有企业改革与现状

中国改革开放30年，逐步形成了以公有制为主体、多种所有制经济共同发展的基本经济制度。国有企业是国民经济的支柱，国有企业改革是经济体制改革的中心环节。从1978年底开始的国有企业改革，可以分为两大阶段。第一阶段是从1978年到1992年，主要是放权让利，探索两权分离。第二阶段是从1993年起到现在，明确以建立现代企业制度为方向，不断深化改革，完善新体制。1984年10月，党的十二届三中全会作出了关于经济体制改革的决定，确认社会主义经济是有计划的商品经济。按照发展社会主义有计划的商品经济的要求，决定提出今后应全面推进以增强企业活力，特别是增强国有大中型企业活力为中心的、以城市为重点的经济体制改革。

国有企业改革的目标是使企业真正成为相对独立的经济实体，成为自主经

---

[1]　陈琼:《走进中国》,《互联网周刊》2004年12月第300期, http://www.enet.com.cn/ciweekly/。

营、自负盈亏的社会主义商品生产者和经营者，具有自我改造和自我发展能力，成为具有一定权利和义务的法人。按照这一目标，国有企业改革转向实行"两权分离"，即国家的所有权与企业的经营权相分离。1986 年 12 月，国务院提出，要推行多种形式的经营承包责任制，给经营者以充分的经营自主权。1987 年，大中型企业普遍推行企业承包经营责任制。

从扩大经营自主权到承包制的放权让利改革，使企业开始有一定的活力。但是，承包制也有重大缺陷，承包制"一对一"谈判强化了政企不分，承包制只有激励没有约束，所有权和经营权分离了，但所有权不能约束经营权。经营者滥用经营自主权谋取私利或小集体利益，"内部人控制"，短期行为，以致普遍出现企业承包一轮，国有资产流失一轮，富了和尚穷了庙等现象，后果严重。实践告诉我们，国有企业改革不能以承包制为方向，必须以建立现代企业制度为方向，实行制度创新。

由于承包制不能促进国有企业适应市场经济的发展，还带来国有资产的流失，使许多国有企业包括大中型企业陷于困境。1997 年，党和政府提出帮助国有企业脱困的任务，其目标是：从 1998 年起，用 3 年左右的时间，使大多数国有大中型亏损企业摆脱困境，力争到 20 世纪末大多数国有大中型骨干企业初步建立现代企业制度。到 2000 年底，这一目标已基本实现。1997 年底，国有及国有控股大中型工业企业为 16874 户，其中亏损的为 6599 户，占 39.1%。到 2000 年，亏损户减为 1800 户，减少近 3/4。国有大中型工业企业脱困的 3 年当中，用去银行呆坏账准备金 1500 亿元以上，技改贴息 200 亿元左右，债转股金额 4050 亿元。在帮助国有大中型企业脱困的同时，进行了现代企业制度试点，逐步推行公司制股份制改革，努力使国有或国有控股企业成为适应社会主义市场经济发展的市场主体和法人实体（见图 2 - 3）。经过多年的努力，国有企业股份制公司制改革已取得巨大进步。截至 2006 年底，全国除国有金融机构控股的上市公司外，801 家国有控股上市公司已有 785 家完成或启动股改程序，占 98%[①]。

国有企业经过长达 20 余年的改革拼搏与制度创新探索，成为具有较高劳动生产率、较强赢利能力和竞争力的市场主体，国有经济也不断地向能发挥自身优

---

① 张卓元：《30 年国有企业改革的回顾与展望》，2008 年 4 月，http：//enterprise. dbw. cn/。

势的重要行业和关键领域集中，在国民经济和人民生活中起着重要作用，主导着国民经济的发展。

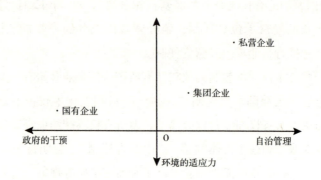

图 2-3　中国企业类型与自治管理

国有企业资产的投入主体是国有资产管理部门，国家或者国家的股份占据全部股份的 50% 以上。大多数国有企业因政府长期大力扶持，企业缺乏竞争力与创新精神。另外，因国有企业对自主品牌不够重视，导致许多大型国有企业多年来为外国公司生产贴牌产品，同时对国内企业造成空间压缩，影响了中国民族品牌的发展。国有企业的改革面临着诸多困难，这也是世界性难题。在世界范围内传统国有企业普遍效率低下，亏损严重。主要原因是：国有企业政企不分，权责不明，分配上吃大锅饭，缺乏激励机制以及有过多约束等。对于国有企业问题，国外没有找到一个很好的解决办法。20 世纪 90 年代起，国际上掀起了私有化浪潮，多数国家对国有企业问题采取了私有化，实质上是对国有企业的发展给予了否定。但如何解决国有企业的亏损以及自主创新等问题，有待进一步探索。

三　中国民营企业的经营特色

中国企业可分为国有企业和私营企业。国有企业是指企业全部资产归国家所有，并按《中华人民共和国企业法人登记管理条例》规定登记注册的非公司制的经济组织。不包括有限责任公司中的国有独资公司。资产的投入主体是国有资产管理部门的，就是国有企业。国家或者国家的股份占全部股份的 50% 以上。私营企业是指生产资料属于私人所有，雇工 8 人以上的营利性的经济组织。私营企业有三种类型：(1) 独资企业，指一人投资经营的企业。独资企业投资者对企业债务负无限责任。（2）合伙企业，是指两人以上按照协议投资、共同经营、共负盈亏的企业。合伙人对企业债务负连带无限责任。（3）有限责任公司，是指股东以其出资额为限对公司承担责任，公司以其全部资产对公司的债务承担责任。私营企业的三种类型中，只有有限责任公司可以依法取得法人资格，而私营独资企业和私营合伙企业都不符合企业法人条件，不能取得法人资格。

中国民营经济从无到有，民营经济份额不断增加，规模也从小到大，已经成为中国经济的生力军。中国民营经济投资大幅度增长：到 2006 年底，全部民营经济固定投资总额达到 4.83 万亿元，占城镇固定资产投资总额的比重首次超过 50%；私营工业经济高速发展，2006 年，全国私营企业进出口总额为 2436 亿美元，同比增长 46.5%；同年，规模以上私营工业利润总额为 2521 亿元，高出全国 16.5 个百分点。企业经济实力不断增大，企业自主创新能力增强，中国民营科技企业目前已有约 15 万家，在 53 个国家级高新技术开发区中，70% 以上为民营科技企业，其科技成果占高新区的 70% 以上，在专利申请中，私营企业申请量占 41%，高于其他经济成分。

民营经济的快速发展对近两年中国经济连续保持 9.5% 的高速增长发挥了十分重要的作用。2005 年 8～10 月，中国民主建国会中央委员会企业委员会与中国企业家调查系统共同组织实施了"2005·中国民营企业经营者问卷跟踪调查"①。本次调查以民营企业法人代表为调查对象，用邮寄问卷的方式进行，于 8 月 10 日发放问卷 5000 份，截止到 9 月 20 日，共回收问卷 1256 份（有效问卷 1207 份），有效回收率为 96.1%。本次调查主要涉及工业、建筑业、交通运输仓储及邮政业、批发零售业等各行业。

（1）经营现状及发展趋势。调查结果显示，44.7% 的经营者认为企业经营状况"良好"，43% 认为"一般"，12.3% 认为"不佳"，总体经营状况趋于好转，未来走势谨慎乐观；从不同地区看，东部地区经营者认为企业经营状况"良好"的比认为"不佳"的多 37 个百分点，中西部地区与东部地区企业在发展上的差距仍呈扩大趋势；从不同规模看，规模越大经营状况越好。调查结果显

---

① 中国民主建国会中央委员会企业委员会、中国企业家调查系统：《2005 年千家中国民营企业调查报告》，2005 年 10 月。

示，大型企业经营者认为企业经营状况"良好"的比认为"不佳"的多49个百分点，中型企业多38个百分点，小型企业多25个百分点。

（2）产销形势较好，但产品价格下跌，成本上升，赢利略受影响。从产品销售价格情况看，超过40%的经营者认为价格下跌，比价格上升的比重高20个百分点，明显高于上年5个百分点的水平，这一方面反映市场竞争的激烈，另一方面也说明目前市场的需求并不太乐观。与此同时，由于受能源涨价等因素影响，超过3/4的企业经营者认为企业成本上升，比认为成本下降的多71个百分点。

（3）预期比较乐观，未来投资信心依然较强。尽管面临成本上升、价格下跌的不利因素，民营企业经营者仍对未来表现出乐观的预期。调查结果显示，7.6%认为会"恶化"，其余90%以上的民营企业经营者认为第四季度企业经营状况将"好转"（35.4%）或认为"不变"（57.0%），调查与2004年大体相当，比国有企业高13个百分点；从从业人数的安排情况看，调查结果显示，41.5%的民营企业经营者计划在近期"增加"企业的从业人员，46.3%计划"不变"，19.6%计划"减少"，此调查表明，民营企业已成为解决社会就业问题的主要渠道。

研究中国企业的德国学者斯克莱夫科特博士认为，中国民营企业的经营之道值得管理学界研究，并且应该被国外的企业同行所学习。比如中国人与自然、社会、竞争对手"和为贵"的相处逻辑。民营企业权力高度集中，低水平的官僚体系，强烈的创业精神，复杂的企业关系网络，中国文化的精华可以归结为中庸之道。民营企业获得了这位具有西方思维的德国人的高度赞扬和认可。值得一提的是，中国的民营企业只是局限于中国本土。所以，管理的基本模式是儒家思想沿袭以及其与中国国情相适应行为的结合体。

在中国的本土环境下，中国企业受到中国文化和历史的影响，已经形成了或者正在形成自身独特的管理模式。各种类型的企业在官僚体制、员工待遇以及管理风格上各有不同。这些不同来源于各自运营机制的不同，这决定了它们在管理特点上的分歧。在很大程度上，由于种种原因，国有企业没有能力维持已经占有的市场份额。集体企业表现出很强的市场适应能力。集体企业所使用的管理模式或多或少地受到当地政府的干扰。与正在崛起的民营企业相比，未来走向不是很明朗。民营经济经历了时代变迁所带来的各种起伏。正演化出切合中国市场环境的管理模式，这种管理模式能够经得起时间的考验，有助于中国企业在更加广泛的国际市场上发挥作用。

四　在华跨国企业的人力资源管理问题

中国加入 WTO 以后，大量的外国投资公司进入中国市场，中国面临着在更广泛的领域内和更深刻的程度上参与国际竞争的挑战。随着国内企业更多和越来越深入地走向国际市场，其人力资源管理问题也日益突出地摆在跨国企业经营管理者的面前。况且，中国跨国经营企业的人力资源管理遇到的问题要比国外跨国公司的更加复杂，因为除了国籍、语言、文化和公司内部管理制度不同外，中国的企业还面临着社会制度和由此而产生的所有制结构不同等带来的诸多问题。

首先是人才短缺与人才竞争问题。人才短缺是未来全球企业面临的一个普遍问题。从跨国经营的角度看，未来将缺乏具有一定专业技能、熟悉国外法律法规、懂外语、富有创造力和管理能力的复合型人才。随着人才市场的开放，以及新兴产业的不断涌现，促使跨国经营企业中人才的不确定成分日益增加。跨国公司对人才的引进与培养普遍存在着重视使用而轻视培养的问题。人才的价值不仅表现在对企业承担的责任以及作出的贡献，也反映出社会和企业对人才的尊重以及人才需要的满足。实际工作中，有的企业不能正确看待人才价值，只重视人才的贡献，却忽视了人才个人发展的需要。其次是激励机制方面的问题。物质激励和精神激励是企业常用的两种不同的激励手段。跨国经营企业在激励机制上，往往重物质激励、轻精神激励。企业常采用提高工资、改善福利等手段进行物质奖励，可以说短期内能够取得一定效果，但是再高的待遇也不可能使人得到满足。

跨国企业文化的本土化问题也是跨国企业如何克服不同地区的文化差异，进行企业文化融合与创新的关键问题。管理心理学家阿德勒定义了一种跨文化管理中的所谓"文化上的协调配合"的方法。具体的讲，就是处理文化差异的一种方法，它包括经理根据个别组织成员和当事人的文化模式而形成组织方针和办法的一个过程。文化上协调配合的组织所产生的管理和组织形式，这种组织形式超越了个别成员的文化模式。这种处理方法是承认由多种文化组成的组织中各个民族的异同点，并把这些差异看成是构思和发展一个组织的有利因素①。华生（Wash）指出，跨文化差异是指不同群体或组织的文化差异。它包括三个层次的差异，主要是指：①双方母国（或民族）文化背景差异，这是跨文化差异的宏观层面。由于它的典型性和分明性，学者们在跨文化管理时通常以一国为单位，以合资企业和跨国企业为研究主体。②双方母公司自身特有的"公司文化"风格差异，这是跨文化差异的中观层次。这一点在通过兼并收购而重组的企业中特别明显。③个体文化差异，这是跨文化层次的微观层面。年长者和年轻者、男性和女性、上级和下级、不同部门的员工之间等任何不同的两个人身上都可能存在跨文化差异。

迄今为止，跨国企业文化的研究与实践更多地重视企业文化与企业效益之间的关系。如果企业文化只是注重企业效益和眼前的人际关系，在表面上看也许非常稳定，但这种组织文化缺乏发展和创造性，经不起时间的考验。而优良的企业文化应是与外部环境即社会价值取向一致的。企业组织的员工之间在工作上相互协调、补充，使他们具有对企业和社会的责任感，使企业与社会发展达成和谐一致。

---

① Adler, N. J. & Bartholomew, S., "Academic and Professional Communities of Discourse: Generation Knowledge on Transnational Human Resource Management," *Journal of International Business Studies*, 1992（23）: 51 - 69.

第*3*章

跨国企业决策与领导力

> 领导决策的正确与否，关系到跨国企业全局方向以及事业兴衰的重大问题。由于跨国企业所处的社会环境以及企业所在区域的法律、社会风俗习惯的影响，其领导决策与本国的决策有着很大的差异性。成功的领导者不仅依赖于一种领导风格，而是根据情境的需要，在合适的时间和场合，灵活选用适合组织的领导风格。

第一节　领导决策与权威性理论

在东西方的传统观念中，领导是由一个全能的人或一群精英主导的，他们下达命令或征服团队成员为实现某一目标采取行动。社会或组织的其他人总是依从这些精英领导者的指示，不能公开质疑他们的指示。之所以执行他们的命令，在很大程度上要么是因为恐惧不执行命令可能带来的不利后果，要么是出于对领导者的尊重，或者二者兼有。所以，传统领导可以是强制的，也可以是仁慈的，或者二者兼备。在人类历史长河中有很多这类领导的例子。在 20 世纪的许多组织中，命令和控制他人依然是一种非常突出的领导风格。当领导者和追随者认为领导者拥有命令这个群体的权利或责任时，这种古典领导能够有效地发挥作用。这种认同的基础通常是领导者通过以下渠道获得了命令的权利，例如，出身（如国王）；神职（如教皇）；工业的、政治的或军事职位；某种具体的信仰体系或文化习俗（如部族首领）。

20 世纪初期，对领导研究的重点是领导相关的特质，形成了领导特质理论（trait theories of leadership）。对领导特质理论的注意力放在了领导者上，强调领导者具有一定特质。这一理论的出发点是：领导效率的高低主要取决于领导者的特质，那些成功的领导者也一定有某些共同点。根据领导效果的好坏，找出好的领导者与差的领导者在个人品质或特性方面有哪些差异，由此就可确定优秀的领导者应具备哪些特性。20世纪80年代以来，研究者提出了"五大"人格模型，把领导个性特质在广义上定义为神经质、外向性、开放性、宜人性和责任感，这一模型为许多领导者的特质研究奠定了理论基础。人格因素的"大五"分类模型（big five model）是近年来研究的热点，它属于特质说。在此之前，卡特尔（Cartel）和艾森克（Hans J. Eysenck）也做出了各自的特质分类，并编制了应用广泛的16PF和EPQ问卷。对五个因素的发现，很多学者都作出了各自的贡献。最早的研究可以追溯到1949年，费斯克（Fiske）提出了理论雏形。在此基础上，以科斯塔（Costa）和麦克雷（McCrae）为代表的很多学者都提出了他们各自的"五大"模型，运用的方法都是把自然语言中描述人格的形容词进行因素分析，进而得出五个因素。这一理论在社会心理、工业与组织心理及心理学其他方面的应用迅速普及开来。

一 领导素质与权威性

（一）合格领导者的条件

巴纳德在《组织与管理》一书中再次突出强调了经理人员在企业组织与管理中重要的领导作用，他从五个方面精辟地论述了"领导的性质"这一关系企业生存和发展的根本性问题。其中关于领导人所要具备的条件，巴纳德认为：平时要冷静，审慎，深思熟虑，瞻前顾后，讲究工作的方式方法；紧急关头则要当机立断，刚柔相济，富有独创精神。此外，领导人还须具备如下品质：活力和忍耐力、处事果断、循循善诱、责任心以及智力等。巴纳德认为，作为一个合格的领导，他需要具备很多条件，他的行为看上去简单，背后却要涉及很多问题。巴纳德对这个问题的深入探讨是源于他在一次偶然的大型聚会中所观察到的现象。那次聚会的主题就是要探讨领导阶层如何接受预备教育的问题，与会者有业外人士，也有一所知名大学的教员们参加。巴纳德发现了两个令他吃惊的现象。

第一个现象是绝大多数人对领导阶层那些非凡的作用和卓越的贡献并没有很清楚地理解。在他们眼中，一个领导性的作家、艺术家、数学家的工作和一个组织的经理人员或者说领导者的工作是一样的。而这两类"领导者"在巴纳德眼中是有着重大区别的。他认为他们没有正确理解"领导阶层"的双重含义。在动词"领导"的含义中，我们可以说它有两种意思：一个是超过他人，领先，卓越；另一个是领导他人，管理他人的行动，组织的首领或拥有首领一部分权力的人，拥有命令权。

第二个现象是在那次聚会的自由讨论阶段，一个很知名的工程师抗议工程人员受到那些非工程人员的管理和监督，因为对工程人员的监督需要多方面的才能，如智力、相关训练、科学知识等。巴纳德觉得那位工程师的"抗议"从某种意义上说明他对领导阶层的含义更是模糊不清。巴纳德认为，通常从领导者的表现中可以看出，即使领导者不是相关技术领域的专家，他们对所指导的那些技术工艺特别是与之相关的一些活动和条件还是有着充分的了解。因此，领导者在指导实现目标的方法上还是起着很重要作用的，这与他是否具有相关技术、工艺方面的特殊能力并没有必然的联系。

作为一个领导者，要想履行好自己的职能，能灵活应付各种环境，自身必须具备一些相应的能力或特点，巴纳德将这些分为五种：（1）活力和忍耐力。这里的活力不是指健康状况，而是指其精力、警惕性、后发力、机敏性等方面的品质。（2）决断力。决断力或许是领导者必须具备的品质中最重要的品质。不管领导者做出肯定的还是否定的决策，都需要他有果断、正确的决策，适时、迅速地给组织一个决断，否则就会影响组织成员的"士气"，或者影响协作的努力程度。（3）说服力。良好的说服力要求领导者具备众多才能，如在公众中的声望、对问题的理解力和判断力、兴趣等。领导者还需具备一些和说服力密切相关的众多品质，如知识、经验等，这是领导者开展工作的必备条件。（4）责任。巴纳德将责任定义为："领导者认为能做但从道德上不能做或者认为不能做而从道德上必须去做的事情给领导者造成强烈不愉快的一种感情条件。"对领导者来说，他必须对组织负有"责任"，否则他就不能胜任领导工作。那些为所欲为、依个人感情来行事的领导者是很少能够成功的。（5）智慧。"智慧"是每个人必须具备的重要品质，对领导者来说，智慧对他似乎显得更为重要，这是因为他须具备很多领导品质，如决断力、说服力等都是其智慧的一种体现。另外，组织的有效性取决于个人接受命令的程度。巴纳德分析个人承认指令的权威性并乐于接受指令需要具备以下四个条件：（1）他能够真正理解指令；（2）他相信指令与组织的宗旨是一致的；（3）他认为指令与他的个人利益是不矛盾的；（4）他在体力和精神上是胜任的。

关于"权威",巴纳德认为:权威是存在于正式组织内部的一种"秩序",是个人服从于协作体系要求的愿望和能力。权威最终建立在人们对其合法性及合理性认知的基础上。管理人员作为企业组织的领导核心,必须具有权威。然而巴纳德指出,在很多情况下,领导者宣称自己是权威,但却得不到人们的服从。要建立和维护一种既能树立的上级权威,又能争取广大"不关心区域"群众的客观权威,关键在于能否在组织内部建立起上情下达、下情上达的有效的信息交流沟通(对话)系统。同时,要维护这种权威,身处领导地位的人就必须随时掌握准确的信息,作出正确的判断,这对于管理者在大型组织(企业集团)建立权威至关重要。

巴纳德对现代管理学领域的贡献是非凡的,影响广泛而深远。他的《经理人员的职能》(1938)和《组织与管理》(1948),开创了管理学的一个新时代。日本学者山本安次郎认为,巴纳德的理论包括协作系统论、组织论、管理论三重内涵,"是巴纳德第一次阐明了管理和组织的区别以及两者之间的联系。他开辟了一条'不是把管理诠释为组织,而是在管理中理解组织,在管理学中把握组织论'的道路"。巴纳德的管理思想建立在他的人性理论基础上,他从社会心理学出发对人性进行了全新的探究。在他之前,占据主导地位的人性理论是"经济人"假设,这种假设强调人受自利动机的支配或者外力的推动,容易把人看做消极被动的管理对象。而巴纳德认为,人是活生生的存在,人具有一种调节并维持内部平衡的能力,不管在人体的内外发生多么巨大的变化,它都能够继续生存。巴纳德的理论贡献在于他从最简单的人类协作入手,条分缕析,揭示了组织的本质及其最一般的规律。在某种意义上,他的研究方法有点像马克思从商品入手分析资本主义本质的方法。在这一基础上,巴纳德将组织定义为"把两个以上的人的各种活动和力量有意识地加以协调的体系"。这后来成为关于组织最有名、也是最有影响力的定义。

(二)决策者的"有限理性"

所谓理性是为了达到预先设定的目标,以高效率为基准而组织起来的一系列逻辑与行为表现。完全理性决策论又称客观理性决策,代表人物有英国经济学家边沁(Bentham,J.)、美国科学管理学家泰勒等。他们认为人是坚持寻求最大价值的经济人。经济人具有最大限度的理性,能为实现组织和个人目标作出最优选择。

社会学教授理查德·斯克特（W. Richard Scott）在《组织理论》一书中认为，一个设计完美的机器就是一个完整组织的缩影，也就是说，一系列相互关联的手段都是为了达成一个目标。机器总是包含某些特定的部件，而部件一旦脱离了整体，就失去了意义和作用。机器是有关部件的有机组合，目的是最大限度地发挥其功能，或对相互联系的目标进行排列，以获得特定的结果。

理性系统组织具有如下特点：（1）目标的具体化。具体目标使行动具体化，明确要用哪类人，资源将如何在参与者之间进行分配。明确界定和限制个人目标，只有这样，组织才能持续发展，资源可集中使用，为稳定组织提供基础。（2）形式化。通过目标化、规范化、形式化，使行为变得更为确定。

日本早稻田大学教授友野典男（2006）把理性与"经济人"相联系，解释为经济人是理性的、合理的、伦理的、利益得失的巧妙运作。他认为"经济人"即是"精明人"，他们具有合理的行为，在自己的利益面前不顾及别人；他们完全可控制自己的行为，无论是短期或是长期，他们绝不会做不符合个人利益的行为，如有符合个人利益的机会便毫无顾忌地出头露面，采取适当的行动。如，经济人一向对戒烟、忌酒及减肥等都不成功的人群不屑一顾，经常把伞丢在电车上，或在朋友面前作一些令人不愉快的事；大量购买根本不会中的彩票等，经济人是令人羡慕的一类人群，但一般人是绝不想和他们成为朋友的。

诺贝尔经济学奖获得者赫伯特·西蒙（Harbert A. Simen）是美国管理学家和社会科学家。西蒙对管理决策理论所作的贡献是管理决策理论发展史上的一个重大转折，西蒙开创发展起来的决策理论为现代决策理论。在西蒙之前已在经济学界流行的是古典决策理论，它是建立在新古典经济学关于理性的假定和作为新古典经济学基础的主观效用之上，假定一切选择是在"完全理性"的假定，即追求最大利润的"经济人"模型的前提下提出的方案。它具有如下特征：追求利润最大化是经济活动的唯一目标；从纯粹功利主义出发求得个人的最大利益；在制定决策时不考虑时间和耗费；决策目标是明确的、绝对的；决策者可抉择出所导致的全部复杂后果，以及方案后果的概率，然后作出最优的选择，是绝对的理性人。古典决策理论在"经济人"假设前提下，发展成为丰富而优秀的理论体系，得到当时社会以及决策者的认可，因而古典决策理论曾一度盛行。

西蒙的现代决策理论则为决策行为学的产生和发展打开了一扇大门，它是一种描述性决策理论。可以说西蒙管理理论的出现是管理哲学上的一场变革，它对管理的基本前提和过程都进行了开创性的研究，他的有限理性理论更加合乎现实生活中人们的合理决策，而规范性决策理论对决策者的完全理性假定却是非现实理性的。

西蒙认为现实生活中管理者或决策者是介于完全理性与非理性之间的"有限理性"，"管理人"的价值取向和目标往往是多元的，不仅受到多方面因素的制约，而且处于变动之中乃至彼此矛盾状态。"管理人"的知识、信息、经验和能力都是有限的，他不可能也不期望达到绝对的最优解。在实际决策中，"有限理性"表现为：决策者无法寻找到全部备选方案，决策者也无法完全预测全部备选方案的后果，从而能在变化的决策环境中选择最优的决策方案。

西蒙在《人类的认知——思维的信息加工理论》中讲到，根据米勒（George Miller）等人的发现，短时记忆（short time memory，简称STM）的容量只有(7 + 2)项（西蒙认为可能是4项）；从短时记忆向长时记忆（long time memory，简称LTM）存入一项需要5~10秒钟（西蒙认为可能是8秒钟）；记忆的组织是一种列表等级结构（类似于计算机的内存有限，从内存到外存的存取需要时间，以及计算机的储存组织形式）。这些是大脑加工所有任务的基本生理约束。正是这种约束，使思维过程表现为一种串行处理或搜索状态（同一时间内考虑的问题是有限的），从而也限制了人们的注意广度（选择性注意）以及知识和信息获得的速度和存量。与此相适应，注意广度和知识范围的限制又引起价值偏见和目标认同（类似于无知和某种目的意识所产生的宗教或信仰），而价值偏见和目标认同反过来又限制人们的注意广度和知识信息的获得（类似于宗教或信仰对科学和经验事实的抵制和排斥）。因此，西蒙认为，有关决策的合理性理论必须考虑人的基本生理限制以及由此而引起的认知限制、动机限制及其相互影响，从而所探讨的应当是有限的理性，而不是全知全能的理性。西蒙的"有限理性"对微观经济学中简单追求利润最大化假设的"经济人"模型提出挑战，强调了大公司中复杂的内部结构目标和子目标的多重性，提出了理性人是"有限理性"而非"完全理性"的，即"令人满意"而不是"最优"方案决策模型。

近一个世纪以来，有关领导问题的研究性文献越来越多，而一个组织应该选拔具备什么素质的人做领导者，是一个在学术界和企业界都十分关注的问题。领导的素质理论主要研究领导者的个人特性，以期预测选拔具备什么素质的人作为领导最合适。这种理论阐述的重点是领导者与非领导者的个人品质差别。根据心理学家们对领导特性的来源所作的不同解释，素质理论还可以分为传统素质理论和现代素质理论。传统素质理论认为领导者的特性是天生的，生而不具有领导特性的人就不能当领导。但是，经过几十年的研究和实践，许多学者都对传统素质理论提出了种种异议。人们认识到领导理论的这种遗传决定论的观点是错误的，是一种唯心主义的观点。现代素质理论认为领导者的特性是在实践中形成的，可以通过训练和培养加以造就。它否认了领导者是天生的，认为成功的领导者可以通过后天塑造，从这个意义上讲，它比传统素质理论更进一步。综观传统素质理论和现代素质理论，众多分离领导者特质的研究努力均以失败告终。究其原因是由于素质理论忽视了情境因素等。但令人乐观的是，大多数人相信所有成功的领导者，无论他们管理什么类型的企业，都具备一系列一致且独特的个性特点，而且在确定与领导关系密切的素质研究中，得到的结果相当令人瞩目。

（三）领导决策与博弈

20 世纪 50 年代是博弈论研究和发展的最重要时期。冯·诺伊曼（Von Neuman）和摩根斯顿（Morgensterm）合著的《博弈论与经济行为》（1944）标志着系统的博弈理论的形成。近年来，博弈论的应用研究迅速发展。博弈论也称为"游戏理论"（game theory），是研究相互依赖、相互影响的决策主体的理性决策行为以及这些决策均衡结果的理论。一些相互依赖、相互影响的决策行为及其结果的组合称为博弈（game）。博弈理论是面对一定的环境条件，一些个人、团队或其他组织，在一定的规则约束下，依靠所掌握的信息，同时或先后、一次或多次，从各自允许选择的行为或策略进行选择并加以实施，并从中各自取得相应结果或收益的过程。对于企业来说，企业之间与国家之间的竞争也可看做"游戏"，只是游戏的内容不同而已。

到 20 世纪 80 年代，克瑞普斯（David Kreps）和威尔逊（Wilson）等合作发表了关于动态不完全信息博弈的重要论文。克瑞普斯等人提出的声誉模型，解释了静态博弈中难以解释的"囚徒困境"问题。当参与人之间只进行一次交易时，理性的参与人往往会采取机会主义行为，通过欺骗手段追求自身效用最大化目标，其结果只能是非合作均衡。但当参与人之间重复多次交易时，为了获取长期利益，参与人通常需要建立自己的声誉，一定时期内的合作均衡才能够实现。

著名经济学家保罗·萨谬尔森（Paul Samuelson）说："在现代社会，你必须对博弈有一个大致的了解，才配成为一个有文化的人。"作为管理者每天都处在博弈决策过程之中，要通过指定的规则获得成功并做出最佳决策，就要最大限度地利用游戏规则进行博弈。

博弈理论著名的"囚徒困境"例子是这样的：警察抓住了两个罪犯，但是警察局却缺乏足够的证据指证他们所犯的罪行。如果罪犯中至少有一人供认犯罪，就能确认罪名成立。为了得到所需的口供，警察将这两名罪犯分别关押防止他们串供或结成攻守同盟，并分别跟他们讲清了他们的处境和面临的选择：如果他们两人都拒不认罪，则他们会被以较轻的妨碍公务罪各判一年徒刑；如果两人中有一人坦白认罪，则坦白者立即释放而另一人将重判 10 年徒刑；如果两人都坦白认罪，则他们将被各判 8 年监禁。两个罪犯会如何选择（见表 3 - 1）？

表 3 - 1　博弈论"囚徒困境"

囚徒 A ＼ 囚徒 B	坦白（静态）	不坦白（动态）
坦白（完全信息）	− 8，− 8（完全信息静态博弈）	0，− 10（完全信息动态博弈）
不坦白（不完全信息）	− 10，0（不完全信息静态博弈）	− 1，− 1（不完全信息动态博弈）

博弈论是研究在各方策略相互影响的条件下，理性决策人决策行为的一种理论。一个完整的博弈应包含四项要素：博弈的参加者；策略空间；进行博弈的次序；博弈方的得益。一旦确定了以上四要素，一个博弈也就随之确定了。参加者是指博弈中选择行动以最大化自己效用的决策主体（可以是个人，也可以是团体）；策略空间是指参与者选择行动的规则，即在什么情况下选择什么行动的预先安排；博弈的次序是参与人在博弈中所知道的关于自己以及其他参与人的行动次序；得益是参与人在博弈结束后从博弈中获得的效用，一般是所有参与人的策略或行动的函数，这是每个参与人最关心的一项。

现在博弈论正在得到越来越多经济学科的接受和运用，几乎贯穿了整个微观经济学，并且已扩展到宏观经济学及产业组织理论，在环境、劳动、福利经济学等方面的研究中也都占有重要的地位。博弈论的应用范围不仅包括经济学，在军事、外交、国际关系及犯罪学等领域也被广泛运用。

二　领导决策的权威性与发展趋势

（一）权威的三种形态

权力与权威是一切社会组织形成的基础，而领导者在组织决策中发挥着重要作用，他们可通过自己的人格和超凡的能力、影响力，指挥并带领团队实现最终目标。马克斯·韦伯（Max Weber）曾指出，有社会组织的地方就有统治和管理，有统治和管理就得有统治的道理，人们服从统治的道理就构成了权威。组织是以某种形式的权威为基础，权威能消除混乱，带来秩序，发展组织和实现组织目标。韦伯通过历史考察，认为正当的（或合法的）权威有以下三种形态：（1）传统型权威。这种权威来自于习俗、惯例、经验、祖训等。由传统权威支配的社会组织，统治者依照传统形成的组织规则来治理臣民，芸芸众生对长官的服从来自于传统赋予长官的固有尊严。这种社会组织就是人们常说的家长制组织。在家长制组织中，统治者与被统治者的关系，并非"上司"与"下属"的关系，而是主子与奴仆、家长与子女的关系，他们所遵从的规则，是社会传统的习俗和惯例，而不是法律制度。（2）魅力型权威。这种权威又可称之为超人权威或神授权威，它建立在非凡人格、英雄气概、创业奇迹的基础上，也就是说，它来自于对领袖个人魅力的崇拜。所谓魅力，即一个领袖人物超越凡俗的品质，它可以是不同凡响的气质、人品、性格、学识、智慧和能力，也可以是凡人不能理解的神授魔力。具有魅力权威的领袖人物，必须拥有某种超人甚至超自然的，也是其他人无法企及的力量或素质。超人权威的本质是"敬仰"。（3）法理型权威。这种权威又可称之为法定权威，是建立在相信规章制度和行为规则的合法性基础之上的。法理型权威以规则为统治的出发点和最终的归宿点，只有根据法定规则所发布的命令才具有权威，人们普遍遵守规则，信守规则，规则代表了一种大家都遵守的普遍秩序。法律和规章有契约式的，也有强制式的，但是，法理权威的形成依赖于法律和规章表现出来的理性。"通过协议的或强加的任何法都可能以理性为取向，即目的合乎理性或价值合乎理性为取向（或者两者兼而有之），并制订成章程，同时有权至少要求团体的成员必须尊重它。"正是这种从理性所衍生出来的规则成为法理型权威赖以存在的基础。法理权威的本质是"理性"。法理型权威是由传统社会走向现代社会的必然产物，是理性追求的体现。相对传统权威和超人权威，它最稳定且最有效率。这种权威下的组织关系是法定的，组织的行为规则体现了理性。所以，它是现代社会最为普遍的权威类型，其他两种权威最终会向这种权威演变。

（二）领导实践和发展趋势

对于如何发展组织的领导力问题，绝大多数成功的领导者都认为是那些艰难的工作经历塑造了他们的个性和能力，几乎没有人说，能成为领导者是因为参加了什么领导力发展培训，学习了什么课程。科特（Kotter）指出，"大量的领导品质是在工作中形成和发展的"，很多时候，并不是正式培训本身的设计和实施有什么问题，而是因为仅靠正式培训，是不足以实现领导力发展目标的。正式的教育培训主要是为领导力发展在认知上做准备，只有通过在实际工作中不断运用知识，积累经验，才有可能把知识转化为能力，使能力体现在有效的行动中。从当代英美组织发展自身或组织内个人领导力的实践中，我们可以看出，不同的领导力发展项目由于存在具体目标和对象差异，会选择不同的发展方法。但比较成功的领导力发展项目往往都综合使用多种发展方法，并将各种方法进行系统安排，使它们相互强化、互为补充。比如，在一个领导力发展项目中，先用360度反馈帮助参加者根据领导胜任特征模型测评个人的发展需求，同时让参加者接受指导或训练，以帮助他们更好地理解各种反馈信息；然后在导师或教练的帮助下结合实际工作情况，制订个人学习计划；参加者在工作的同时进行自我导向学习，在这一过程中定期得到导师或教练的帮助；一个阶段的发展计划完成后，再给参加者安排一个发展型的工作任务指派，或参加一个行动学习小组，在更复杂的实际任务情境中磨炼领导力。领导力发展方法的多样性是十分重要的，把领导力发展目标和组织目标整合起来则更为重要。这将使各种领导力发展方法产生更强大的集体影响。在1998年百联公司对15家组织领导力发展项目的调查中，应答组织被要求列出对领导力发展计划的成功影响最大的4种方法，分别为行动学习、360度反馈、接触高层领导者、参与战略规划，调查结果如表3-2所示。

表 3-2　对领导力发展计划成功影响最大的关键方法

单位：%

内　容	频次	内　容	频次
其他内容	73	公司内部的案例研究	26
外部辅导	67	高级工商管理硕士课程	20
跨职能的岗位轮换	67	正式的导师制	13
全球范围的岗位轮换	53	快速晋升	7
非正式的导师制	46	讨论会	7

资料来源：Giber, D., Carter, L., Goldsmith, M. (eds.), *Best Praetices in Leadership Development Handbook*, San Francisco: Jossey-Bass, 2000。

1999 年，《财富》杂志与合益集团（Hay Group）联合对全球 500 强公司中最受尊重的 72 家公司和其他作为对照组的 60 多家公司进行了组织领导力发展调查。这些公司运用各种发展型项目，反映了不同领导力发展方法的使用（见表 3-3）。

表 3-3　全球 500 强公司发展型项目的运用情况

单位：%

发展型项目的运用情况		很少用或根本不用	有时用	用得非常多
规划好的职业生涯任务指派	最受尊重的公司	0	39	61
	对照公司	8	57	35
个人一对一教练	最受尊重的公司	13	30	57
	对照公司	22	57	22
正式的室内培训课程	最受尊重的公司	4	44	52
	对照公司	14	35	51
商学院——执行官课程	最受尊重的公司	13	52	35
	对照公司	22	62	16
外部咨询师开发的定制式发展项目	最受尊重的公司	22	61	17
	对照公司	38	46	16
自学型培训课程	最受尊重的公司	73	27	0
	对照公司	56	39	6

资料来源：Hay Group, "What Makes Great Leaders: Rethinking the Route to Effective Leadership," Findings from the Fortune Magazine/Hay Group 1999 Executive Survey of Leadership Effectiveness [EB/OL], Hay Group Working papers, http://www.haygroup.com/downloads/sg/wp – What _ Makes _ Great _ Leaders.pdf, 2005。

执行官发展协会（Executive Development Assoeiates）在 2004 年以 20 家全球 1000 强公司为对象，调查领导力发展趋势。其中一个问题是"在促进高潜力的执行官和新兴领导者的发展方面，最有效的方法是什么？"被普遍提及的方法包括：工作轮换；拓展型任务指派；正式教育培训；指导/教练；接触高层管理人员或董事会成员；行动学习；通过 360 度评估等方式的反馈。该研究还调查了对于执行官发展最有效的学习方法。详细调查结果如图 3 - 1 所示。

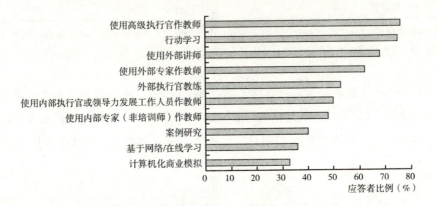

图 3 - 1　最有效的 10 种学习方法

资料来源：文茂伟《当代英美组织领导力发展研究》，华东师范大学博士论文，2008 年 5 月。

通过对上述各种实证调查数据综合分析可以发现，在发展个人和组织领导力时使用得最频繁，同时也比较有效的方法，包括行动学习、360 度反馈、指导、教练、工作任务指派（包括轮岗、拓展型的任务和影随执行官等）和正式的教育培训等。上述方法各有优势，也各有局限，要根据企业的具体情况以及发展规模进行综合运用。

第二节　领导风格与管理决策比较研究

一　组织领导风格与类型

领导风格不同，语言行为表现和思维模式也有所不同，这必然影响其领导决策以及处理各种事务的方法和行为态度。成功的领导者要学会根据情境的需要，在合适的时间和场合，灵活选用适合组织的领导风格。当然，这对一个领导者来说并不是一件容易的事，一个卓越的领导者能展现出多种风格，根据不同的组织规模和组织成员能综合运用不同的领导风格，从而创造出组织最好的工作氛围和绩效。

（一）领导类型调查研究

海－麦克伯咨询公司从来自世界各地的 2 万多名经理中随机抽查了 3871 名并从中整理出了成功经理的一些特点。其调查结果是，成功的经理往往并不仅仅依赖于一种领导风格，而是根据企业状况在不同时期使用不同的领导风格。调查结果显示，六种不同的领导风格分别是强制型、权威型、合作型、民主型、方向制定型和教练型。每一种风格都来自不同的情商因素。任何一种风格单独使用都会对公司部门或小组的工作有直接影响，同时也影响到经济效益。六种不同的领导风格归纳如下：（1）强制型领导风格是所有风格中最无效的一种。因为，极端的完全服从的决策方式使组织中新的思想不能发挥作用，人们普遍感到没有受到重视。然而，当企业处于转型期或面对危机时，强制型领导风格可以起到意想不到的作用，如果只依靠这种风格，必然失去员工的气势，长期影响将是毁灭性的。（2）权威型领导风格也许是最有效率的。当企业处于不确定状态时这种风格尤其有效，一个权威型的领导会设计一个新的方案，从而将他的员工带入一个新的长远规划中。但是，如果一个管理者过于想成为权威，会削弱高绩效团队所需要的平等精神。（3）合作型领导提倡员工先行，能给予员工以最合适的方式去工作，善于表扬员工；但它不应该单独使用，当员工面临复杂的困难而需要清晰的指导时，这种风格使他们面临无人指导的困境。如果合作型领导与构建蓝图、建立标准的权威型风格结合使用效果会更好。（4）民主型领导风格使员工处于一个民主的系统中，注意倾听员工所关心的问题，从而提升组织的灵活性和责任感。这种风格在领导不清楚如何做时，有能力的员工可以发挥最大的作用。但过于参与和讨论，员工会感到迷惘及无人指导，当员工不胜任时，这并不能起到作用。（5）方向制定型领导风格与强制型领导风格相似，也经常被采用，但对它的使用应该有节制。这种风格的领导会制定相当高的绩效标准并以身作则。如果员工不能完成任务，会被他人替代。因此，这种风格常常会破坏工作氛围，员工不容忍高业绩要求，会影响员工士气。（6）教练型领导风格能帮助员工发现自己的优缺点，建立长期发展目标。但是，如果员工不愿意学习或不愿意改变自己的工作方式，这种风格没有任何意义。在所有领导风格中，教练型风格是很少被采用的。

　　心理学家勒温（Kurt Lewin）等研究者力图科学地识别出最有效的领导行为，他们着眼于三种领导行为或领导风格，即专制型、民主型和放任型的领导风格。勒温认为，这三种不同的领导风格，会造成三种不同的团体氛围和工作效率。勒温等人发现，团体的任务领导并不是以同样的方式表现他们的领导角色，领导者们通常使用不同的领导风格，这些不同的领导风格对团体成员的工作绩效和工作满意度有着不同的影响。勒温认为，这三种不同的领导风格，会造成三种不同的团体氛围和工作效率。专制型的领导者只注重工作的目标，仅仅关心工作的任务和工作的效率。但他们对团队的成员不够关心，被领导者对领导者存有戒心和敌意，容易使群体成员产生挫折感和机械化的行为倾向。民主型的领导者注重对团体成员的工作加以鼓励和协助，团体成员有较强的工作动机，责任心也比较强，效率较高。放任型的领导者采取的是无政府主义的领导方式，对工作和成员的需要都不重视，无规章，无要求，无评估，工作效率低，人际关系淡薄。

　　勒温等通过对不同的成年人领导者的领导风格实验，认为民主型的领导风格似乎会带来良好的工作质量和数量，同时群体成员的工作满意度也较高；但是，研究发现，民主型的领导风格在有些情况下会比专制型的领导风格产生更好的工作绩效；而在另外一些情况下，民主型领导风格所带来的工作绩效比专制型领导风格的工作绩效低或者相当。

（二）中国民营企业管理者领导风格

　　20 世纪 70 年代末以来，中国从计划经济开始向市场经济转型，中国存在国有企业和民营企业两个平行的经济体系。国有经济在国家的支持和资助下，仍在中国经济中继续存在和发挥重要作用；同时，新的经济体系私营企业在迅速发展，新的企业与经济体系（包括私营企业、外资企业和中外合资企业等）采用了各种与市场经济相适应的组织和管理方式。

　　大多国有和私营企业的领导风格的研究都来自西方社会，许多研究集中在比较公共组织和私营企业的区别上。其研究结果显示，公共部门员工通常对他们的工作有负面看法，认为在他们的工作中缺乏自主权，权威型领导风格显著。近年来，随着中国企业的快速发展以及企业管理方法研究的深入，出现一些对中国企业领导风格的研究以及对员工的调查研究。如，通过对中国的几家民营企业 162 名员工的调查结果表明，在命令型与参与型的维度中，53.7% 的员工认为中国民营企业领导为命令型，40.1% 的员工认为其直属领导为参与型；在任务导向型与关系导向型维度中，34%的员工认为其直属领导为任务导向型，50%的员工认为其直属领导为关系导向型。在民营企业经营者中，重要职位由家族成员担任的比例高达40%。在这些家族企业中，虽然设立了股东大会、董事会和经理班子，但控制权事实上仍在家族成员手中。另外，有关对浙江民营企业家现状和问题分析的调查数据表明，有97.2%的民营企业主同时又是企业管理者，58.8%的经营决策由企业主决定。

民营企业中命令型领导风格多于参与型领导风格。在民营企业中决策集中，缺乏对重大问题的议事、讨论和民主决策机制，员工并没有什么决策权。有的企业聘请了职业经理人负责日常经营管理工作，也不能真正发挥决策作用，在制度安排以及主要决策方面主要由企业经营者决定。民营企业的管理专制问题，在地方企业家群体中，这种现象比较严重。有些民营企业中虽然机构设置齐全，但大多形同虚设，实际上还是家长式的管理。

二　管理决策与权利维度研究

跨国企业的经营决策权控制是跨国公司实施全球战略的关键。但在远离母国总部、跨越不同体制和社会文化、竞争环境等因素的影响下，跨国公司都想方设法深入合资企业内部，掌握管理控制权，以实现对跨国企业的有效决策控制。而各国的管理者由于固有观念和文化、价值观念不同，在管理决策上有很大差异。

（一）影响管理决策的五个维度

人类文化学家霍夫斯泰德（Geert Hofstede）1965～1971年针对IBM在全球40多个国家的外派经理和员工进行了文化价值方面的调查研究。研究总结出在不同的国家和民族文化中，影响管理活动或管理决策模式的文化因素。他在1980年首次提出了四个影响管理活动和管理模式的文化因素：权力化程度、不确定性规避、个人主义/集体主义、男性主义/女性主义，经过进一步研究，补充了第五个维度的长期取向与短期取向。

（1）权力化程度。高权力化程度的社会假设人是不喜欢工作的，因此要采用等级强的体制、程序和严格的监督制度。这是指在社会里，人们对不平等现象的接受程度。如果人们认为不平等是正常的和人们可以接受的东西，则意味着较大的权力差距；如果人们认为应尽量避免不平等，则意味着有小的权力距离。所谓权力距离，指的是组织成员所在国的文化，对于不公平分配权力、财富与威望的忍受程度。处于权力距离低文化的组织，对于不公平现象很难忍受。权力距离涉及人的不平等问题，即人们在生产和生活中的等级差别和人们对此的态度。

（2）不确定性规避。是一个社会内部个人之间的相互关系，是人人为己还是人应当与其所属群体保持密切关系，不确定性描述一个社会面临未知时的焦虑程度。高不确定性规避国家，不存在明确的管理制度和游戏规则。下级喜欢任务导向型的领导，个人对组织忠诚，不愿冒风险，决策保守。低不确定性规避的国家，个人拥有高度的自主权，管理具有灵活性和选择性。在低逃避风险不确定的文化中，人们比较容易接受创新的事或是怪异的行为。但在高逃避风险不确定的文化中，人们则较为遵守固有规则。如希腊、葡萄牙、日本属于高风险的文化。而中国香港、新加坡与瑞典等国家或地区，则属于低度逃避风险文化。不确定性避免是指一个民族对所生存的社会感到有无把握或模糊的情景时，试图以技术的、法律的、宗教的方式来避免不确定局面的发生。每个民族对不确定性的避免程度，都有显著差异。

（3）个人主义与集体主义。集体主义任人唯亲，晋升靠资历、年龄；个人主义任人唯贤，晋升靠公平的条件和标准。这个文化维度主要是指人们对待集体和个人的关系，即重视集体还是重视个人。在美国，对于人的期望为：个人必须独立，人与人之间的关系较为疏远，每个人必须做好自己的事情，整体偏向个人主义；但在中国或是墨西哥的文化中，则相对偏向集体主义。人们的情感与认同都与家庭等内聚力联系起来，因此，人们必须对这些团体保持一定的忠诚。

（4）男性主义与女性主义。"社会性别角色应该得到最大化的区分"被称为男性主义，"社会性别应该尽可能的重合"是女性主义的特点。高男性主义社会中，对工作有明确的性别区分，工作强调业绩，有竞争，强调物质等方面的价值观。高度男性主义的社会文化中，期待男人要比女人承担更多的责任，女性从事科技与专业技术的比例较低，如日本、澳大利亚等；低男性主义社会，保持着良好的人际关系，施善，工作轻闲，注重生活质量，如瑞典、挪威、荷兰等。

（5）长期取向与短期取向。长期取向是注重文化、轻技能，工作的保障为主要的激励。短期取向轻文化重技能，高工资和快速的晋升为主要激励。长期导向则意味着对这个世界上生活的美好愿望，有注意节俭和坚定意志的美德；短期导向则意味着追求即时的满足。

霍夫斯泰德在跨文化管理研究领域作出了开创性的贡献，对后来学者从事跨文化管理的研究方法产生了非常深远的影响。但其研究仍有不足之处：（1）其研究数据不全面，缺乏俄罗斯和许多东欧国家的资料，也没有中国内地的有关数据；尽管后来他接受了某些学者用中国人的价值观（儒家文化的价值观）进行跨文化研究后对其理论提出的质疑，并归结出了他的文化价值观的第五个维度（长期观—短期观），也对中国（主要是内地）与西方国家的文化维度进行了比较研究，但是终究缺乏具体翔实的数据做支持，因而其第五个维度的理论阐述与前四个相比较显单薄。（2）霍夫斯泰德的研究对象是计算机行业的从业人员，而且只是限定于 IBM 公司。IBM 公司以自己强有力的公司文化及雇员筛选程序而闻名，其公司雇员的价值观很可能在许多方面不同于雇员自己祖国的文化价值观。此外，霍夫斯泰德的研究对象并不包括不熟练的体力劳动工人。这些都有可能影响其研究结果的广泛性和代表性。（3）其研究多少受到研究者本人所处文化的局限或影响。研究人员全由欧洲人和美国人组成，他们根据自己的文化见解和所关心的方面来向 IBM 公司雇员提出问题，然后对答案进行分析。因此，很难保证霍夫斯泰德的研究结果是否能够摆脱西方人的陈见。

（二）美、德、日、韩文化维度比较

霍夫斯泰德通过对文化进行分解维度的研究，在对多国文化进行涉及企业员工的基本价值观及信念、员工收入、工作安全感、挑战性、自由和合作等综合性调查的基础上进行了系统分析，归纳出权力化程度、不确定性规避、个人导向性/集体导向性、男性主义（阳刚性）/女性主义（阴柔性）、长期导向性/短期导向性，并对多国和地区的文化维度进行了量化。表 3-4 是通过对美、德、日、韩的研究得出结果，这四个国家在文化方面显示出很大的差异性。

表 3-4　美、德、日、韩的文化维度得分

单位：分

国家	权力距离	个人导向性	阳刚性	不确定性回避	长期导向性
美国	40	91	62	46	29
德国	35	67	66	65	31
日本	54	46	95	92	80
韩国	60	30	50	60	70

注：非实测结果。

资料来源：赵曙明、武博《美、日、德、韩人力资源管理发展与模式比较研究》，《外国经济与管理》2002 年第 11 期。

美国在等级制度方面显示出在美国人与人之间依附关系弱化，上级权威受到一定的约束，美国强调每个人拥有同等权力，等级差异较小。美国企业鼓励员工大胆创新，积极对待事物的发展变化，认为工作和生活同等重要。美国文化有崇尚自我意识和个人价值的倾向，一切以自我为中心，缺乏团队合作精神。工作上积极竞争，有限度地接受规章制度，并以自由、自主、自立和理性思维作为主调。在晋升上显示出短期志向，要求立竿见影、快速晋升或降职。日本和美国文化形成鲜明对比，日本崇尚以儒家思想的仁、义、礼、智、信为基础的文化价值观，企业价值观讲究和谐与安定，个人服从组织，人与人之间的关系非常微妙，提倡人生价值服从于组织。日本企业强调上下级之间的严格关系，下属应该绝对服从上级，越是较低的层次，这种倾向尤为严重。日本员工忠诚于组织，个人对集体有强烈的感情依附。日本企业注重节约、节俭和资源的长期储备。美国经济学家林德博格曾经总结了 11 种影响日本人力资源开发的文化因素：人人平等的哲学、团队精神、注重人际关系；长期定向和终身雇佣制度等。韩国的管理模式有综合美、日模式的特点。韩国企业受到儒家文化的影响。企业道德建立在儒家道德标准的范围内，君臣父子、忠孝节义成为韩国企业内部人际关系的标准。企业内部尊崇等级观念，权力高度集中，人与人之间由于地位、权力的差异而有所区别。企业的员工愿意努力工作，对企业有一定的忠诚度，并重视集体荣誉，企业员工责任感强。

德国相对于美国和日本而言，强调约束权力的平等，每个人的权力应尽可能相同。他们认为合作的基石是团结而不是权力。人与人之间应相互信任，不应该由于权力差异而存在必然的冲突，改变社会制度的办法是将权力重新分配。德国人认为，时间就是金钱，工作中讲究照章办事甚至有些刻板，他们尊重传统习俗，注重承担社会责任。在企业中他们努力工作，讲究效率，注重理性思维，合理安排时间与工作进度。企业绩效考评重视各个季度和年度的业绩，考核周期比较短，有重视短期利益的倾向。

（三）权力化程度与不确定规避的中日比较

霍夫斯泰德从五个指标探讨了组织的特性，各国的文化模式和价值观念不同，都有不同程度上的差异。正因为此，不同的文化社会对组织的形态与结构有不同的影响。霍夫斯泰德将权力距离定义为"一个国家内的机构或组织中处于权力劣势的成员对权力分布不平均的期望和接受程度"。"权力分配不均存在于任何文化中,但其容忍程度却因文化的差异而有所区别。"换而言之,权力距离是指民族文化的一个维度,它是不同国家人们对如何对待他们之间不平等这一基本问题的一系列不同回应。权力距离大致可以分成两种类型:大的权力距离和小的权力距离。在一个大的权力距离社会,人与人之间的不平等是社会所期望和可以接受的,权势小的人总是依附于权势大的人。在权力距离较小的社会里,人们之间的不平等被淡化,权势大和权势小的人在理论上和实际中都存在着某种程度的相互依赖。霍夫斯泰德曾对 IBM 公司处于相似职位但不同国家的分支机构的雇员们做过一个测试,并且做出一个显示 50 个国家和 3 个地区权力距离指数值(power distance index,PDI)的表格,在测量人们对(权力)不平等的认可程度时,PDI 指数值越高,则意味着该国家或地区的不平等程度越高。不确定规避指数值(Uncertainty avoidance index,UAI)是组织成员感到不确定性和模糊情景的威胁程度。通常可以提供较大的职业安全,建立正式的规则,以及对具体指令的依赖。

在 2007 ~ 2009 年对在华的北京、上海、大连等城市的日资企业员工(591名)所做的跨国企业人力资源管理以及员工满意度调研中,对"关于对日资企业领导风格的满意度"做了问卷调查,对列举的四种不同类型的管理者中,所在单位的领导最接近的类型(只选一项)回答如表 3 - 5 所示。

表 3 - 5 日资企业管理者类型

单位:%

公司 \ 类型	管理者 1	管理者 2	管理者 3	管理者 4	都不是
A 公司	0	50	25	0	25
B 公司	24.14	34.48	3.45	10.34	27.59
C 公司	20.59	47.06	11.76	14.71	5.88
D 公司	16.67	61.90	7.14	11.90	2.38
E 公司	30.69	42.86	15.34	6.88	4.23
F 公司	7.63	55.93	19.49	14.41	2.54

注:管理者 1:立即做出决策,下级毫无怨言忠实地执行决策;管理者 2:立即做出决策,决策执行前,向下级进行充分的说明并解答问题;管理者 3:决策前和下级商量,听取下级的意见,讨论后管理者自己决定,做出选择。决策制定后,即使没有采纳下级的建议,也依旧执行。管理者 4:重要的决策时,召开会议进行协商。把多数人的建议作为最终决策。

资料来源:根据 2010 年企业调查制作。

中国员工认为自己所在企业的管理风格是"管理者2",即通常立即进行决策,但在决策执行前,对下级进行充分的说明。向下级说明的同时也对下级的疑问进行回答。表3-6的调查表明,中国员工首先选择"管理者2",其次是"管理者3",即希望在这样的管理者手下工作。即决策前和下级商量,听取下级的意见,讨论后,管理者自己做决定,做出选择。决策制定后,即使没有采纳下级的建议,也依旧得以执行。员工的满意度与领导类型的问卷调研中,同样说明中国员工认同目前的管理方式。

表3-6 "员工岗位和工作的满足度"问卷调查

单位:%

公司 \ 满足度	A	B	C	D
A公司	25	50	0	25
B公司	3.33	46.67	43.33	6.67
C公司	3.13	75.00	18.75	3.13
D公司	13.95	53.49	23.26	9.30
E公司	13.51	58.92	22.16	5.41
F公司	5.83	68.33	21.67	4.17

注:A. 满足;B. 基本满足;C. 不太满足;D. 不满足。

为统计方便,表3-6中,A、B之和是74.17%,为满意;C、D之和是25.83%,为不满意。运用回归分析,从"日资企业管理者类型"一组数据中,确定与"员工工作满意度"之间的变量关系,找出哪些因素影响是显著的,哪些影响是不显著的。从相关分析中得知,"管理者3"与"员工满意度"变量密切相关,设员工满意度为因变量,记为 y;"管理者3"为自变量,记为 x,可以建立以下线性关系:

$$y = \beta_0 + \beta_1 x + \varepsilon \quad \cdots\cdots\cdots\cdots\cdots\cdots\cdots\cdots\cdots (3-1)$$

由式(3-1)可以看出,y 是 x 的线性函数,加上误差项 ε。

通过已有数据的检验说明,"管理者3"与员工满意度成正相关,直线拟合度好,有明显的线性关系。得出,"管理者3"确实会影响员工的满意度,并且影响为正向(见表3-7)。

表 3 - 7 领导决策与员工满意度回归分析

回归统计					
Multiple R	0. 717761499				
R Square	0. 51518157				
Adjusted R	0. 393976962				
标准误差	0. 079350905				
观测值	6				
方差分析					
	df	SS	MS	F	Sig F
回归分析	1	0. 026763626	0. 026763626	4. 250511428	0. 108246498
残差	4	0. 025186265	0. 006296566		
总计	5	0. 051949891			
	Coefficients	标准误差	t Stat	P-value	
Intercept	0. 569163819	0. 069218473	8. 2227156	0. 001192443	
X Variable 1	0. 920628909	0. 446543749	2. 061676849	0. 108246498	

注：R Square 为相关系数 r 的平方，Sig F 为用于检验的 P 值，Intercept 为截距，X Variable 1 为斜率。

资料来源：根据 2010 年企业调查制作。

通过以上分析，得出如下结论：管理者 3 的领导方式会让日资企业的中国员工感到满意，即在做出决策时，首先与下级进行协商讨论，然后做出决策，在做出决策时，即使不采纳下级的建议，一旦决策后也要求执行决策。

2009 年企业调查分别对中外管理人员的亲和力设定了问题。分别是：A. 有亲和力；B. 比较有亲和力；C. 比较疏远；D. 疏远的问题。为了统计方便，把 A 和 B 归为亲近；把 B 和 C 归为疏远。两组数据显示，认为对中方管理者有亲和力的占 92.31%，认为疏远的占 7.69%；认为外国管理者有亲和力的占 64.86%，认为疏远的占 35.14%。此调查显示，中方管理的亲和力明显高于外方管理者。此次调查还显示，企业员工对管理人员的亲和力与员工的离职率明显呈正相关关系：管理者亲和力高的企业，其离职率较低，员工愿意继续留在企业工作；相反，管理者疏远的企业，其离职率较高，员工不想继续留在企业工作的数据较高。

（四）中日企业管理决策差异

过去曾有调研显示，中国企业员工感觉领导者的领导决策有较强的权威性。

国有企业员工相对于民营企业员工感受到较强的任务导向型的领导方式。一方面，由于特殊的中国历史和文化，以及中国经济发展和市场环境，中国员工在某种程度上适应于传统的领导风格。另一方面，外资企业的管理与中国传统的管理方式的结合，往往使管理人员无法始终如一地坚持一种管理方法，在这种情况下，领导风格就有可能显得软弱无力。

从中日企业领导体制方面可以观察到中日企业决策方式的差异。日本企业的董事长、总经理往往由一人兼任。日本企业中的常务董事或一般董事，也大都兼任各职能部门的领导，他们既是企业决策的制定者，又是决策的执行者。此外，决策职能与监督职能没有严格区分。日本商法明确规定，董事会是企业最高决策机构，又是董事监督机构。这就使得企业中监督总经理行为的力量也显得十分薄弱，而且工会的制约与监督作用也是很有限的。日本企业的决策通常是采用"禀议书"的形式，循着由下而上（雇员—课长—部长—经理—董事长）、然后再由上而下的顺序进行的，层层裁决和盖章，逐级向上反映汇报，同时，各有关部门也进行横向交流和协商以取得一致同意。最后，由最高决策机构批准。日本人把这种一致同意的"旋转式"决策称为"禀议制度"。日本企业决策的特点是要求企业决策充分发挥集体的力量，强调集体的责任。而终身雇佣又使职工群体产生一种"向心力"，职工将个人的利益同企业的利益视为一体，对企业的决策表现出极大的热情。由于企业职工在职业上的稳定性，企业在制定决策时谋求企业的长远发展，注重市场占有率和新产品比率的提高，为谋求企业的长远发展而不惜冒暂时的风险。由于日本在决策时要进行充分的酝酿，所以花费时间较长，但决策者本身也是决策的执行人，所以一旦做出决策，在得到大家的认可后，可以迅速地得以执行。

美国管理学家约翰·程洛诺夫（John Woronoff）在《日本管理的危机》一书中写道，在日本，一个观念，不管表面看来多么普及和通俗，一定是提案人用"事前斡旋"的方式，将自己的意见扩散至周围的结果。无法产生强烈反对意见的会议，只不过是个形式。最终决策总是由会议出席人员的基本权力关系来决定。阶层较低的员工们虽然被邀请参加会议，但是大家都晓得如果自己的意见和上司的不同的话，不要坚持己见乃是上策。因此，实际上，根据基层员工的意见来决策的事情少之又少，管理者得到的是按照自己想法进行决策的结果，这也是日本式决策的真实情况。

相较之下，厂长负责制是长期以来中国企业领导体制的基本模式。基本特点是企业中的决策职能和执行职能合一，并且集于厂长手中。厂长在企业中处于中心地位，起中心作用。厂长同管理委员会的多数成员对经营管理中的重大问题意见不一致时，厂长有权做出决定。因此，大多数企业采取厂长在集体讨论的基础上进行综合决断的方式。针对这种决策方式在程序上的特点，将其称之为"环链式决策"。中国企业家协会的调查报告表明，实行"环链式决策"方式的企业占绝大多数。这种决策是按照如下程序得出的：由厂长在决策设想基础上提出课题、目标和原则，交给有关部门收集信息资料，草拟方案，然后将方案交给组织有关人员进行可行性分析，完善方案内容，最后由厂长主持召开会议进行讨论和论证。在充分听取各方面专家和职工代表意见的基础上，由厂长及时进行决策。

第三节　跨国企业决策影响要素

企业管理者的决策能力在很大程度上决定了企业的前途与命运。通常来说，企业的决策者一般均是企业的高层领导者，他们是企业创新发展的核心和灵魂，其有效决策是企业产生高绩效的关键，因此，毫无疑问，决策者的素质对战略决策有着至关重要的影响。

一　跨国企业战略决策影响要素关系

麦肯锡的决策方法认为，世界上每 100 家破产倒闭的大公司中，有 85% 是因为公司管理者的决策不慎所致。企业的战略决策必然是在一定的环境中进行的，可称之为企业的战略决策环境。外部环境主要有经济环境、技术环境、政治环境和社会文化环境。对于跨国公司而言，身处异乡，子公司与母公司所处文化环境不同，也就意味着社会文化背景对战略决策有着更为深远的影响。影响跨国公司战略决策的要素有很多，研究对跨国公司战略决策影响要素需要建立在对跨国公司调研的基础上，决策信息方面筛选出了信息处理的"管理工具"及"情报"，在决策者素质方面筛选出了"组织沟通"、"心理预期"和"直觉"，在外部环境方面筛选出了"伦理"、"情报"和"管理工具"，共计 6 个要素作为自变量，并研究这些要素与战略决策绩效之间的互动关系。

战略决策绩效是反映组织决策绩效的一个重要指标，这可以从三个方面来衡量：（1）决策速度，即组织对环境变化的快速反应能力，以及制定重大决策所花费的时间；（2）决策质量，是指一个决策对达成组织目标的贡献，包括决策反映出来的效果，以及执行决策过程中解决问题和根据实际情况调整策略的应变能力；（3）决策成本，包括组织对决策的认同成本、决策沟通成本、成员间的冲突造成的成本和决策所花费时间带来的时间成本等。因此，将战略决策效率从三个维度（即战略决策的速度、质量和成本）上进行度量，可建立起能够达到战略决策影响要素自变量和战略决策绩效因变量之间关系的概念模型（见图3－2）。

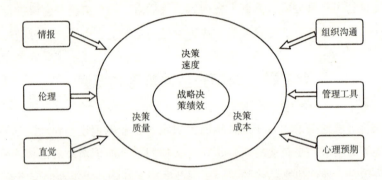

图3－2　跨国企业战略决策影响要素关系的概念模型

资料来源：孙遇春、董力《跨国公司战略决策影响要素研究》，《河北科技大学学报》2008年第4期。

跨国公司战略决策影响要素模型中，情报是数据、信息、知识加工、深化以及运用的高级阶段，是决策的基础。作为企业大政方针的战略决策同样也需要得到相应信息的支撑，是企业制定战略决策的必要条件。通过对竞争信息的研究，企业可以密切关注市场竞争态势和自身相对竞争地位，保障企业的生存和发展；另外，企业要根据实际需要选择不同的战略管理制定工具，以期做出高瞻远瞩的战略决策。必须要实践一套有效的管理工具作为决策手段，对如何做出战略决策以及相应决策的效率做出判断和衡量，并为企业采取下一步的行动提供参考。华信惠悦咨询公司（Watson Wyatt Worldwide）曾调查了531家正在经历重大重组的美国组织。首席执行官被询问：如果你可以回到过去并且只做一项改变，那将是什么？最常见的答案是：我与员工的沟通方式。团队精神、信任的基础、建设性的批语对于决策不可或缺。施耐德（Schneider, S. C.）指出：北欧和美国的管理人员经常抱怨日本公司在做决策时速度"太慢"。而日本的管理人员，则经常抱怨美国和欧洲的管理人员用来贯彻执行决策的时间过长。尽管在日本会花更长的时间来达成决策，但是一旦决策开始被执行，就会被更为迅速地贯彻，日本的公司有着集体主义的精神，在决策这个问题上采用了另外一种不同的方法——"禀议书"（即日本公司员工将提案传送上级批阅的一种制度），是在大家之间传递并要求个人在上面签名盖章的。这意味着如果这个决策被采用，签名者同意遵照执行。美国人可能会因为自己的"富有决断力"而自豪，他们能够自己独立、快速地做出决策。然而，他们不得不在回到自己的办公室后花更多的时间来"卖出"自己的决策，诸如要解释为什么这样决策，这样就不可避免地要花费更长的时间来贯彻执行。

二　伦理决策的过程模型

跨国公司战略决策影响要素模型中，伦理与决策已经渗透到组织的各方面。企业管理伦理是企业管理实践活动中的内在要求，是一种特殊的道德现象。特别是在国际化经营中，由于社会环境的不同，不同国家的人们对上述问题的回答是有差异的，这种差异使得公司伦理问题成为跨国公司经营者在制订战略决策时必须考虑的要素之一。公司伦理和社会责任要求跨国公司的经营管理者必须遵循经营所在地的伦理观念，入乡随俗。但是，这种观念也常常降低跨国公司的道德水准，如行贿、使用童工，或者让工人在极其恶劣的工作环境和薪酬水平下从事生产等。人们每做一件事都会自觉或不自觉地考虑是否符合伦理道德标准。跨国公司应加强管理伦理的研究与实践，在管理活动中重视伦理问题并不仅仅是社会责任的要求，也是企业自身管理的需要。影响商业决策伦理方面的因素有很多。有些因素是个人因素，根据每个决策者的不同而不同，另一些是组织因素。各种因素常常相互作用，使决策结果产生变化。决策者面对的实际伦理问题在某种程度上是由决策者的管理职位类型决定的。例如，高层经理往往遇到战略性伦理问题；而低层经理更容易碰到战术性伦理问题；财务经理遇到与这一工作相关的伦理问题等。哈佛商学院的教授戴维·J. 弗里切（David J. Fritzsche）构造了一个伦理决策过程模型（见图 3–3）。这一模型表示决策者与他人的关系及其对决策的影响。

决策过程模型提供了一个框架，使我们的思维有条理性，它表示了决策者与他人的关系以及其他关系对决策的影响。模型的主要内容包括个人特征、组织特

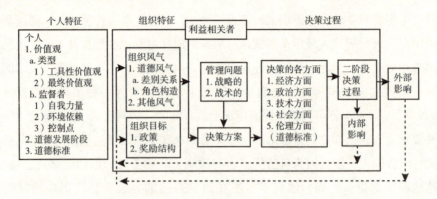

图 3 - 3　符合伦理决策的过程模型

资料来源:〔美〕戴维·J. 弗里切《商业伦理学》,机械工业出版社,2005。

征和决策过程。模型显示了决策的最初影响来自决策者的个人价值观。这些价值观是人在一生的经验中形成和改变的。罗基奇(M. Rokeach)认为,价值观可分为两类:最终价值观和工具性价值观。最终价值观是指"关于最终目标或所希望的最终生活状态的观念和概念"(如舒适的生活、富裕的生活);工具性价值观是指"关于所希望的行为模式的观念或概念,这一行为模式有助于获得所希望的最终生存状态"(如有抱负、工作勤奋、充满热情);组织特征被看做工作环境中影响心理的重要方面;利益相关者是企业内部与外部会影响组织或被组织影响的个人或团体,它们对决策过程中的伦理问题也有一定作用。利益相关者不仅限于组织内部的人,也可以是辅助公司的员工(如广告代理公司的经理们)或竞争组织的员工(如竞争对手的销售人员),等等。此外,如股东、雇员、管制机构、公众利益团体(如消费者联盟)、竞争对手以及供应商都会对决策者施加影响,从而影响决策的伦理方面。配偶是利益相关者中的重要成员,但他们的影响作用尚不明确。

　　决策过程包括两阶段:第一阶段,决策者将最低可接受表现水平规则用于决策的各个方面。这一规则规定了决策各个方面可以接受的最低表现水平。经济表现规则可以是必须预测备选决策的投资回报率;伦理表现规则可以是任何造成利益冲突的备选方案都应排除在考虑之外。最低表现水平会比满意表现水平低,而且只考虑一个备选方案的最低表现水平可能导致排除这一备选方案。但是,如果决策在其他方面(如经济方面、技术方面)出色的表现能弥补某一方面的边际表现，这方面的最低表现水平也是可以接受的。因此，将表现分成三个范围：不可接受的、边际的可接受的和可接受的。最低表现水平和满意表现水平描述了这三个范围。图 3 - 4 是决策各方面的表现范围举例。

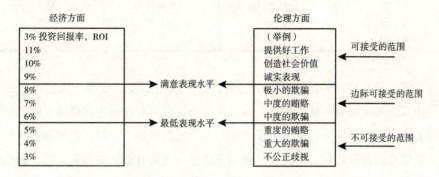

图 3 - 4 决策各方面的表现范围举例

资料来源：〔美〕戴维·J. 弗里切《商业伦理学》，机械工业出版社，2005。

心理预期对决策有着重要影响。2002 年诺贝尔经济学奖获得者丹尼尔·卡内曼（Daniel Kahneman）教授指出：对人类认知的研究证明，人们往往夸大自己的才能。美国大学理事会（College Board）通过对 100 万名学生的调研发现，70% 的学生认为自己的领导能力高于平均水平，60% 的人认为自己的运动才能强于一般人，只有 6% 的学生认为自己不如一般人。60% 的学生感到自己的沟通能力排在前 10%，而整整 25% 的人感到自己属于前 1%。可见，决策者对自身能力和素质过高的心理预期，在某种程度上影响着决策的质量，尤其有可能做出比较激进或冒险的决策；"直觉"是对问题的解决方法做出猜测、选择和判断的一种方式。约翰·科特在《总经理》一书中指出，总经理应有很强的分析和直觉能力，应更多地依靠右脑，也就是更多地依靠头脑的直觉部分，暂时放弃那种阻塞思路和妨碍产生新的解决方法的逻辑的理性，尤其是在对跨国公司的深入研究中，大部分公司都对此有不同程度的肯定。

比如通用公司美国研发中心共有 1600 人，每年都有一两百个提议，最后选取其中一个，直觉的 70% 是对的。帕里克汗在研究中还对不同国家进行了比较，发现日本的管理者在工作中频繁地使用直觉，其他学者对日本管理者的研究也证实了这一发现。美国的管理者使用直觉的比率仅次于日本，英国则名列第三。不同国家的管理者运用直觉的比率见表 3 - 8。

表3-8　不同国家的管理者运用直觉的比率

单位：%

国　家	比率	国　家	比率
日　本	45.8	奥地利	37.1
美　国	43.0	巴　西	33.5
英　国	41.5		

　　跨国公司在特定的社会环境中经营，由于政治制度、法律、风俗习惯的不同，决策上与本国有一定的差异，这是跨国公司经营者在制定战略决策时必须考虑的要素之一。跨国公司决策除了考虑与本土的差异外，要尽可能掌握大量的信息。对信息的获取和信息的分析、采用方法等与决策有很大的相关关系，影响着决策的质量、成本和准确性。跨国企业在决策过程中还应考虑是否符合伦理道德标准。在管理活动中重视伦理问题并不仅仅是社会责任的要求，也是企业自身管理的需要。企业管理伦理道德以及良好价值观的形成对企业本身、个人及全社会的和谐健康发展有着深远影响和重要意义。

第4章
跨国企业人力资源规划

　　如果你不知道去哪儿，那么怎样到达目的地呢？组织正是通过战略规划来确定它们的方向。人力资源规划对企业的未来发展至关重要，成功的企业来自于对未来的预测和有成效的规划。跨国企业人力资源规划，即企业内部或外部环境发生突然变化时，作出快速反应。任何时候、任何重要职位出现空缺时，可及时在世界范围内进行及时填补。

第一节　跨国企业人力资源规划及特点

　　世界经济的全球化和文化多元化给企业的人力资源管理带来了新的课题。随着区域性合作组织如欧盟、北美自由贸易区、亚太经济合作组织等的产生，地区经济甚至全球经济日益成为一个不可分割的整体。传统的管理理念不断受到冲击，跨国公司作为经济一体化的推动力，面对不同的政治体制、法律规范和风俗习惯，促进了各种文化的相互了解、相互渗透和融合。人力资源规划是根据企业内外环境和条件的变化，为实现企业的战略目标和扩大生产，运用科学的方法预测企业人力资源的需求和供给，并制定相应的政策及措施，从而使企业人力资源供给和需求达到平衡。简言之，人力资源规划是指对人力资源供需进行预测，并采取必要措施和手段满足企业人力资源需求。人力资源规划对企业的未来发展至关重要，成功的企业来自企业未来预测和有成效的规划。成功的规划运筹可减少企业未来的不确定性，帮助应对未来的各种变化。

一　人力资源规划的内涵

　　国内外学者对人力资源规划给出了不同的概念阐释，大致可分为两种：一种是从组织利益的角度出发，认为人力资源规划就是确保企业在需要的时间和需要的岗位上获得各种需要的人才（包括数量和质量两个指标）；另一种是组织与员工利益兼顾的观点，认为人力资源规划就是在企业和员工的目标达到最大一致的情况下，保持组织与员工个人利益的平衡以及人力资源供给和需求的平衡。尽管不同的人对人力资源规划的认识不同，但对其最根本的目的和功能的认识是基本一致的，即人力资源规划是根据组织的战略目标，科学预测组织在未来环境变化中人力资源的供给与需求状况，制订必要的人力资源获取、利用、保持和开发策略，确保组织对人力资源在数量上和质量上的需求，使组织和个人获得长远利益。对人力资源规划的必要性可归纳为：（1）面对变动的环境和战略的需要，及时对人力资源的质量和数量做出相应的调整。（2）企业内部因素的变化导致人员数量和结构的变动，需要预先采取相应的措施。（3）企业现有人力资源的分布可能存在不合理的现象，需要有计划地调整。人力资源规划要有其战略性和策略性，战略规划要有人力资源管理的原则和目标；策略规划的重点是强调每项工作的具体实施计划和操作步骤，规划和预测企业组织的短期和长期人力资源的需求，着眼于为未来企业的生产经营活动预先准备人力资源。

人力资源规划是以组织的发展战略目标为依据的，当组织的发展战略目标发生变化时，人力资源规划也随之发生变化。因此，也可以说，组织的发展战略目标是人力资源规划的基础，人力资源规划是组织发展战略目标实现的重要支撑。跨国公司在政治、经济、法律、技术、文化等一系列外部环境因素不断变化之中，要重新审视组织的使命，设定组织的战略目标，提出具体的战略计划。因此，公司内部的人力资源结构与需求需要不断调整和变动，这就要求企业的发展战略随着环境条件的变化不断进行调整。同时，人力资源规划要使组织和个人得到长期的利益。组织的人力资源规划要充分发挥组织中每个人的主观能动性，使每个人在不断提高自己的能力素质及工作效率的同时，提高组织的效率，使组织的目标得以实现。人力资源规划在实现企业目标的同时实现员工的目标，注重实现组织的长远利益，同时关心组织中的成员在物质、精神和业务发展等方面的需求，最终实现组织目标与个人目标的统一。

二　跨国企业人力资源规划的作用

人力资源规划在跨国企业管理过程中起着关键的作用。对于跨国企业各项具体的人力资源管理活动而言，人力资源规划具有先导性和全局性，它能不断地调整人力资源政策和措施，指导人力资源管理活动的有效进行。具体而言，人力资源规划的作用主要体现在以下几个方面[1]。

(一) 确保跨国企业发展中人力资源的需求

不同的跨国企业，不同的生产技术条件，对人力资源的数量、质量、结构等要求是不一样的。在当今市场竞争日趋激烈的环境下，跨国企业需要不断地开发新产品，引进新技术，才能确保在竞争中立于不败之地；新产品的开发和新技术的引进引起跨国企业机器设备与人员配置比例的变化，需要跨国企业对其所拥有的人力资源不断进行调整，以保证新产品和新技术条件下工作对人的需要以及人对工作的适应性。在跨国企业发展过程中，如果不能实现为跨国企业发展提供各个阶段所需的人才，跨国企业就不可避免地出现人力短缺的现象，从而影响正常的生产活动。跨国企业通过人力资源规划，可以减少组织发展过程中人事安排的困难，使跨国企业在用人的时候能够事先考虑好员工将来在组织中可能的位置。不进行人力资源规划的跨国企业，发展将是随意的，用人缺乏计划性，并随时潜伏着各种危机，制约企业发展。

(二) 使人力资源管理活动有序化

在跨国企业日常的人力资源管理活动中，无论是确定各种岗位上人员的需求量和供给量，还是职务的设计和人员的配置，不通过人力资源规划是很难实现的。例如，跨国企业在什么时候需要补充人员，补充哪个层次的人员，采取哪些补充方式，根据能力及岗位要求如何组织培训等，这些工作如果没有有效的人力资源规划，跨国企业的人力资源管理将一片混乱。所以，人力资源规划是跨国企业人力资源管理具体活动的依据，它为跨国企业的人员录用、晋升、培训、调整及人工成本的控制等提供了准确的信息和依据。

(三) 提高人力资源的利用效率

人力资源规划还可以控制跨国企业的人员结构、职务结构，从而避免跨国企业发展过程中的人力资源浪费而造成的人工成本过高。跨国企业人工成本中最大的支出项目是工资，而跨国企业工资总额在很大程度上取决于组织中的人员分布

---

[1] 皮卫华：《基于企业战略的人力资源规划研究——以 AC 公司为例》，东南大学硕士论文，2007年 3 月，第 12~14 页。

状况。当一个跨国企业处于创立发展时期，跨国企业员工的人均工资较低；随着跨国企业成长，进入成熟期，跨国企业规模扩大，员工职务上升，员工的平均工资上升，跨国企业的人力成本也将上升。所以，在没有人力资源规划的跨国企业，人力成本是不确定的，人力成本过高，将导致跨国企业效益下降，竞争力减弱，经营将陷入困境。因此，通过人力资源规划预测跨国企业人员变化，逐步调整跨国企业的人员结构，避免人力资源的浪费，使跨国企业人员结构尽可能合理化，把跨国企业人工成本控制在合理的水平上，可以大大提高跨国企业人力资源的利用率，这对于跨国企业来说非常重要。

（四）有利于协调人力资源管理的具体计划

人力资源规划作为跨国企业的战略决策，是企业制定各种具体人事决策的基础。例如，人员招聘、甄选、晋升、培训、薪酬和分配政策等。为了使跨国企业从事政策决策时做到准确无误，就需要提供准确的人力资源供求信息，跨国企业通过人力资源规划，使得人员招聘计划、培训开发计划、薪酬计划和激励计划等人力资源管理具体计划能相互协调和配套。

（五）使个人行为与组织目标相吻合

跨国企业人力资源管理要求在实现跨国企业目标的同时，实现员工个人目标，如跨国企业为了实现效益最大化，要求员工在工作上付出更多的努力，那么跨国企业也要从员工的待遇、员工的职业生涯发展规划方面给予更多的考虑。在人力资源规划的情况下，职工对自己在跨国企业中的发展方向和努力方向是已知的，从而在工作中表现出积极性和创造性。

美国达纳公司的实例就充分体现出适合企业自身发展的人力资源规划所起到的重要作用。达纳公司主要生产螺旋叶片和齿轮箱之类的普通产品，这些产品多数是满足汽车和拖拉机行业普通二级市场需求的。该公司是一个拥有 30 亿美元资产的企业。20 世纪 70 年代初期，该公司的雇员人均销售额与全行业企业的平均数相等。到了 20 世纪 70 年代末，在并无大规模资本投入的情况下，公司雇员人均销售额已猛增 3 倍，一跃成为《幸福》杂志按投资排列的 500 强公司中的第二位。这对于一个身处如此乏味行业的大企业来说，的确是一个非凡的纪录。

1973 年麦裴逊接任公司总经理。他做的第一件事就是废除原来厚达 22 英寸的政策指南，取而代之的是篇幅只有一页的公司宗旨陈述。其大意是：（1）面对面的交流是联系员工、保持信任和激发热情最有效的手段。关键是让员工知道并参与企业的全部经营状况。（2）我们有义务向希望提高技术水平、扩展业务能力或进一步深造的生产人员提供培训和发展的机会。（3）向员工提供职业保险至关重要。（4）制订各种对设想、建议和艰苦工作加以鼓励的计划，设立奖金制度。麦裴逊很快就把公司的领导班子从500人裁减到100人，机构层次也从11个减到5个。大约90人以下的工厂经理都成了"部门经理"。因为这些人有责任学会做厂里的一切工作，并且享有工作的自主权。麦裴逊指出："任何一项具体工作的专家就是干这项工作的"，意思是，在一个制造部门，在方圆25平方英尺的天地里，还有谁比机床工人、材料管理员和维修工人更懂得如何操作机床、如何使其产出最大化、如何改进质量、使原材料流量最优化并有效地使用呢？所以，做这项具体工作的应该成为最有权威的专家和技术革新者。麦裴逊削减了大批行政人员，以及办事情的种种程序和手续。公司根据每个人的需要、志愿和成绩，让每个人有所作为，让每个人都有足够的时间去尽其所能。他知道，在一个企业最重要的就是提供服务、创造和增加产品价值的人，而不是管理这些活动的人。麦裴逊还非常重视员工培训，在达纳大学有数千名雇员在那里学习，这些课程都是实务方面的，但同时也强调人的信念，许多课程是由老资格的公司副总经理讲授。

由达纳公司案例可以看出，人力资源规划往往起着深化企业核心理念、体现企业人力资源战略的重要作用。人力资源规划是从企业长远发展着眼的重要环节，绝不是任何短期行为就可以取代的，因为立足于企业的未来前景，人才的开发和使用才是重中之重。一流企业管理专家都认为，人力资源规划是人事与发展领域的一个关键环节。当企业战略与人力资源管理相互结合时，这一点显得尤为重要。

从企业长远利益看，人力资源规划是企业建立人力资源战略的起点，它试图将企业经营需要与人力资源供应结合起来，从而为顾客提供其需要的产品和服务。借鉴全球顶级企业的经验，我们看到，越来越多的企业在控制人力成本的同时，也在尽力为顾客提供高水平的服务，这激发了企业对有效人力资源规划的需求。也就是说，良好的人力资源规划模型正发挥着前所未有的作用。

第二节　跨国企业人力资源战略规划

跨国公司的经营与在本国内的人力资源管理不同，涉及多国因素，职员来自多个国家，需要进行跨越国界的管理与协调，因此，国际人力资源管理比一国内的人力资源管理涉及的内容更加广泛，难度也更大。

一 战略国际人力资源管理理论与分析框架

（一）战略国际人力资源管理理论

随着跨国企业及海外员工在国际经济上发挥着越来越重要的作用。人们对战略国际人力资源管理（strategic international human resource management，SIHRM）的研究更加重视。国际人力资源管理被定义为一系列旨在吸引、开发和保持跨国公司人力资源特征的独特活动、职能和过程，它是包括跨国公司国内和海外人事管理活动在内的各种人力资源管理系统的总和。战略人力资源管理则把人力资源管理活动与公司的战略管理过程联系起来，重点强调各种人力资源管理活动之间以及人力资源管理活动与公司战略之间的协调性和一致性[1]。

舒勒（Schuler）等认为，所谓战略国际人力资源管理是指由跨国公司战略活动引起的人力资源管理的问题、职能和政策、方式，并且这些方面能够影响到跨国公司国际目标的实现[2]。SIHRM实际上也是人力资源管理和跨国公司战略的结合。围绕跨国企业的战略目标，强调各种人力资源管理整合，以及人力资源活动与公司战略的协调和一致。舒勒注意到了内生和外生变量对企业SIHRM系统设计的影响。其中，内生变量包括产业特征和国家、民族特征；而外生变量包括国际惯例结构、总部国际化导向、竞争性战略以及管理国际化的经验。林新奇（2008）对跨国公司的SIHRM系统定义为旨在吸引、发展和保持跨国公司的国际人力资源管理的一系列特殊的活动、功能和进程。跨国公司的经营单位散布在全球，是一个用于管理跨国公司海内外人力资源系统的集合体。因此，跨国公司的SIHRM是跨国公司在特定的环境下，基于跨国公司的核心竞争力与技术优势，设定本公司的经营目标，特别是要根据企业的内部和外部环境，制定国际人力资源管理政策的最佳方案。

---

① Schuler, R. & Jackson, S., "Organizational Strategy and Organizational Level as Determinant of Human Resource Management Practices," *Human Resource Planning*, Vol. 10, No. 1., 1987.

② Schuler, Randall, S., Dowling, Perer, J., De Cieri, Helen, "An Integrative Framework of Strategic International Human Resource Management," *Journal of Management*, 1993, Vol. 19, pp. 419 –459.

（二）战略国际人力资源管理的分析框架

由于跨国公司同时在几个国家展开经营，面临企业管理遍布全球的经营范围的问题。跨国公司的经营者们通常关注怎样使各种各样的经营单位被差异化，以及使它们被一体化、控制和协调。许多专家认为一体化和差异化的问题能够影响到跨国公司的效率。当然，跨国公司的人力资源管理也涉及一体化和差异化的问题。跨国公司的多样性与控制协调和保持适当的平衡是跨国公司内部间联系的主要目标①。当然这种平衡的性质也会随着跨国公司的环境变化而改变。一般而言，跨国公司会有不同的全球业务，在不同的业务中又有许多的子公司。为了获得协同运作的竞争优势，跨国公司需要协调这些处在不同业务或不同地区的子公司，同时公司总部也希望实行全球统一标准。但是处在各地或各业务中的子公司又需要一定的自主权，以便对当地环境的变化做出最优的决策，自主权也可以看成是一种激励②。当然，自主权在人力资源管理政策与实践过程中会产生矛盾，这种矛盾在经营管理过程中会以不同形式表现出来，因此，对于跨国公司而言，平衡控制、协调与管理的自主权成为跨国公司战略管理的基础目标。

一般而言，跨国公司的内部联系所涉及的 SIHRM 政策与实践包括以下三个方面：决定和保持来自母国（parent-country nationals，PCNs）、第三国（third-country nationals，TCNs）和东道国（host-country nationals，HCNs）人员的适当比例，开发既能整合各子公司、又能适应当地环境的人力资源管理政策，实践运用管理开发来加强各子公司之间的联系③。

跨国公司的当地经营是重要的战略组成部分。跨国公司各部门除了要在整个公司的总体规划下进行经营外，还要受到所在地区的法律、政治、文化、经济和社会等环境的约束，每个部门在总公司和自己竞争战略的双重指导下，进行最有

---

① Christopher A. Bartlett & Sumantra Ghoshal, "Global Strategic Management: Impact on the New Frontiers of Strategy Research," *Strategic Management Journal*, 1991, Vol. 12, Special Issue: Global Strategy, pp. 5 – 16.

② 邱立成、刘文军：《战略国际人力资源管理：一个简单的分析框架》，《理论研究》2005 年第 3 期，第 9 ~ 11 页。

③ Schuler, Randall. S., Dowling, Perer J., De Cieri, Helen, "An lntegrative Framework of Strategic International Human Resource Management," *Journal of Management*, 1993, Vol. 19, pp. 419 – 459.

效的经营。当然，跨国公司的当地经营直接影响到公司的效率，这对跨国公司的战略制定起着重要作用，应该包括在 SIHRM 的分析框架中（见图 4 - 1）。

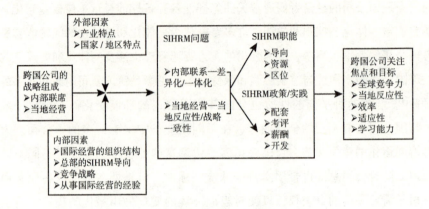

图4-1 跨国公司战略国际人力资源管理的分析框架

资料来源：邱立成、刘文军《战略国际人力资源管理：一个简单的分析框架》，
《理论研究》2005 年第 3 期，第 9 ~ 11 页。

每个当地的子公司都是跨国公司的一个单位，虽然它们与总公司联系的紧密程度有区别，子公司必须适应东道国当地的环境，必须遵守当地的劳工法和传统习惯，子公司的人力资源管理实践必须反映当地环境的方方面面。因此，应给予子公司一定的自主经营权，以适应当地的环境。子公司还需与总公司和其他子公司保持协调，因此，总公司需要制定共同遵守的人力资源管理政策。子公司除了考虑当地的环境以及与总公司保持一致外，子公司还必须与自己的竞争战略保持一致。即子公司制定的人力资源管理政策需要与公司总部政策保持一致①。

SIHRM 问题涉及跨国公司内部和外部的机遇和挑战。尽管跨国公司的经营单位散布全球，但它还是一个单一的独立企业，这就需要考虑如何平衡图 4 - 1 中的"差异化"和"一体化"问题。作为跨国公司，需要考虑海外子公司应该掌有多大的自主权，还需要考虑对子公司施加多大的控制和怎样协调它们，与此同时，还要保持海外子公司对当地环境有足够的反应性，也就是如图 4 - 1 所示的"战略一致性当地反应性"问题。而这些问题都能够由跨国公司的 SIHRM 活

---

① Schuler, R. & Jackson, S., "Organizational Strategy and Organizational Level as Determinant of Human Resource Management Practices," *Human Resource Planning*, 1987, Vol. 10, No. 1.

动来协调，所以它们也构成了 SIHRM 分析框架的一部分。

SIHRM 职能包括三个方面的内容：跨国公司人力资源管理的导向；跨国公司用于管理人力资源或组织所耗费的时间和资源等；上述人力资源或组织的区位。跨国公司人力资源管理的导向是指跨国公司选择以什么样的方式管理本公司的全球人力资源，这种方式可能在让子公司完全独立与对子公司施加完全控制之间变动。为了管理其全球人力资源，跨国公司必须付出一定的时间和资源。总部可以成立一个职权广泛的人力资源管理部门，专门负责决策，如选拔、外派、遣返和酬报雇员，也可以雇佣专门人员负责人力资源的培训与开发。当然，如果外派人员很少或者子公司被给予很大的自主权，这些活动就变得微不足道了。同时，这些活动以及活动所耗费的资源也会随着跨国公司人力资源管理导向的不同，在公司总部与子公司所在地之间发生变化。

该分析框架中，与跨国公司战略最相关的政策、实践，包括职员配备、考评、薪酬、培训与开发，而关于劳资关系和雇员权利、安全、健康等政策和实践，则没有被考虑在内。影响内部和外部因素的三个组成部分，即问题、职能、政策与实践对分析框架非常重要，但也仅是该分析框架的一部分。

这三个组成部分会受到跨国公司内外部因素的影响，当地反应性和全球一致性也会受到影响。外部因素包括产业特点和国家地区特点。产业特点主要有产业和业务的种类，以及竞争者的特征及产业的变化程度。国家地区特点包括政治环境、经济环境和法律、社会、文化环境等。内部因素包括跨国公司国际经营的组织结构，跨国公司总部的国际人力资源管理导向，跨国公司所运用的竞争战略，跨国公司从事国际经营的经验。当然，在此分析框架中对影响的因素作了很大的简化，例如在这个分析框架中不包括产业成熟度、产业历史和国际产业政策等因素，把这些因素都看成是相互独立的。

分析框架的最后一部分是"跨国公司的关注焦点和目标"。跨国公司有五个焦点和目标，即全球的竞争力；当地的反应性；效率；适应性；组织的学习能力。虽然这些目标和焦点对跨国公司而言都是很重要的，但是它们的重要程度对每个公司而言却并不完全相同。为了保持全球的竞争力，跨国公司需要不断识别其竞争优势的来源，在这一过程中，它们逐渐认识到人力资源管理是竞争优势的一个来源。并且，政策、实践对于跨国公司处理跨文化和跨国界的冲突意义重大，当然，这种作用离不开对当地环境的正确认识，这样跨国公司的政策、实践需要同时保持当地的反应性和全球的竞争性。跨国公司对效率、环境变化的适应力，以及不断提高自身的学习能力都至关重要。

二 影响子公司人力资源规划导向因素

影响子公司人力资源规划的因素是多方面的，从整体上看，可分为母公司、东道国以及子公司三种因素。子公司作为跨国公司的分支机构，人力资源管理导向自然受到母公司的国际经营战略、所处国际化经营阶段及国际经营经验，以及总部高层管理人员对人力资源管理的偏好和对国际分支机构的控制方式等的影响。

作为母公司进行国际扩张与经营的手段之一，子公司选择人力资源管理方式应考虑与母公司的国际经营战略相适应。一般来讲，处于不同国际化阶段，母公司的国际分支机构在人力资源管理方式上体现出不同的特征。如国际化初级阶段的母公司处于对自身产品和经营管理的信心，缺乏对东道国当地经营环境的足够认识，通常在国际分支机构中推行标准化程度较高的人力资源管理政策。随着国际经营经验的逐渐丰富以及对东道国经营环境的熟悉，一些在分支机构获得成功的人力资源管理与实践会产生外溢效应，得到母公司的推广，成为一体化的人力资源管理体系的重要内容。母公司的高层管理人员由于对人力资源管理导向的偏好，采取人力资源管理的方式也有所不同。分别为民族中心导向、多国中心导向、地区中心导向以及全球中心导向①。采取高层管理人员的民族中心导向时，子公司的人力资源管理方式的全球标准化特征较为明显；当高层管理人员具有多国中心导向时，子公司人力资源方式的本地化程度较高；在高层管理人员具有地区中心导向或全球中心导向时，子公司的人力资源管理方式会显现一体化特征。此外，对不同国籍的母公司，由于文化环境以及开始进行全球扩张的历史背景差异，对国际分支机构的控制方式也会有所不同。对国际分支机构的控制方式也有所不同。如，日本的跨国公司，具有本国文化背景和价值观，以及日本企业独特的管理模式，大多日本跨国企业选择了总部集权的管理模式。多数日本跨国公司采取母公司集权制，总部对子公司实行全球标准化的人力资源管理体系，通过母

---

① 关于"人力资源管理导向"引用佩尔穆特提出跨国公司在管理子公司和子公司人力资源管理的四种战略导向。

公司派遣本国的人员加强对国际分支机构的控制。在中国的日资企业也是同样，在高层管理人员中一般由日本总部直接派遣人员做主管，中方作为副管的组织体系较多。在决策上除了本土的日方管理人员通过以外，一般要向本部汇报，得到本部的批准。而美国公司在进行国际化扩张的过程中，在很大程度上对中下层管理者进行授权，同时，高层管理者保持对公司经营活动的控制，总体上是以正式的系统、政策与标准为基础的，即规范化控制。而欧洲企业在进行海外扩展的早期，子公司的经理一般同公司的最高主管具有某种程度的非正式关系，总部对子公司的管理依赖于子公司的经理对公司总体目标与战略的理解。因此，欧洲跨国企业主要是依靠关键决策者的聘任、成长与文化渗透，通过同化，进行控制。影响子公司人力资源管理导向的因素如图 4 - 2 所示。

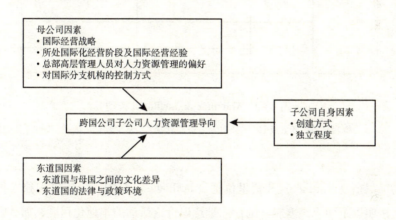

图 4 - 2　影响子公司人力资源管理导向的因素

　　资料来源：邱立成《跨国公司人力资源管理》，天津教育出版社，2006，第 257 页。

　　作为跨国公司，无论在投资、生产以及人力资源和沟通方面皆具有全球性的策略。跨国公司到第三国进行经营活动，面临着子公司所在地东道国的社会文化以及政治、经济和当地的劳动力市场。因此，跨国公司的经营决策，要尊重东道国的文化和当地的习俗以及当地的法律法规。不同的文化价值导致子公司的员工来自不同国家，导致子公司与母公司之间对人力资源管理政策的理解也各不相同。

　　作为子公司对东道国文化及价值观尊重的理由是，东道国的法律法规往往会对外资企业投资以及所持股份比例、聘用外籍人员的数量、级别、劳动关系雇佣与解雇、报酬与福利以及劳动强度等诸多方面加以限制，从而在很大程度上影响了全球标准化人力资源管理方式的推行。作为子公司在全球经营战略中的地位和作用不同，导致其独特性强弱不等。在独立性较弱的子公司中，其人力资源管理方式应该与母公司的人力资源管理方式呈现高度相似性。人力资源管理方式的自主程度最高（见图4-3）。

整合程度	高	接受型国际分支机构	积极型国际分支机构
			自治型国际分支机构
	低	低	高
		本土化程度	

图4-3　Martinez & Jarillodui 模型

资料来源：邱立成《跨国公司人力资源管理》，天津教育出版社，2006，第264页。

马第尼斯（Martinez）和贾里拉德（Jarillodui）对国际分支机构独立程度的分析是按照以下两个维度展开的：一是意识价值活动的本地化程度，如是否在分支机构国家实施研发、采购、制造、营销等活动；二是在分支机构所在国家实施的价值活动与在其他子公司展开的同类活动之间整合的程度。据此，将国家分支机构分为自治型、积极型和接受型三类。当子公司为自治型时，自治型公司的人力资源管理方式的本地化特征会相对较为明显。在进行人力资源管理导向的选择时，母公司应该对其决策的过程给予足够的重视。

第三节　人力资源规划与经营环境

跨国企业的人力资源规划首先对企业所处环境进行分析。环境分析主要包括外部环境和内部环境。外部环境主要是分析、判断企业所在地区的竞争优势以及发展趋势。外部环境包括企业所处地域的政治、经济形势以及发展趋势和劳动力素质、文化法规等社会因素。

一　跨国企业所处环境分析

跨国企业所处的外部环境包括：（1）经济环境。其影响主要体现在不同国家经济形势和劳动力市场的供求关系两个方面。（2）人口环境。人口环境因素主要包括：社会或本地区的人口规模，劳动力队伍的数量、结构和质量等特征。（3）科技环境。科学技术对企业人员规划的影响是全方位的，它使企业对人力资源的需要和供给处于结构性的变化状态。（4）文化法律等社会因素。社会文化反映社会民众的基本信念、价值观，不同的文化对跨国企业人力资源管理有间接的影响。影响人力资源活动的法律因素有：政府有关的劳动就业制度、工时制度、最低工资标准、职业卫生、劳动保护、安全生产等规定，以及户籍制度、住房制度、社会保障制度等，因为这些制度、政策、规定在不同的国家或地域存在着区别，会影响到人力资源管理工作的全过程，当然也会影响到企业的人员规划。内部环境包括：（1）跨国企业的行业特征。跨国企业所处的行业特征在很大程度上决定着企业的管理模式，也影响着人力资源管理工作。（2）跨国企业的发展战略。跨国企业在确定发展战略目标时，就要制定相应的措施来保证企业发展目标的实现。（3）跨国企业文化。跨国企业文化对企业的发展有着重要的影响，好的、适合的跨国企业文化，能加强企业的凝聚力，增强员工的进取精神，稳定跨国企业的员工队伍，跨国企业面临的人力资源方面的不确定性因素就会少一些，有利于人员规划的制定。（4）跨国企业人力资源管理系统。企业人力资源管理系统既包括企业拥有的人力资源的数量、质量和结构等特征，也包括人力资源战略、培训制度、薪酬激励制度、员工职业生涯规划等功能模块，这些都对人员规划有着重要影响。分析企业在行业中的地位、竞争对手的人力资源状况，以及新的竞争对手的出现等，一个国家经济形势直接影响着劳动力市场的供求关系两个方面。

二　人力资源规划的竞争优势

美国著名人力资源学家詹姆斯（James W. Walker）经过大量调查研究，提出企业组织人力资源规划，由于人力资源市场和企业发展的变化周期缩短，企业更倾向于制定适合于公司发展战略的简练而较短期的人力资源规划；为了保持企业人力资源规划的实用性和有效性，人力资源规划将更加关注关键环节的阐述；更加注重关键环节的数据分析和量化评估，明确限定人力资源规划的范围；企业更重视将长期的人力资源规划中的关键环节明确化、细致化，从而转化为一个个具体的可执行的行动计划，以便更有效地明确每个行动计划的责任和要求，并确定对其效果进行衡量的具体方法。

跨国企业在环境激烈变化时，由于不能准确预测各级人才数量，人力资源规划的重点只能放在明确各级领导人的基本素质上。比如，AT&T 公司和许多跨国公司一样，在人力资源规划方面，极其重视对所需人员尤其是高管人员的能力要求。AT&T 的案例也是跨国企业人力资源规划最新发展趋势。

AT&T（American Telephone & Telegraph Company）公司就体现了企业人力资源规划的竞争优势。该公司被联邦法院裁决剥夺其对电话公司的操纵权后，公司失去了已持续 100 多年的在这一领域中稳定的垄断地位，成为在全球市场提供多样化产品与服务的竞争性组织，AT&T 公司将对新的顾客和供应商展开新的业务。由于其商业性质的改变，AT&T 公司需要重新审查它的许多人力资源管理实践。这种需要在上层管理机构显得尤为突出。尤其需要一种"新类型"的经理，这些人对于公司的新产品和服务有着丰富的知识，有能力对收购与合并进行管理，并有能力在不确定的环境中有效地行使其职能。

AT&T 公司的解决办法是通过人力资源规划，重点对高层管理者的素质和技能进行描述，开发出一个电脑化的职业生涯进行系统调配。借助开发和实行一套职业生涯管理系统来解决高层管理者配备的管理问题。其目的是确认公司新的全球商业计划所要求的管理技能；追踪所有有志于高层管理职位的现有经理的技能水平。这样一个系统将允许 AT&T 公司在出现空缺时采取"推荐"并最终选择最佳人选。AT&T 公司开发的这个系统是一个电脑化的系统，其中储存了有关 AT&T 公司人员和职位的大量信息。例如，"人员档案"包括了有关每一个经理的信息，如工作历史、教育程度、优点和缺点、领导开发需要、开发计划、培训（参加过的和计划参加的）和特殊技能（例如，对外语的精通程度）。对于每个作为目标的高层管理职位，"职位档案"都列出了如职位头衔、就任地点、技能要求（现在的和将来的）以及这一职位可能的继任者。使用这一系统能帮助 AT&T 公司保持其组织高层领导的连续性，具体地说，这一系统使 AT&T 公司能够识别：（1）对于不同的高级职位所需的领导技能。（2）特殊的有资格升至某个确定职位的雇员。（3）具有足够数量的"当地"内部候选人的职位。（4）每个候选人的必要开发活动。通过手中的这些资料，AT&T公司现在已经掌握了一个在高级职位出现空缺时可以从中进行挑选的全世界的合格内部候选人的储备库。而且，这一系统有相当的灵活性，允许公司对突然的变化作出快速反应。通过这些做法，公司掌握了一个较完整的人才储备库，在高层管理职位出现空缺时，可以在全世界范围内挑选合格的内部候选人。

三　E时代的人力资源管理

据说有关部门想知道中国有多少人在美国读博士。这个数字国内算不出来，最后，结果是由美国的有关部门算出来的，因为他们有完善的信息系统。在经历了人力资源信息系统（HRIS）和人力资源管理系统（HRMS）发展阶段后，人力资源管理迎来了e-HR时代。

20世纪70年代末到80年代初产生的人力资源信息系统，指人力资源决策支援系统，它可以随时提供人力资源决策所需的各项分析，统计资料着重于对人力资源信息的采集、维护等功能，主要表现在软件中的模块大多是人事信息管理模块、考勤模块、薪资计算模块、福利管理模块等；随着人力资源管理的逐渐深入和"人力资本管理"的提出，企业对人力资源管理系统的要求不仅局限于信息的采集、更新和维护，而是要进一步对这些数据进行挖掘，依靠各类模型和工具，提供优化的管理流程、智能的分析、战略的决策参考等，于是出现了人力资源管理系统，它从系统学理论的角度对人力资源管理进行阐释，注重在人力资源管理各个方面的系统规划、设计运作，并在企业管理中持续改进，注重系统化、规范化运用。人力资源信息系统增加了许多全新的模块，比如培训模块、绩效管理模块、门户、招聘模块等。

然而，新经济的到来注定要改变人们旧有的一切，作为电子商务技术在人力资源管理领域应用的e-HR得以诞生。e-HR就是指电子化的人力资源管理，任何利用或引进了各种IT手段的人力资源管理活动都可称之为e-HR。但是，随着互联网的发展、电子商务理念与实践的发展，我们目前所说的e-HR已经是一个被赋予崭新意义的概念，是一种包含了"电子商务"、"互联网"、"人力资源业务流程优化（BPR）"、"以客户为导向"、"全面人力资源管理"等核心思想的新型人力资源管理模式；它利用各种 IT 手段和技术，比如互联网、呼叫中心、考勤机、多媒体、各种终端设备等；它必须包括一些核心的人力资源管理业务功能，比如招聘、薪酬管理、培训（或者说在线学习）、绩效管理等；它的使用者，除了一般的人力资源从业者外，普通员工、经理及总裁都将与 e-HR 的基础平台发生相应权限的互动关系。e-HR 已经成为一种全新的人力资源管理模式，它代表了人力资源管理的未来发展方向。

如微软公司在人力资源管理上使用 e-HR 系统。在微软公司的人力资源部，员工的培训发展、福利休假、人力资源管理、业绩考核等事务全部由互联网及系统软件代替。微软公司人力资源管理的"E"化主要体现在以下几个方面。

（1）网上个人信息查询。每位员工只要输入自己所持有的密码就可以查到全部的信息，包括职位、录用信息、升迁及调动信息、薪资福利状况等。全球员工查找信息，只要输入自己独有的密码，各种信息一览无余。员工不仅可以看到自己的相关信息，还能在访问权限约束的前提下看到别人的，也就是说可以看到比自己级别低的员工的信息。部门经理可以看到自己部门所有员工的个人信息，这样有助于对本部门的管理。

（2）网上员工招聘。在网上发布招聘信息并不稀奇，不过微软公司的招聘信息不仅对外，同时也对内，并且把全球各个国家的职位空缺都发布在网上，员工可以跨国申请。据了解，如果你对某个国家的职位感兴趣，并愿意长期移居过去，便可以发出申请信，招聘方的人力资源部会对你的技能、业绩做一番调查，然后在网上进行测评，如果认为你可以胜任并被录用，你的一切关系（包括保险、人力资源管理、福利等）都将转过去。已经有很多员工通过这种方式到其他国家工作。

（3）网上课程培训。员工的职业发展及技能提高是件大事，在微软公司的网站上，发布了各种培训课程，员工可以根据自己的需要，寻找相应的课程。同时，网站成为员工与人力资源部之间的桥梁，消息的更新、员工的意见都能及时地得到反馈。

（4）网上个人绩效评估。微软公司的绩效考核半年进行一次，先由员工自己为半年来的业绩做一个评估并打一个分数，然后放到网上，等待部门经理签字打分。此外，部门经理打分的同时还要为每位员工制定下半年的目标，这是业绩评估的整个过程。如果员工对经理的评价存有异议，可以拒绝确认，高层经理及人力资源部的人员看到后，会与员工沟通，直至查到员工拒签的原因并使问题得到解决。

（5）网上个人休假、报销审批。哪位员工想休假了，可到网上申请。系统上有每位员工休假天数和未休天数记录，休假获得批准后，数据就会自动更新。报销也没有以往琐碎的票据，可直接到网上申请，省时省力。微软公司的这套内部人力资源管理的系统软件，使其继续在软件开发、人员管理方面走在世界前列[①]。

"E"时代已成为许多人力资源经理关心的问题。微软公司启用现代化手段进行人力资源管理，利用互联网的优越性，为企业节省了大量的人力物力，提高了效率，使人力资源部门完全从传统的事务性工作中解脱出来。

[①]　张岩松、李健：《人力资源管理案例精选精析》，经济管理出版社，2005，第66页。

第 5 章
工作分析与工作设计

> 企业所有的岗位都应该有严格细致的工作分析，让每一个员工熟知自己工作的内容和职责。细致的工作分析是长期工作实践和积累的结果，是完成良好质量以及产品研发和技术创新的基本保证。任何一个岗位首先要从工作分析开始，工作分析是一个不断补充和完善的过程。

第一节　工作分析在人力资源管理中的重要地位

工作分析是人力资源管理的核心任务，是企业实现各项生产目标和从事一切工作的基础。没有准确和详细的工作分析，企业就无法实现自身的远大目标和所有的生产活动。

所谓工作分析（job analysis），是采用科学的手段和方法进行搜集、整理、分析、总结和描述具体工作信息的一个系统化技术操作过程。通过工作分析确定每个岗位的工作要素特点、性质与要求，从而使每一位员工能够清楚地知道自己的工作任务、工作内容、必要的工作条件等。

工作分析在人力资源管理过程中起着重要作用。细致的工作分析可以是开展和完成人力资源管理以及其他工作的基础。通过合理的工作分析，才能妥善安排企业内部各项工作，明确各岗位职责及各岗位间的相互关系，充分挖掘其内部潜力，从而实现企业组织系统的最优功能。具体来说，工作分析是对组织中某个特定职务的工作内容和职务规范的描述和研究的过程。规范某项工作的具体特征、要求、工作流程以及要完成这项工作所需要的技能、知识和员工的素质。工作分析在企业整个人力资源管理过程中，涉及每一个环节。企业的每一个员工都应清楚地知道其工作的具体内容和工作范围，应该如何去做。因此，工作分析在人力资源管理过程中显得十分重要，是企业所有活动及实现人力资源管理客观性和有效性的保证。

工作分析是确定要完成各项工作所需要的知识和技能。根据员工所具备的知识、水平、技能进行合理的工作安排，让合适的人干合适的工作。这种工作安排必须符合本企业的需要。工作说明书详细地说明某个岗位的工作情况、工作程序、任职资格、工作环境等。

过去中国企业中常见的岗位责任制是工作说明书的一种形式。但工作说明书可能更详细、更具体地描述工作。工作分析应针对组织或企业的每一个员工。无论他是一线的工人，还是公司的老总或是管理人员、技术人员，以及清扫等各类服务人员，包括正规的员工和临时工等都应该有明确的工作分析。对工作分析的重视程度能反映出企业管理者的水平和对管理工作的态度，是企业可持续发展和技术创新、最终提高企业核心竞争力的基本保证。从大量的案例中可以得知，美国、德国、日本的企业在世界经济中有很强的竞争优势，正是因为有到位和细致的工作分析。相反，中国企业工作效率低、产品质量低下的主要原因，正是没有把工作分析的具体工作做好。从美国 UPS 公司的一个送货员到客户家的这段工作描述就可以看出 UPS 公司细致的工作。

UPS 公司于 1907 年成立于美国，通过明确地致力于支持全球商业的目标，UPS 公司如今已发展到拥有 360 亿美元资产的大公司。如今的 UPS 公司是一家全球性的公司，其商标是世界上最知名、最受景仰的商标之一。作为世界上最大的快递承运商与包裹递送公司，UPS 公司同时也是专业的运输、物流、资本与电子商务服务的领导性的提供者。每天，在世界上 200 多个国家和地域管理着物流、资金流与信息流。UPS 公司雇佣了 15 万名员工，平均每天将 900 万个包裹发送到美国各地和 200 个国家。它们的宗旨是实现"在邮运业中办理快捷的运送"。UPS 公司的管理者系统地培训他们的员工，使他们以尽可能高的效率从事工作。下面以送货司机的工作为例，介绍 UPS 公司的管理风格。

UPS 公司的工业工程师们对每一位司机的行驶路线都进行了时间研究，并对每种送货、暂停和取货活动都设立了标准。这些工程师们记录了红灯、通行、按门铃、穿过院子、上楼梯、中间休息喝咖啡的时间，甚至上厕所的时间，将这些数据输入计算机中，从而给出每一位司机每天中工作的详细时间标准。为了完成每天取送 130 件包裹的目标，司机们必须严格遵循工程师设定的程序。当他们接近发送站时，他们松开安全带，按喇叭，关发动机，拉起紧急制动，把变速器推到 1 档上，为送货完毕的启动离开做好准备，这一系列动作严丝合缝。然后，司机从驾驶室出溜到地面上，右臂夹着文件夹，左手拿着包裹，右手拿着车钥匙。

他们看一眼包裹上的地址把它记在脑子里，然后以每秒 3 英尺的速度快步走到顾客的门前，先敲一下门以免浪费时间找门铃。送货完毕后，他们在回到卡车上的路途中完成登录工作。这种刻板的时间表是不是看起来有点烦琐？但生产率专家们认为，UPS 公司是世界上效率最高的公司之一。举例来说吧，联邦捷运公司平均每人每天不过取送 80 件包裹，而 UPS 公司却是 130 件。在提高效率方面的不懈努力，使人们普遍认为它是一家获利丰厚的公司。

郎咸平提到，世界经济已经进入"工商链条"时代，"美国等经济强大的一个重要原因，就是它们掌控着全球产业链最有价值的部分"。企业的发展实践已经证明，中国企业如果利用廉价劳动力打品牌战略，必然会走低端之路。而高效率的产业链是一个完整的系统，这种完整的系统是有科学性的，是企业长期工作实践的积累。工作分析就是保持企业长期发展、积累工作经验的重要环节。企业对每个工序的分解和周密细致的分析，在长期的工作经验中不断反馈、修正，才能获得真正的技术积累和创新。企业拥有自己的技术并在市场上获得强大的竞争力，这并不是靠一些精英和挖掘一些高端人才就能够解决的问题。

工作分析产生于 19 世纪末 20 世纪初的美国，随着生产技术的变革和企业规模的扩张，传统经验化的管理模式与先进生产力的发展相矛盾，欧美工业发达的资本主义国家为了解决企业组织和管理与经济发展不相适应的问题，进行了各种企业管理的改革与实验。泰勒等人倡导的"科学管理运动"在美国得到迅速发展，从而使企业管理由传统经验管理阶段进入科学管理的新阶段。在泰勒等人科学研究的基础上，工作分析的研究方法和技术也迅速在各企业中得到广泛应用。

（一）工作分析的发展

1918 年美国熟练工人及非熟练工人的工资调整与标准化方案，就是以工作评价制度为基础编制而成的。1921 年，全美铁路、运输业在工作分析的基础上，实行了员工职级制。工作评价制度的推行及其所取得的积极成果引起了人事部门的注意，从而使这一制度从一个企业传播到另一个企业，从工商业又传播到政府部门，并且从美国推广到其他工业化国家。据有关资料介绍，1930 年美国各大公司中采用工作分析方法、建立工作评价制度的约占 39%，到 1940 年已增加到 75%。20 世纪 60 年代以后，在欧美的工商企业中，工作评价制已被广泛采用。

1896 年，美国联邦文官委员会在一份报告中明确提出，在政府中实行以职务和现任为基础的职位分类制是必要的。1923 年在各州陆续实行职位分类制的基础上，美国联邦政府制定了第一个职位分类法案，国会通过后正式施行，并成立了联邦人事分类委员会。该法律规定：在职责和资格要求的基础上进行职位分类，按分类分级标准，将有关职位分为 5 类、44 等；工资差别与工作简繁、难易程度、责任大小、资格条件深浅成正比，同工同酬。该法案在 1923 ~ 1948 年的 25 年间，曾多次被修改和补充。1949 年，为了适应新形势下的要求，美国国会通过了新的职位分类法，对原有职位分类的办法进行了改革。1954 ~ 1965 年的 10 多年间，又对该法案作了进一步补充和修改。在美国全面推行职位分类制的同时，加拿大、法国、本等国纷纷效仿，在政府中施行了职位分类制[①]。同时，学者们针对员工的管理和员工在工作中遇到的问题，以及管理方式、领导风格等一系列问题进行了研究和探讨。

美国管理学家利克特（Rensis Likert）的"工作中心"与"员工中心"理论，以企业、医院及政府各种组织为对象，把领导者分为两种基本类型，即"以工作为中心"（job-centered）的领导与"以员工为中心"（employee-centered）的领导，这又称利克特的四种领导方式理论。前者的特点是任务分配结构化，严密监督，工作激励，依照详尽的规定办事；而后者的特点是重视人员行为反应及问题，利用群体实现目标，给组织成员较大的自由选择范围。

据此，利克特倡议员工参与管理。他认为有效的领导者是注重于面向下属的，他们依靠信息沟通使所有部门像一个整体那样行事。群体的所有成员（包括主管人员在内）实行一种相互支持的关系，在这种关系中，他们感到在需求

---

① 白静：《以工作分析为基础的薪酬体系研究》，天津大学，2009 年 6 月 23 日，第 6 ~ 7 页。

价值、愿望、目标与期望方面有真正共同的利益。由于这种管理方式要求对人采取激励方法，因此，利克特认为，它是领导一个群体最为有效的方法。

（二）工作设计与工作效率

工作设计涉及工作系统所包含的内容有工作任务、工作职能、工作关系、工作标准与业绩、人员特性、工作环境等。工作任务方面的设计包括任务的种类、难度、复杂性、完整性、自主性、多样化等。工作职能方面的设计包含了工作所需要的方法和要求，如工作的责任、权利、信息交流、工作方法以及工作协调方式等。工作关系方面的设计涉及工作中人际关系问题，包括工作中与其他人交往的机会、程度，与哪些人交往以及工作群体成员的相互协调等。工作标准与业绩的设计包括工作任务完成的数量与质量要求，评估体系以及工作结果的反馈形式等。人员特性方面的设计包括对人员的需要、兴趣、能力、个性等方面的了解，以及相应工作中对人的特性要求等。工作环境方面的设计包括工作活动所处的环境特点、最佳环境条件及环境安排等。

工作设计是十分重要的科学管理技术，好的工作设计是好的工作的先决条件。现代工作设计十分注重工作生活质量的改进，力求做到人与工作的完善配合，在提高工作效率的同时保证工人较高的工作满意度。为此，工作设计立足于工作本身内在特性的改进，增强工作本身的内在吸引力，相当大地改变了工作活动的性质、功能、人员关系与反馈方面的特性。根据工作设计的基本目的与要求，好的工作设计应该符合以下几条原则[1][2]。

（1）注重效率。工作设计应使工作活动具有更高的输出效率，有效地改进且提高工作效率。通过工作的良好设计，使组织成员更好地明确工作的职责与分工范畴，形成良好的工作协调与合作关系，提高组织活动的有序性、均衡性与连续性，创设符合职工个体特性的工作活动模式，促进职工能力的充分发挥。工作的简单化与专门化曾被视为提高工作效率最有效的法宝，确实，工作的简单化与专门化设计有助于职工较快地提高工作的熟练程度，迅速掌握工作方法，形成工作经验，也有助于发挥劳动特长。但专业化程度如果太高，就会导致工作的单调乏味，令人生厌，反而会造成工作效率下降。

---

① 许小东：《现代工作设计的基本原则与成功要点》，《企业经济》2001 年第 12 期。
② 徐婷、吴绍琪：《引入新理论的企业工作设计改革新动向》，《统计与决策》2008 年第 20 期。

（2）察觉工作正在发生的变化。尽管我们易把工作看成是静态和稳定的，但实际上，工作是在不断发生变化的过程。从事工作的人经常会对工作进行细微的调整，以适应环境条件的变化或适应个人在完成工作方面的习惯。工作分析过程中出现误差的主要原因是工作描述变得过时。工作分析过程除了要对工作进行静态的界定以外，还要不断地观察工作性质所发生的变化。企业进行工作分析首先要选择恰当时机，特别是在新组织建立，新工作出现和新技术、新方法、新工艺或新系统出现而使工作发生变化或组织变革或转型等时期要进行全面考察，邀请专业人员和本单位有长期工作经验的人员进行研究、讨论，对某项工作进行细致和到位的分析。

（3）系统化。工作设计是一项复杂的系统工程，工作设计应充分考虑工作中各有关方面的影响，包括组织体系、工艺技术、管理方式、工作者、工作环境等，努力寻求各方面因素的最佳结合，使之在工作系统中构成良好的协调关系。组织新的工作设计所导致的是新的工作体系取代旧的工作体系，其实质是一场组织变革。工作设计的改进涉及组织中的各种因素，包括：任务；工作的目标，内容和性质；技术；新技术、设备、工具和工作场所；结构；组织层次，职权结构，作业流程和信息沟通渠道；人员；工作人员的态度、行为、需要、技能和愿望等。因此，工作设计的成败往往取决于多方面因素的综合作用。

（4）权变思想。世界上一成不变、普遍适用的"最好的"方法和理论是不存在的。在环境不断变化的前提下，组织管理因人、因事、因时、因地权宜应变。因此，工作设计理论也要适应组织动态发展的需求，从传统的刚性、片面性、形式化向柔性、灵活性、人性化的方向发展，从而推动组织的高效率运行，实现企业利润最大化的目标。

（5）人本倾向。从某种程度上讲，激励是发生于个体和环境之间相互作用的心理过程。要使工作设计能够达到激励效果，就应该遵循"以人为本"，以通过工作设计达到工作本身的激励效果为目的，使人的本性受到重视，在工作激励中让人得到充分的展现和实现自我发展。

（6）多元化倾向。要通过工作本身来激励员工，不仅仅要考虑满足员工的激励因素有哪些，还要考虑如何通过工作设计来达到激励效果。自然而然地，这就需要心理学、管理学、组织行为学等多种理论的综合运用，以及多种方法和技术的交叉应用，从而追求效率和激励的平衡。

第二节　工作设计的实施与操作

员工的工作设计应符合职工对工作生活质量的要求。工作生活质量体现了职工与工作中各个方面之间的关系好坏，反映了职工的生理与心理需要在工作中得到满足的程度。工作生活质量的提高，可使职工对工作产生更为满意与向往的心情，增强归属感，并由此形成良好的组织气氛，提高组织的活动效能。

一　工作设计的原则

（一）岗位与岗位之间的匹配

岗位是指一定的人员所经常担任的工作职务及责任，是任务和责任的集合体，是人与事有机结合的基本单元，是组织的"细胞"。岗位设置得是否合理，直接影响着组织目标的实现和任务的完成，以及员工能力价值的最大限度发挥。

（1）岗位匹配要依据系统原则。任何完善的组织机构都是一个独立的系统，其由若干个相互区别、相互联系、相互作用的岗位组成。每一个岗位都应该依据企业的目标、任务来设置（即因事设岗），都应有其存在的价值，同时，每一个岗位还应与其上下左右的岗位之间保持相互协调、相互依赖的关系，从而保证各岗位之间的同步协调，发挥组织的最佳"整体效应"。

（2）岗位匹配要依据能级原则。"能级"是指一个"组织"中各岗位功能的等级，实质上就是岗位在"组织"这个"管理场"中所具备的能量的等级。一个岗位功能的大小，是由它在组织中的工作性质、任务、繁简难易、责任轻重及所需资格条件等因素所决定的。功能大的岗位，在组织中所处等级就高，其能级就高；反之，功能小的岗位，等级就低，其能级就低。因此，设计岗位时，应依据每个岗位功能的大小，使其分别处于相应能级的位置上，从而形成一个有效的岗位能级结构，进而为能岗匹配、能酬匹配提供合理的依据。

（二）人（能）与岗位之间的匹配

心理学第一定律指出：人是不同的。这是说人的能力是有差异的。不同的岗位由于其工作性质、难度、环境、条件、方式的不同，对工作者的能力、知识、技能、性格、气质、心理素质等就有不同的要求。在进行人岗配置时，应该根据每个人的能力模式和能力水平（能级）将其安排在相应的岗位上，还应该根据岗位所要求的能级安排相应的人，因岗选人；而且要用人之长，避人之短，这样才能做到"岗得其人，人乐其岗"，充分调动员工的工作兴趣和热情，发挥其最大的能量。只有这样，才能使员工适时获得职业生涯发展的机会（相当的岗位），进而充分发挥主动性和创造性，企业也因此获得生产率的提高和经济效益的增长。

（三）人与人之间的匹配

人与人之间存在一种关系，这种关系如果是相互协调、相互推动、相互促进的，或者用一句话说，是相互补充的，就会导致 $1+1>2$，产生增值。相反，如果人与人之间是与"互补"相对应的，就会导致 $1+1<2$，产生内耗。员工因组织目标和任务而组成工作群体。在群体内，应依据每个员工的能级类型在岗位上安排互补型人才配置，以形成群体内最佳的知识结构、能力结构、性格结构和年龄结构等，从而使员工之间能够相互取长补短、兼容互益、协调有序，进而产生群体能力合力的最大化。

（四）岗位与报酬之间的匹配

报酬是企业对员工的工作表现和工作绩效给予的相应回报，是一种激励手段，员工不仅在乎报酬的绝对值大小，更在乎自己的报酬与同一岗位或不同岗位的其他员工进行权衡比较，感受是否公平合理。因此，必须明确岗位能级结构，并依据每个岗位能级大小来设定相应的报酬等级，且要尽量减少其可比较的机会，以实现"能者有其酬"，使报酬发挥其最佳的激励作用。

（五）以能为本是工作设计的最高理念

"以人为本"，是以人为中心，把尊重人、爱人、关心人作为企业经营活动的基本出发点，它是现代企业管理的基本原则和基本理念。而"以能为本"，是以人的能力为中心，把最大限度地发挥人的能力、实现能力价值的最大化作为企业发展的推动力量。企业在实行"以人为本"的管理过程中，已逐步转向对人的知识、智力、技能和实践创新能力的管理，这是企业发展的需要。因此，"以能为本"的管理源于"以人为本"的管理，但又高于"以人为本"的管理。因此说，企业只有"以人的能力为本"，才能真正做到"以人为本"。如今，企业已认识到，企业之间的竞争是人的竞争。实践证明，能岗有效匹配是保证员工各尽其用、各尽其才、充分发挥其潜力的最有效方法。而作为能岗匹配的方法基础——工作设计，就应该将提高人的能力作为出发点，为实现人的巨大潜在能力的释放提供最有利的保证，从而提高员工对工作本身的满意度，使其工作时乐在其中①。

二 工作分析存在问题的原因

首先，思想认识和理论认识不到位。一些企业或其他组织的主要领导人对于人力资源管理的重要性只是停留在口头上，没有在思想上真正高度重视，因此更谈不到对工作分析的高度重视；有些领导虽然在思想上比较重视，但对于人力资源管理的理论知识缺乏必要的了解和认识，因此也谈不上对工作分析的认识，他们对于人力资源管理的现状有时也不满意，比如认为人力资源规划制定得不科学、人员招聘的质量令人不满意、培训工作针对性不强、个人收入分配政策不合理、绩效考核效果不明显等，但是对于产生这些问题的原因缺乏深入的分析，对于工作分析——这个人力资源管理源头和平台——的价值缺乏必要的认识。

其次，工作分析不到位。工作分析本来是对特定的工作职位所进行的一个关于其工作内容、工作职责、工作条件以及任职资格等方面的全面调查和分析，最后形成的"职位说明书"是指导这个职位工作的纲领性文件。但是在不少企业和组织中，对工作分析只是停留在表层的"岗位责任制"上，没有认识到工作分析的价值，轻过程重结果，在调查、分析、编写、调整各个阶段没有相应的投入，甚至敷衍了事，致使最后形成的"职位说明书"格式不标准，用词不规范，职责不清晰，内容不明确，从而使人力资源管理这一核心技术流于形式，没有起到应有的作用。

最后，利用平台不到位。有些企业和组织，在工作分析这个环节上下了不少工夫，"职位说明书"也做得不错，但是在如何与人力资源管理的其他职能相互链接并利用这个平台为之提供服务方面却做得不到位。甚至在招聘录用、培训开发、绩效考核、薪酬管理这些与"职位说明书"有直接关系的工作中也与其相脱节，招聘录用时不以"职位说明书"为蓝本，培训开发时不以"职位说明书"为前提，绩效考核时不以"职位说明书"为依据，薪酬管理时不以"职位说明书"为标准，将"职位说明书"束之高阁，使得工作分析这个人力资源管理的平台形同虚设，没有发挥其应有的作用。

---

① 刘艳敏：《对企业工作设计问题的思考》，《企业活力》2005 年第 8 期。

三　工作分析中的新思路

工作设计是指为了有效地达到组织目标与满足个人需要而进行的工作内容、工作职能和工作关系的设计。工作设计是一个根据组织及员工个人需要，规定某个岗位的任务、责任、权力以及在组织中工作的关系的过程。因此，工作设计应符合职工对工作生活质量的要求。在工作设计中应注意考虑的工作生活质量要素包括：工作的挑战性和吸引力，工作的自主性与自由度，工作的多样化与丰富化，合理的工作负荷与节奏，安全舒适的工作环境，以及工作环境中的上下级之间的良好工作关系等。

（一）工作再设计

工作再设计是指重新确定所要完成的具体任务及方法，同时确定改进工作如何与其他工作相互联系起来。它主要通过工作丰富化和工作扩大化这两个手段来实现。工作丰富化是在垂直层面上深化工作的要求与责任，如增加工作要求、充分授权、开展反馈技巧的培训等。工作扩大化是在水平层面上扩大工作范围，为员工提供更多的工作种类，在方式上表现为增加任务与充分授权同步进行。工作再设计要注意以下几方面的问题：以员工为中心的工作再设计；将公司的使命与职工对工作的满意程度联系起来；员工可以提出对工作进行某种改变的建议，以使他们的工作更让人满意，但是他们还必须说明这些改变是如何更有利于实现整体目标的。这样可使每个员工的贡献都得到认可，而与此同时，也强调了组织使命的有效完成。

（二）员工工作生活的质量

20 世纪 60 年代以后，随着行为科学的发展，世界主要先进国家开展了工作的扩大、工作轮换、工作丰富化以及"劳动人性化"的热潮。到了 20 世纪 70 年代提出了"工作生活的质量"（quality of work life，QWL），引起了当时社会的广泛关注。工作生活的质量包括以下几个方面的内容。

1. 工作的扩大（Job enlargement reachment）

扩展工作，与员工以前承担的工作内容非常相似，是一种工作内容的扩展，不需要员工具备新的技能。其缺点是，不能改变员工工作的枯燥和单调感。工作扩大化扩大了工作的范围，从而为员工提供更多的工作种类，是一种工作范围的水平扩展。例如，一个原来只知道如何操作一台机器的员工操作两台或三台机器，但并未赋予他更深层次的责任。工人可能要对三台机器如何安排进度负责。

2. 工作的轮换（Job rotation）

员工先后承担不同的、在内容上很相似的工作。不同的工作要求有不同的能力，从而增强员工的技能水平。其缺点是，实际效果非常有限。

3. 工作的丰富化（Job enrichment）

赋予员工更多的责任、自主权和控制权。与工作扩大化、工作轮换有所不同，它不是直接地增加工作内容，而是让员工承担更多的任务、更大的责任，有一定的自主权和更高程度的自我管理。工作丰富化具体包括：（1）对工作内容和责任层次基本的改变，旨在向工人提供更具挑战性的工作；（2）对工作责任的垂直深化；（3）员工承担更多的任务、更大的责任，有更大的自主权和更高程度的自我管理；（4）使工人在完成工作的过程中，有机会获得一种成就感、认同感、责任感和自身发展。

卡罗琳的例子就成为工作分析的典范。卡罗琳是华尔街一家杰出公司的明星级行业分析员，她极有才华，尤其精于设计和运用新的复杂精确的数量分析方法来选取股票。因为这样，全部门的主管曾说："卡罗琳让我们的事业提前进入了21 世纪。"就在这一年，卡罗琳从将近 100 名非常优秀的财经专业人才中脱颖而出，成为全公司中第二位最有价值的员工。在过去的几年中，高层领导们给了她慷慨的提薪和红利，使她成为公司中收入最高的人之一，以此来使她忠诚于公司。但卡罗琳一只脚已跨出了公司的大门。当她得到一次极大的提薪，而这仅相对于这家公司的薪资标准和她自己的薪资历史的时候，她感到很生气。她对一位朋友说："这是公司的典型做法，他们以为可以用钱来解决一切问题。"尽管她热爱分析和数学，但她有一个更强烈的愿望，她希望在制定决策和指导研究小组的工作中发挥更大的作用。在关于公司应该雇佣什么样的人、应该怎样组织工作小组、怎样分配工作任务、工作小组怎样最有效地与其他部门协同工作等问题上，她都有明确的观点。换句话说，她在控制企业和管理人及人与人之间的关系方面有潜在的终生兴趣。一次业绩考评会给了卡罗琳机会，让她对她的老板说出了她的梦想与挫折。后来，他们达成共识，卡罗琳既当"教练"又当"运动员"。她仍是一名分析员，但她作为研究协调者又承担指导和管理几个研究小组的职责，决定员工的雇佣和提升，以及帮助确定战略方向。一年以后，所有的人都承认，研究小组达到了前所未有的高效率。

工作设计使卡罗琳所在的公司在满足她的管理欲望的同时，又保留其作为一名技艺高超的分析员的位置。但是更多时候，工作设计将要求组织一方做出一些牺牲。当马克转换到业务拓展部的新工作岗位上以后，银行就失去了一位优秀的贷款员。尽管我们可能认为在马克和其他许多类似的案例中，短期内组织就像失去了他一样，但大多数时候工作设计要求为了长远利益而放弃眼前的利益①。

第三节　跨国企业的工作分析与案例

工作分析是为了使现有的工作内容与要求更加明确或合理化，以便切合实际的奖励制度，调动员工的积极性。跨国企业由于处在不同阶段，工作分析的目的有所不同。有的是对新工作的工作规范作出规定，有的企业进行工作分析是因为环境的变化，而设法改善工作环境，提高组织的安全性和抵御危机的能力。跨国企业的工作分析除了按照母国公司的管理方式以及工作分析程序来进行工作分析外，本土员工对工作分析的接受程度，以及对员工进行适应新工作环境的培训等是十分必要的。

一　企业工作分析的方法

企业工作分析方法主要有：工作分析会谈法；工作分析问卷；岗位分析问卷；工作实践法；工作日志法；功能性工作分析方法；关键事件法等。

（一）工作分析会谈

工作分析会谈是指一个受过专门训练的工作分析专家向有关的基层管理人员以及职工询问某项工作的职责、责任、所需的知识及技巧等方面的问题。全部活动的分析结果（问题答案）可归纳成一份任务陈述书。任务陈述书包括：该职工应该做什么；这项任务应该与谁一起完成；是为谁进行的；所期望的结果是什么；需要何种材料、工具、辅助设备和工作程序才能完成这项任务。

（二）工作分析问卷

工作分析问卷是一份标准的问卷表，上面列有工作职责、任务及职工个人所

---

① 〔美〕提默锡·巴特勒、〔美〕詹姆斯·沃德鲁普：《工作设计——留住人才的艺术》，《国外财经》2000 年第 4 期。

必须具备的一些特殊条件。答卷人在这些问题旁边打钩或在等级表上按不同程度的经常性和重要性标出等级。

（三）岗位分析问卷

岗位分析问卷是一份包括 194 个问题的现成的标准化问卷。其中 187 个问题与工作活动有关，其余的 7 个问题与报酬有关。这些问题描述了工作中的一般活动，包括六个部分：A. 信息投入。员工从何处以及如何得到完成某项任务所必需的信息。B. 脑力程序。完成任务所要求的推理、决策、计划及信息整理活动。C. 工作方式。职工用以完成任务的体力活动、工具和方法。D. 人际关系。为完成任务而必须发生的人际关系。E. 工作环境。工作时的物质环境与社会环境。F. 其他因素与工作相关的除上述之外的其他一些活动、条件及因素。由于每一工作分析方法各有其长短，许多有经验的工作分析专家倾向于混合使用多种工作分析方法。

（四）工作实践法

工作实践是工作分析人员亲自参加工作活动、体验工作的整个过程，从中获得工作分析的资料。

实践法的优点在于：首先，通过亲自体验获得的信息更真实，获得的工作分析资料质量较高。其次，通过实践，可以细致深入地体验、了解某种工作的条件、特点、所需技能、心理因素等。此外，还能避免工作中的主观因素，客观详细地了解工作的信息，并能有效地验证和补充使用观察法所获得的信息，使信息更完备。然而，实践的缺点表现在：工作分析人员需要具备与工作相关的知识和技能，这对于专业化强、技术含量高的工作来说，操作起来很困难。实践法的适用范围主要是简单易行、技术水平要求不高的工作。

（五）工作日志法

工作日志法又称工作写实法，指从事某项工作的员工按时间顺序，详细记录自己每日的工作过程，然后分析人员通过总结归纳得出相关信息的方法。此方法的优点是花费少，日志记录提供了详细具体的工作内容和过程，信息遗漏少，可靠性高。其缺点是流水式的记录使得信息凌乱繁杂，整理工作量大。其适用范围仅局限于周期较长的工作。

（六）功能性工作分析方法

功能性工作分析方法（Functional job analysis, FJA），是一种以工作为中心的分析方法。它是通过任职者对人、事、信息之间关系的确定来进行工作描述与任职说明，以员工所需发挥的功能以及这些功能对于某项工作的重要程度及其等级为基础，因而被称为功能性工作分析方法。它的优点是能对工作进行归类和等级划分，为确定工作的报酬等级和培训内容提供依据。其缺点是需要对每项任务做详细分析，消耗大量精力和时间。

（七）关键事件法

关键事件法又称关键事件技术（critical incident technique，CIT），是一种常用的行为定性法，是要求管理人员、本岗位员工以及工作分析人员记录对他们的工作绩效比较关键的"关键事件"，从而获得工作分析资料的方法。所谓"关键事件"，是指在劳动过程中，给岗位工作任务造成显著影响（如成功与失败、赢利与亏损、高效与低产等）的事件[①]。

二　跨国企业工作分析方法

（一）职能工作分析方法（FJA）

职能工作分析方法，其主要分析方向集中于工作本身，是一种以工作为导向的工作分析方法。职能工作分析方法最早起源于美国培训与职业服务中心的职业分类系统。职能工作分析方法以工作者应发挥的职能为核心，对工作的每项任务要求进行详细分析，对工作内容的描述非常全面具体，一般能覆盖工作所能包括的全部内容的95%以上。任何工作的完成都有一定的标准，而工作者要完成某项工作任务，都要求具备一些通用技能和特定技能，并且要具备适应其工作环境的能力以满足工作中的需求。这三种技能——通用技能、特定工作技能和适应环境能力必须要达到某种程度的统一，工作者才能以满意的标准完成工作任务。因此，只有具备这三种技能的工作者才能称之为完整意义上的工作者。职能工作分析方法主要是针对工作的每项任务要求，分析完整意义上的工作者在完成这一项任务的过程中应当承担的职能（工作者实际所做的工作），以获取同这三种技能相关的信息。

为了能够有效地获取这些信息，工作分析者有必要掌握职能工作分析方法的以下要点：（1）工作描述语言的控制。工作者要完成什么以及通过什么行为来

---

① 张艳娟：《企业工作分析方法的比较及选择》，《技术与市场》2006年第1期。

完成。（2）工作者职能等级的划分依据。所有工作都涉及工作者与资料、人、事三者的关系，所以将工作者职能分为事物职能、资料职能和人员职能三部分。（3）完整意义上的工作者。同时拥有通用技能、特定工作技能和适应性技能的工作者。（4）工作系统。由工作者、工作组织和工作本身组成。（5）任务。作为工作的子系统和基本的描述单元。（6）SMEs（Small and medium-sized enterprises，中小企业）作为基本信息来源的重要性。通过 SMEs 获取基本信息的信度和效度。

需要强调的是，在职能工作分析中，最基本的分析单元是任务，而不是工作本身。这是因为，虽然工作的名称经常改变，包含的任务也不固定，但是相同的任务却在多种工作中反复出现，所以说，任务是我们进行工作分析最基本的分析单元，也是培训和绩效评估等人力资源管理活动关注的重点之一。运用职能工作分析的目标是填写专用格式的任务陈述图，工作分析者的职责就是获取足够的信息来完成这张表，从而有可能得到绩效标准和培训时间的信息，与任职资格有关的知识、技能和能力。

（二）职能工作分析的框架

职能工作分析的框架包括以下几个方面。

（1）应完成什么与做什么。在职能工作分析之前，工作分析者往往对某项特定工作应完成什么与做什么这两个概念区分得并不是很清楚，其结果是造成工作行为和工作结果这两个方面容易被混淆，并直接导致工作者实际的工作行为和需要他们来完成的工作行为被混淆。例如，通常以"机器"或"焊接工具"等名词开始的对工作行为的描述，实际上却是在描述工作结果。在职能工作分析中，每项任务描述必须以能描述工作者行为的特定动词开始，例如打印、撰写、阅读等，而以"目的是"或"为了"等对工作结果描述的词作为任务描述的结尾。只有同时具备工作行为和工作结果的任务描述才算完整。

（2）功能性职务分析。美国劳工部提出一种成为工作者功能的职务分析（functional job analysis，FJA）作为工作分析程序的一个阶段。职务分析法，是从工作活动单元职能作用的角度，对工作进行分析的一种方法。在工作分析实践中被普遍应用。功能性职务分析既适用于对简单工作的分析，也适用于对复杂性工作的分析。工作者功能是指那些确定工作者与信息、人和事之间关系的活动。实际上，每一项任务描述都必须反映出工作者与事、信息和人之间的联系。只有当工作与事、信息和人之间的联系并不显著时，才可以在任务描述中加以忽略。

（3）完整意义上的工作者。工作者完成工作职能时必须具备的三种技能：通用技能、特定工作技能、适应性技能。所谓通用技能，是指能够将事、人和信息有机联系在一起，虽然受个人偏好和个人能力（例如理解、算术、语言和人际交往能力）的影响，联系的程度存在差异。在任务分析中，通用技能表现在培训时间单元中的通用部分；所谓特定技能，是指使工作者能够根据工作标准进行特定的工作。在任务分析中特定技能表现在培训时间单元中的特定部分，可以一定绩效标准将其分成不同的等级；所谓适应性技能，是指工作者在工作所处环境的影响下趋同或求变的能力，如在物理条件、人际环境和组织结构等方面，从工作指导书或绩效标准中并不能直接得到适应性技能的要求。一般说来，分析以下这样的问题往往能够得到工作对适应性技能的要求："你在完成工作时必须具备哪样条件"；"为达到某种绩效标准，必须获得哪些指导"等。

工作分析中应注意工作系统的整体性，以及单位工作与组织整体的关系。工作系统包括工作者、工作组织和工作本身。在任务描述的结尾能找到工作的目标，多项任务的结果积累形成了工作的目标，多项工作的目标积累形成了组织的目标。因此，从这个意义上来说，不仅是职能工作分析方法强调和阐明工作者的行为，而且工作行为直接关系到如何实现组织的目标。绩效标准来自于组织的目标，以及组织提供给工作者完成工作的技术。显然，功能性职务描述只是一个子单元或者说子系统，任务库（工作组织中所有的工作者需要完成的所有任务的集合）才能描述整个工作系统。

工作系统中的每个部分都有自己的规则和语言。工作者可以通过任职资格和技能组合来描述；工作组织可以以目标来描述；工作可以以工作者职能（行为）、工作指南和绩效标准来描述。这三者互相联系、密不可分，三者共同促进了工作系统生产力的发展和工作者个人的成长。工作分析的作用是明显的。如果不能首先理解工作系统的目的是要完成什么，我们就不可能理解工作者的工作行为和任务的结果意义何在。因此，在运用职能工作分析方法的前期，"工作者的产出是什么"、"你被期望完成什么"这些关键问题都必须搞清楚。

（三）构建以工作分析为基础的胜任特征模型

胜任特征模型已被全球多个国际知名大企业采纳运用，并显示出它的重要价值。世界 500 强企业中已有过半数的公司应用胜任模型①。

胜任特征（Compentence）也称胜任素质或核心竞争力，是指那些能带来雇员高效或杰出工作绩效的潜在特征。胜任特征模型是从组织战略发展的需要出发，以强化竞争力、提高实际业绩为目标的一种独特的人力资源管理思想方式、工作方法、操作流程。

胜任模型（Competency model）是一种新型的人力资源评价分析技术，最初兴起于 20 世纪 60 年代末 70 年代初。该方法及其理论是为解决美国国务院的选拔外事情报官员难题而开发的。当时人们发现传统的能力和知识测试不能够提供有效的预测结果，传统的智力测验、性向测验和学校的学术测验及等级分数不能预测复杂工作、高层次职位工作绩效或生活中的成功，对候选人的筛选率较低。同时，对少数民族、妇女和较低社会地位的人存在不公平性。

麦克里兰针对存在的问题，经过长期研究胜任模型及其分析和评价方法，并建立咨询公司承担为美国政府选拔外事情报官员的任务。麦克里兰发展构建胜任模型的方法后来运用于企业，成为国外企业进行人力资源管理的重要方法。

通过麦克里兰的研究，可以理解为，对每一位优秀的胜任者来说，需要具备的素质表现为个体内部优异的特质，如获得成就感、动机和主动性、概括性思维等。它表现出一种进取心和获得成就感的愉悦，做事情主动，希望把事情做得更好。对于管理者来说，特别需要其个体对工作群体影响和组织能力的特征。管理者具有理解组织制度和政策的能力，善于沟通了解他人的能力，有计划地组织团队，增强团队的凝聚力，并影响团队成员完成组织交给的任务。

美国心理学家斯班瑟认为，通常人们所接受的胜任素质的定义是指绩效执行者所具备的知识、技能、能力和特质②。斯班瑟预测大部分行业工作成功的最常用的胜任素质的基本特征，并对岗位胜任最基本的胜任素质进行如下归纳：（1）成就特征：成就欲，主动性和计划性，关注秩序和质量，信息搜集能力；（2）服务性特征：较强的为团队以及客户服务的意识，人际关系洞察力，

---

① 项锦：《构建基于工作分析的胜任特征模型》，全科论文中心，2009 年 6 月。

② Lyle M. Spencer & Signe M. Spencer, *Competence at Work Models for Superior Performance*, John Wiley & Sons, 1993, pp. 9 – 11.

综合协调能力；（3）影响特征：对下属及团队成员的影响力，权限意识及公关能力；（4）管理特征：指挥团队的欲望和技巧，团队协调意识，培养下属意识和技巧，团队领导技巧；（5）认知特征：技术专长，综合分析能力，客观判断及逻辑分析能力；（6）个人效能特征：自信，自我控制力，灵活性与表达能力，组织观念①。

建立以工作分析为基础的胜任特征模型，通常是针对具体工作岗位和职位的不同，胜任特征模型会因为企业的规模、职位类别、职位水平不同而不同。基于工作分析的建模是非常必要的，工作分析通过岗位工作客观数据与主观数据的分析，使得胜任特征模型准确的定位，以目标为导向，对胜任特征进行量化和标准化。以工作分析为基础的胜任特征模型如图 5-1 所示。

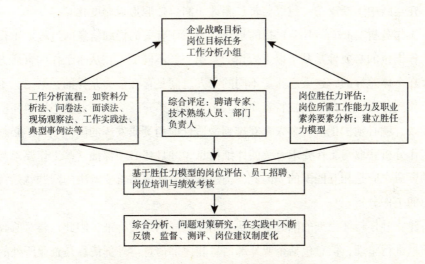

图 5-1　以工作分析为基础的胜任特征模型

以工作分析为基础的胜任特征模型，根据企业的规模以及所处行业，针对不同的岗位对模型的素质要素的设计有所不同，但任何岗位对素质特征模型的设立都有共同的方法和运作。图 5-1 揭示了以工作分析为基础的胜任特征模型的概念和基本程序。（1）针对企业所处行业和文化特征，对企业战略目标以及该岗位的目标、任务进行解析，建立工作分析小组及胜任特征评定小组。（2）工作分析流

---

① 参见赵曙明《德鲁克管理思想解读》，机械工业出版社，2009。

程。工作分析小组聘请专家、技术熟练员工综合运用工作分析的方法（如资料分析法、问卷法、面谈法、现场观察法、工作实践法、典型事例法等）对岗位要完成的任务进行分解和分析。对实际工作中具有代表性的工作者进行行为描述。（3）岗位胜任力评估。对岗位所需工作能力及职业素养进行要素分析。对该岗位所需要的知识、要具备的能力和职业素养进行分析，并制定指标，建立该岗位的胜任特征模型。（4）综合评定。由各部门的负责人、专家技术人员等组成综合评定小组，针对岗位的工作分析，以及该岗位的胜任特征要素进行分析评定，在撰写岗位说明书的同时，撰写岗位胜任特征要素，即符合该岗位上岗人员的特征要素。（5）基于胜任力模型的岗位评估，进行员工招聘，以及进行有针对性的岗位培训，并制定绩效考核指标。（6）综合分析。对出现的问题找出原因，在实践中不断反馈，建议监督、测评、岗位任职形成制度化。

工作分析（Job analysis）指的是获取与工作有关的详细信息的过程。工作分析工作岗位的必要性是基于以下假设的：第一，不同的人在从事工作的资质方面是存在个体差异的，这就意味着不同的个人之间是存在能力差异的；第二，不同的工作岗位需要具备不同独特资质的人来完成；第三，一个企业要想取得高质量的绩效，就必须去把每一个人都安排到最适合他们资质发挥的岗位上去。必须通过工作分析获取与工作要求有关的详细信息，并且还必须保证这些工作要求与个人的资质之间是相互匹配的。因此，构建胜任特征模型首要解决的问题就是针对岗位的工作分析。

建立胜任特征模型的同时要确认采用什么样的绩效标准，因此，要对所收集的信息进行整理，信息包括企业外部信息和内部信息。外部信息是企业所处的行业地位、行业的发展状况以及企业未来的战略目标，通过上述信息确认企业发展方向及所需要的员工；内部信息是企业信息，涉及制定模型过程中的信息，包括组织现状、现行的绩效考核标准、薪酬制度、绩效标准等，这部分也是确定样本的基础。

三　跨国企业工作分析发展的新趋势

（一）战略性工作分析

急剧变化的环境要求跨国企业工作分析不仅能体现大背景下工作内容和性质的发展趋势，而且还能够跟组织的具体特性及发展目标相结合。战略性工作分析的主要思想就是将环境变化因素、企业战略以及特定工作的未来发展趋势纳入传统的工作分析中，以期充分预测企业的未来需求。战略性工作分析首先采取自下而上的方式根据岗位的异同来分析工作活动和流程；然后，通过自上而下的方式设计"如果……那么……"的假设情境来确定未来工作对知识、技能和其他特征的要求。这种自下而上与自上而下方式的有机结合就能够满足工作性质的变化所带来的工作职责和任职要求的变化。

另外，传统的工作分析一般只从任职者一方收集信息，而战略性工作分析则拓宽了信息的来源，要求从任职者和非任职者两方面来收集信息。非任职者包括战略制定者、人力资源管理者、相关领域的行业专家等。这些非任职者的介入可以就企业需要的一些比较抽象的个性特质、战略需求，以及关于技术进步和经济发展等影响工作的环境因素提出建议，从而更好地为跨国企业战略目标的实现提供支持。

（二）工作分析方法多样化

传统的工作分析方法主要是基于人和工作进行分析。但是，随着信息技术和知识经济的迅速发展，创新在工作中越来越重要，人员、职位、组织三者的匹配关系越来越趋向动态化，这就需要有新的工作分析方法来帮助跨国企业获取竞争优势。于是，基于胜任力的工作分析方法和 O ∗ NET（Occupational Information Network）工作分析系统应运而生。基于胜任力的工作分析方法是利用胜任特征进行建模以实现长期的员工—组织匹配，它弥补了传统工作分析对于组织层面信息收集的不足，避免了刚性化和封闭性的分析和描述。另外，O ∗ NET 工作分析系统的开发也为工作分析方法注入了新的活力。O ∗ NET 是一项由美国劳工部发起开发的工作分析系统，目前已经成为美国广泛应用的工作分析工具。O ∗ NET 工作分析系统在吸收多种工作分析问卷（例如 PAQ、MPDQ）优点的同时，还将组织情境对工作分析的影响纳入考虑范畴，消除了由社会因素和认知两方面造成的工作分析的不准确性，提高了工作分析的信度和效度。可以说，在经济和市场急剧变化的现代社会，O ∗ NET 是工作分析研究方法领域中的一大进步。

（三）弹性工作说明书

环境的高度不确定性使得跨国企业不得不通过组织重构、流程再造等形式不断变化组织结构，扁平化组织和无边界组织成为目前主要的新型组织形式。组织的扁平化必然使得岗位数量大幅减少，工作的广度和深度相应增加；无边界组织的出现使成员资格的界定变得模糊，工作责任的具体确定更加困难。随着相对稳定职务的消失，传统的、稳定的、强调具体职务描述的工作说明书已经不能适应现实中变化的岗位，而缩短工作分析周期、经常更新工作说明书又必然造成企业成本的上升，所以，这就要求弹性工作说明书的出现来提高人力资源管理效率。弹性工作说明书淡化了岗位工作任务的确认，将重心转向任职者能力和技术等方面，从而更好地在组织的工作方向发生变化时保持灵活性。

（四）组织公民行为的渗透

著名学者奥根（Organ）将组织公民行为界定为一种"有助于保持和改善那些支持任务绩效完成的社会和心理背景"的行为。组织公民行为强调职务外的自发行为，这种行为不被组织正式的奖惩体系所评定，但是通过影响边际绩效来影响工作绩效。而传统的工作分析所包含的因素只是对任务绩效的界定，强调的是职务内的行为。工作绩效的提高需要任务绩效和边际绩效的共同作用，缺失边际绩效的任务绩效可能会因为人际关系恶化、团队协调能力下降等原因最终影响工作绩效的提高。所以，只强调职务内行为的传统工作分析带有明显的片面性，把对组织公民行为的分析融入传统的工作分析是今后跨国企业工作分析的必然趋势[①]。

（五）组织层面工作分析的发展及变化趋势

随着科技的不断进步，尤其是手机、计算机与网络的迅速普及与发展，这两种具有划时代意义的工具正将传统形态的组织引向一个与现在完全不同的形态。网络化组织、外包、虚拟化组织和SOHO族的出现就是鲜明的例子，而且它们的产生代表着一种变化趋势——组织将越来越松散和灵活多变。

（1）网络化组织。网络化组织与外包网络化组织的结构很小，以合同为基础，依靠其他的组织进行制造、分摊或者其他经营活动。在同其他的组织签订生产、销售合同时，网络化组织实际上在进行"购买"的过程，实际是企业将内部业务活动或过程连同它的所有资产转到外部的供应商或服务提供商，由外部的供应商或服务提供商在规定的时间内按照所达成的协议提供特殊的服务，其实质就是职能外包的过程。这种网络化组织与外包的出现，反映出未来组织结构变化的一个趋势，即越来越趋向于扁平化、灵活化与松散化。在进行基于组织结构优

---

① 袁媛：《工作分析发展动态研究》，《商场现代化》2009年第1期，第305页。

化的组织层面工作分析的时候，应更注重组织的长期战略，并结合组织文化，设计出能够及时适应外界频繁变化环境的、富有生命力的组织结构。那种传统的、追求稳定的工作分析理念在很多地方已经很难有用武之地。

（2）虚拟化组织。虚拟化组织是一种以网络为依托，拥有全新的企业文化和管理模式，采用扁平化、网络化的组织结构。一方面，这种虚拟化的组织，借助计算机和网络使各级工作者之间的沟通变得迅速而顺畅，这在一定程度上避免了传统金字塔式的组织结构存在的信息传递的时滞、延误、失真和扭曲等问题，使组织结构扁平化。另一方面，当组织需要完成某项工作时，组织内的工作人员也可以根据需要临时组合成虚拟工作组。此外，企业的客户也可以通过网络与虚拟企业建立密切联系，甚至把自己的意见加入生产过程而成为部分生产者，进一步扩大了企业的开放范围。虚拟化组织的出现，在更大程度上反映了企业在业务流程设计方面的变化。在未来的组织中，那种传统的金字塔式的组织结构将显得越来越无力，很多企业都不再以组织内的部门划分作为制定并完成工作的基准，而是从客户的需求出发，设计出能够最大限度达成客户满意度的工作流程，这种流程式的工作方式可以使组织具有更强的适应能力和响应能力。因此，在进行基于流程再造的组织层面工作分析的时候，如何从公司的需求、用户的需求出发，设计出反应迅速、高效的流程将成为未来组织层面工作分析的重点。

（3）SOHO 族（Small Office Home Office）。这就是小型办公、在家里办公的意思。现在很多职业，如自由撰稿人、软件设计人员、网络设计人员、美术工作者、广告设计与策划人员、咨询师等，其大部分工作主要借助于计算机与网络，可以在家完成，工作地点对这些从业者的限制几乎不存在，即所谓的 SOHO 族。因此，传统的组织结构概念在他们中间已经不适用了。SOHO 族的出现代表着未来岗位变化的大趋势，即极度的灵活性和不确定性，这也对未来的基于岗位体系再设计的工作分析提出了新的要求。由于这种类型的岗位无论是岗位职责还是办公地点都有很大的不确定性，加之组织结构、业务流程等方面也随时都有调整的可能，在进行工作分析的时候，就不能用传统的方法去观察、确定岗位体系的建立。在未来的岗位体系中，一成不变的岗位将被越来越多的灵活多变的岗位所取代。总之，随着组织不断趋于灵活化、松散化的发展，组织层面的工作分析也将不断地朝着使组织更具适应性的方向进化。无论是组织本身还是工作分析，唯一不变的就是变化。

（六）岗位层面工作分析的现状及变化趋势

随着科技浪潮对经济的不断冲击，各种新兴行业不断出现，组织外部的市场环境也瞬息万变。新的管理理念不断涌现，直接影响着工作分析未来的发展趋势。这主要表现在以下几个方面。

第一，新职位的诞生与旧职位的退去。每当科学技术产生重大进步的时候，组织都将发生翻天覆地的变革。随着计算机与网络的迅速普及，越来越多的新兴行业不断出现，随之而来的就是新职位的诞生和旧职位的消失。在几十年前，生产一部汽车还需要大量的工人在生产线上流水作业。现在，这些工人早已被高度自动化的流水线所取代，只需要很少的技术人员及时地进行控制。这种职位交替的结果就是许多旧有的工作分析方法不再适用，不同的技术、不同的工作流程都需要在实行工作分析的时候开发出新的方法。

第二，各种资质认证的出现及普及。正如在过去从事工作分析的时候，在确定某些岗位的任职资格时，我们需要用某些上岗资格证书来进行限制一样，在将来，越来越多的资质认证证书也将成为工作分析规范岗位的一项重要依据。随着现今资质认证地位的提升，对工作分析提出了新的要求，一方面，它要求工作分析者具有更强的学习与判断能力，能准确理解认证的内容，明确各种认证资格的难易程度、规范程度；另一方面，科学的资质认证可以为工作分析减少大量的信息分析工作，为企业提供一个客观的标准依据，降低工作分析的复杂程度。

第三，团队化的出现。传统的工作分析是在工业经济下的竞争环境、组织结构和岗位职责相对稳定和可以预见的时代里发展起来的，因此，对于组织中最基础的单元——岗位的分析是最有利于组织有效运转的基础工具之一。但是，环境在变，以岗位为基础的组织逐渐转向以团队为单元。团队化是指由一个团队整体来执行工作，在工作的执行过程中，并没有明确的、固定的职责分工，而是根据需要，由团队随机应变。工作分析的研究对象将由岗位到团队，由点的分析到区域的分析，由"岗位分析"转向"角色分析"，这种动态的工作方式对工作分析提出了新的挑战，如何平衡好岗位的动态性与静态性将成为另一难题。

第四，职业精神的提高。培养员工职业精神，是现在一直为管理者们所倡导的管理方法。具有职业精神的员工，会自觉地为自己的职责负责，从工作的角度去考虑问题，而不仅仅是出于个人的意愿而行动。在具有较高职业精神的员工面前，过于教条、仿佛是枷锁一般的工作规范不但不能使其工作效率提高，反而有可能挫伤其自尊心，起到相反的效果。因此，工作分析将会随着人们职业意识的提高而逐步弱化对工作的细节规定，体现粗放式管理的理念①。

（七）工作分析与质量管理——惠普公司案例

惠普公司是一家来自美国的资讯科技公司，主要从事生产打印机、数码影像、软件、计算机与资讯服务等业务。2002 年惠普公司收购了美国著名的电脑公司——康柏电脑公司，中国惠普有限公司总部位于北京，在上海等 9 座城市都设有分公司。惠普公司的基本经营单位，是独立自主的组织，具有很多的自治权和独立性。除了投资和产品分部的重新组织等重大问题外，几乎所有的生产决定都可在产品分部这一级做出，不需要逐级请示。

每个产品分部一般都具备六种职能：研究和开发、制造、市场销售、财务、质量保证和人事。前三种职能一般叫做生产线职能，承担这些职能的部门要对生产线的成功与否负主要责任。财务、质量保证和人事通常被看做参谋职能，它们主要向研究和发展、制造、市场销售部门提供重要的信息和支援，帮助它们更加有效地承担它们的责任。

惠普公司之所以要采用产品分部这样一种组织形式，是因为想使一个处于发展中的大公司仍然保持其创业初期的某些小公司的特色和灵活性，这同时也是业务上的需要，因为惠普公司遇到了很多专业化的竞争对手。每个产品分部的规模大小不一，雇员人数为 200～2000 人，但大多不超过 1500 人，这大体上等于惠普公司在 20 世纪 50 年代末期所具有的规模。产品分部是以生产线来划分的。因此，不管这条生产线设在美国本土，还是设在国外，只要生产同一类产品，都同归有关的产品分部领导。例如，Colorado Springs 产品分部生产示波器、逻辑分析仪、阴极射线管显示器和逻辑信号源（这实际上就是四条生产线，但是，这些产品也在德国 Boeblingen 产品分部生产）。它们虽然位于不同的地方，但都是一个整体。在德国 Boeblingen 生产和推销上述产品的人员和在 Colorado Springs 工作的人员一样，都是 Colorado Springs 产品分部的一部分。然而，德国 Boeblingen 产品分部还有电压表、商业计算机系统和各种医疗仪器生产线。这几条生产线就不归 Colorado Springs 产品分部领导，而分属美国本土的有关产品分部。惠普公司设在国外的其他各个产品分部的情况也是如此。因此，一个国外的产品分部往往

---

① 朱勇国：《工作分析》，高等教育出版社，2007。

划归若干个美国本土的产品分部领导。

在产品分部工作的人员都有相同的目标，都为了达到这一共同目标而努力工作。同时，他们也必然抱有强烈的责任感，要对其上级领导部门事业部的繁荣作出应有的贡献。各产品分部的经理主要负责三件事：制定工作目标；保证组织体制和工作环境可使每一个人能一起有效工作来达到共同的目标；挑选杰出人才来负责每一职能范围的工作。一般来说，惠普公司遵循着这样的原则：当某一生产线的规模变得较大、足以用它所获取的利润来支持其继续发展时，或当一个产品分部规模变得太大，而在该产品分部工作的人员不能很好地了解生产线的活动时，就趋向于出现新的产品分部。

惠普公司认为，保证产品质量是提高竞争力、赢得用户信誉的重要因素。而且，产品质量越高，技术支持费用就越少，因而质量管理也是获取利润的手段之一。例如，惠普公司从1975年起开始执行一项可靠性改进计划后，其产品保修成本大大低于预期的成本，据称，一般可降低33%。惠普公司对待质量管理的一个原则是，质量要设计每个产品。因此，质量保证首先从研制设计阶段开始执行，然后贯彻到生产和销售全过程，并反馈给研制设计部门。他们认为，产品质量是通过设计、精密的工作分析和工作流程，以及生产和服务来保证的，而不是单纯通过检验来保证的。

在研制设计阶段，设计人员用先进的仪器对所选用的器件、集成电路和插件板进行100%的测试。他们对失效的器件进行详尽分析，精确地指出器件供应商在工艺和测试方面所存在的问题，以帮助它们提高器件质量。设计人员还非常重视仪器内部产生热量的分布问题，认为这是仪器发生故障的主要原因。它们还采用数学模型来估计产品的可靠性，以保证产品达到可靠性设计指标。在正式生产阶段，每个产品分部的质量保证部门，还要站在用户的立场上对产品进行抽样检查，而不重复生产线测试人员业已做过的试验。他们同产品分部管理人员密切配合，审查已经发现的故障和问题。他们画出生产故障的概率曲线，以便使产品分部所有的人都了解潜在的问题，从而采取对策，不让产品带着潜在的故障出厂。

惠普公司实行"能力＋资历"的工资制，但对某些人员也采用"固定工资＋提成工资"的工资制度。各级经理每3个月找雇员谈一次话，布置考核工作。每个工人、技术人员写出总结报告，在同一工作范围内传阅，进行评议。

公司认为，胜任工作的能力是随着年限增长的，但成绩优异者可越级晋升。这充分体现能力与资历相结合的政策。惠普公司的管理风格、细致的工作流程和严谨的工作分析，保证了该公司的产品质量，在创办后不久，公司就开始执行一项现金分红计划，作为工资的补充。参加工作 6 个月以上的正式职工都有资格参加每年两次的现金分红计划。多名雇员接受了现金分红。每个雇员拿到的现金约占其基本工资的 9%。

第 *6* 章

跨国企业的招聘与甄选

> 中国已成为世界上最具魅力的新兴市场之一。广阔的市场和相对廉价的劳动力对跨国企业有着强大的吸引力。跨国公司从制造到研发，重心正在向中国倾斜。曾经以拿到一份来自跨国公司的 offer（录取通知）为荣的中国员工，随着中国经济的发展与自身的需求变化，开始从跨国公司转投中国本土企业。因此，跨国公司将在中国进行新一轮的人才竞争。

第一节　跨国公司的招聘理念与特点

跨国公司在人员招聘与甄选方面有严谨、专业的组织体系。在人员招聘方面能迅速、高效地吸纳公司急需的人才，发现核心人才，形成核心竞争力。跨国公司的人才竞争机制和人才聘用制度也给中国带来启示。在人力资源管理工作的招聘与甄选上，出现了许多新的理念和实践。这些新的理念和实践给中国企业参与激烈的国际竞争提供了借鉴。但是，随着本土员工薪资水平的提高及员工需求的变化，跨国公司的人力资源管理及吸纳优秀人才也面临新的挑战。

一　跨国公司的招聘理念

招聘理念对跨国公司招聘的设计和组织高效的招聘工作至关重要。招聘理念可以指导招聘的整个过程，直接影响着企业的招聘行为。如通用电气公司总裁杰克·韦尔奇认为通用电气公司所做的一切就在于把宝押在所选择的人身上，所以总裁本人的全部工作就是选择合适的人才，而他本人更是身体力行。通用电气公司 500 名高级职位的应聘者，他都要亲自面试，视应聘者为上帝。对落选者，更是善待，心存感激。还有，英特尔"以人为本"的招聘理念更是贯穿整个招聘甄选的始终，其招聘的人才也许并不是那些学历最高、成绩最好的，但一定是适合本企业的人，是那些本人价值观与本企业价值观一致的人。只有这样的人才能随企业的成长而成长。"企业文化"这一管理思想在招聘中被广泛应用，成为招聘理念的一部分。成功企业的内部凝聚力与人力资源的吸引力源于优秀的企业文化，而优秀的企业文化是企业开展人才招聘的最好品牌。招聘者本身就是企业文化最好的实践者，只有深深打上企业文化烙印的招聘者，才能在进行招聘甄选工作时，点点滴滴都散发着企业文化的光辉。在他们身上应聘者能充分了解本企业文化，这无形中把到职培训提前到招聘甄选过程中。

许多跨国公司高级领导认为企业文化是他们成功的真正重要因素。跨国公司喜欢那些容易接受企业文化并迅速融入组织的年轻应聘者。他们就像一张白纸，可以按照组织的要求绘制出任何图画。他们容易被灌输理念，容易被环境融合，容易被塑造成为最能代表公司文化的人。IBM 公司就是很典型的坚守"企业文化"理念的公司，IBM 公司早在雇佣员工之前，即在第一次面谈时，就开始把公司的哲学灌输给他们，公司招募有可塑性的年轻人，并提倡内部提升制。一个成功的公司应该懂得如何以公司的魅力招聘到优秀人才，如何能让公司培养出的人才为公司奉献最大的价值。

在招聘过程中，公开公平的竞争原则能够帮助形成良好的竞争势态，使企业更有凝聚力。招聘者在向应聘者传播企业文化的同时，陈述真实的工作岗位，让应聘者充分地了解该工作岗位的责任与义务。这种做法被称为"真实职位预视"（realistic job previews，RJP）。在一些发达国家，人力资源管理中已经越来越推崇通过"真实职位预视"，使应聘者了解真实情况，进入工作角色和接近预期。"真实职位预视"的招聘理念是：招聘人员给应聘者以真实、准确、完整的有关职位的信息，使应聘者充分了解企业，人与岗的匹配产生良好的效果。要使招聘到的员工符合公司的要求，首先要对招聘岗位的工作任务、责任和专业要求做出清晰的分析，然后结合企业的人力资源状况，对要应聘的岗位进行描述，包括其缺陷以及各种可能发生的事件。应聘者全面了解应聘岗位的情况，全面衡量自己是否适合该岗位。要实现"真实职位预视"，招聘前的人力资源规划显得格外重要。人力资源规划需要部门经理、专家、在岗员工共同参与，并起到积极作用。

部门经理要能准确地预测本部门的未来战略，需要什么样的人才，对有待完成的工作心中有数，根据预测结果进行人员的配置。在招聘时，人员需求信息是由部门经理提出的，并要给出具体要求，岗位需要哪些能力。最终决定人员录用的是部门经理，部门经理要评估应聘者，需要对甄选录用做相当的投入[①]。"真实职位预视"是把招聘工作从过去的战术层面提升到战略层面，是实现企业总体战略的重要部分。因此，需要公司有长期的人力资源规划和管理体系。"真实职位预视"在一定程度上有助于减少员工流失率，降低缺勤率以及新员工由预期不能满足而引发的消极劳动行为，提高员工的就职满足度。

二 跨国公司招聘的突出特点

（一）注重甄选过程

跨国公司人力资源形成的重心从招聘转变为甄选。传统的个人简历、面试、测试仍被广泛使用，而且测试的形式越来越多，包括英文水平笔试、论文考试（essay exam）、行为面试（behavior interview）、性向测试（aptitude test）、小组讨论（group discussion）、案例面试（case interview）等。而背景调查、心理测验、模拟测验等比较新的甄选方法也开始普及[②]。

背景调查是跨国公司在招聘过程中对企业外部申请者进行甄选的最基本、最常用的办法，这在大多美国跨国公司内甚为流行[③]。通过背景调查，可以证实应聘者的教育和工作经历、个人品质、交往能力、工作能力等信息。其主要方式有推荐信核实、电话核实，也有利用商业调查公司进行核实的。在惠普公司，应聘者需要提供两个比较了解他的推荐人，推荐人可以是客户、同事，也可以是以前工作的老板，公司交替去确诊推荐人的信赖度。惠普公司在招聘中从应聘者的工作履历中了解他过去的工作背景，在曾经工作过的公司中所担任的职务，经背景调查后进入正式的招聘程序。美国柏德公司在招聘的过程中则非常看重应聘者除了必须的教育背景之外还接受过哪些培训。这一方面是因为培训会非常直接地影响应聘者的相关工作技巧；另一方面也是希望应聘者过往的公司也重视培训。

---

① 赵曙明：《人力资源管理研究》，中国人民大学出版社，2001。

② 王强、曾祥云：《招聘的创新》，《中国人力资源开发》2002 年第 8 期。

③ 于永刚：《成长型企业人力资源管理的发展趋势》，在武汉威乐新技术开发有限公司的演讲，2007 年 8 月。

心理测试在跨国公司甄选工作中应用得十分广泛，不但用心理测试来挑选应聘者，而且也用来确定哪些应聘者有比现任更高的能力。通过测试进一步了解应聘者的基本能力素质和个性特征，包括人的基本智力、认识思维方式、内在驱动力等，也包括管理意识与技巧，针对性很强，所以基本上能够较全面客观地勾勒出应聘者是否具有胜任岗位的基本素质倾向。常用的心理测试有智力测试、一般能力倾向测试、特殊能力测试、成就测验、人格测验、创新能力测验等。一些优秀企业还普遍采用复杂的心理测试来选拔那些与企业文化相融的人，心理测评技术有利于企业发掘善于和团队合作与沟通的人才，并避免雇佣不适当的人才。心理测试的技术性极强，一般需请心理学家介入。由于民族文化和习惯的差异，这些甄选方法在国内企业甄选工作中极少被利用。

"模拟测验"在甄选过程中被重点应用。这是决定应聘者能否入选的关键，其具体做法是，应聘者以小组为单位，根据工作中常出现的问题，由小组成员轮流担任不同角色以测试其处理实际问题的能力。整个过程由专家团监督进行，最后对每位应试者做出综合评价，提出录用意见。"模拟测验"的最大特点是应聘者的"智商"和"情商"都能集中表现出来，它能客观地反映应聘者的综合能力，使企业避免在选择人才时感情用事，为今后的发展打好基础。"模拟测验"由三个环节组成：一是文件处理练习；二是无领导小组讨论；三是紧张练习。

除背景调查、心理测试、模拟测验等甄选方法外，近年来跨国公司甄选方式的一些变化是，21 世纪的企业人力资源服务既可以外包，也可以向外提供，而不再局限于企业内部。如：利用猎头公司协助企业招聘人才的功能。在人员的甄选上突破传统的工时制度，根据技术研发人员和企业核心员工工作的特点，采取弹性工作制（flex time）和工作分享（job sharing）等措施，在时间上给他们空间，以此来吸引人才和激发员工的工作热情。

（二）人力资源本地化聘用

近年来，跨国公司更倾向于在本地"招贤纳士"。采取人力资源本地化聘用，主要是应对跨国经营中由于文化差异而产生的种种问题，以及出于成本方面的考虑。如微软（中国）公司开发美国以外的市场时，一般启用当地人，而不是从公司总部派人。它认为只有当地人才了解当地的价值观、工作方式、使用的技术，以及市场和主要竞争对手。跨国公司对其本地招聘员工要求较高，除了专业技能外，计算机、英语知识也是进入外企的必要条件。美国波士顿大学管理学院的两名研究人员在中国开展了一个关于人力资源应用的研究项目。他们发现，在中国成功的西方企业更重视培训当地的管理人才，常常是在公司成立、运转以前就开始了。目前，仅欧美跨国公司在中国开设的分支机构就已近5万个，都在人力资源本地化聘用方面达到了很高的程度。在微软（中国）公司、IBM（中国）有限公司、沃尔玛（中国）公司等世界知名的跨国公司中，中国员工已经超过90%。

（三）跨国公司招聘营销手段

人才是跨国公司经营的重点，21世纪是人才争夺与人才竞争的世纪，各大企业展开人才争夺战，而且愈演愈激烈。很多大企业在招募人才时将应聘者看做客户，使用成熟的营销分析手段找出主要的竞争对手，确定哪些公司特征对特定类型的应聘者最重要，并了解如何最有效地接近这些应聘者。

1. 越来越注重招聘的品牌效应

企业需要像对待自己产品品牌一样对待自己在人才市场上的声誉。招聘者代表招聘公司的形象，招聘者的良好表现对应聘者是最有效的广告，直接关系到企业人才的竞争力。激烈的人才竞争，使企业高级管理人员越来越感到难以找到符合企业价值的员工。为了解决这一问题，许多企业将品牌建设的技巧应用到了招聘中，想方设法对应聘者推销自己的企业。2009年我们对在华日资企业的中国员工调研数据显示，员工选择跨国企业工作的原因，并不只是看重跨国企业的高工资和丰厚的待遇。有37.97%的员工重视公司的知名度；36.32%的员工希望自己的经验与能力能够得到充分发挥；33.96%的员工希望在外企能有自己的发展空间，大部分中国员工看重企业未来发展的前景，注重自己的职业发展及个人能力在外企中得到充分的发挥。

麦肯锡公司曾两次组织对高潜质的德国应聘者进行调研[1]，以考察每一类用人单位分别受到学生多大的青睐，同类型企业之间的竞争水平如何。在特定的案例中，有几家高科技、汽车和旅游公司在寻找同一群应聘者，彼此展开争夺，而几家金融机构却并不处于直接的人才竞争中（见图6-1）。

对于企业而言，招聘工作的首要切入点就是确定谁是竞争对手，然后才能决

---

① 麦肯锡公司分别在2004年和2005年初调查了2500名和3000名高竞争力的德国应聘者。所谓高竞争力，其定义标准包括工作经验、学术成就和海外经验。参照《麦肯锡季刊》2003年第4期，第28~39页，http：//www.catr.cn/。

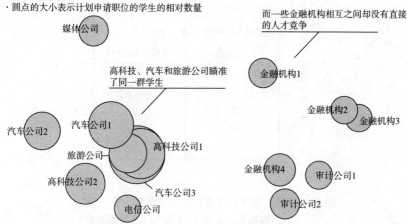

应聘者同时申请不同行业／公司职位的频率

· 圆点接近／重叠表示竞争程度较高，距离较远表示竞争程度较低
· 圆点的大小表示计划申请职位的学生的相对数量

而一些金融机构相互之间却没有直接的人才竞争

高科技、汽车和旅游公司瞄准了同一群学生

媒体公司

金融机构1

汽车公司2 汽车公司1 高科技公司1 金融机构2 金融机构3

旅游公司 高科技公司2 汽车公司3 电信公司 金融机构4 审计公司1 审计公司2

图 6 – 1　2004 年麦肯锡公司对 2500 名高潜质的德国应聘者调查结果

资料来源：《麦肯锡季刊》2003 年第 4 期，第 28～39 页。

定在招聘的不同环节分别应当重点强调的企业特征。传统的企业招聘都会重点强调工作本身的性质和福利，如工作保障、发挥个人创造力和实现个人成长的机会以及薪酬。不仅如此，招聘者无形的情感召唤力，如"在这家公司工作很开心"、"我们拥有热情而明智的文化"、"这里有强烈的团队感"，对应聘者的重要性不亚于品牌消费品的印象对潜在购买者的召唤力。因此，如果企业能够在有形和无形这两方面与自己的竞争对手做比较，就会获得理想的结果。该调查还采用逻辑回归等多变量统计方法研究应聘者，从而更准确地了解应聘者最关注、最看重的问题，这能够清楚地展现出在招聘工作的各个环节用人单位相比竞争对手所存在的优势和劣势。分析结果清晰地确定出一两个重点招聘环节，并且在这些环节上可花大力气做品牌建设。例如，有家企业认识到自己的品牌很难使应聘者相信公司"适合我这样的人"，而这个因素是目标应聘者在招聘过程的早期最优先考虑的事情之一（见图 6 - 2）。该企业一发现这个弱点，便通过招聘材料和互动活动直接解决了该问题。找出最能在应聘者眼中区别一家公司的宣传词语，这可以提高招聘营销的成本效益。有经验的公司会随时调整招聘流程的每个环节，衡量每个阶段对整个流程的影响，以此提高其招聘工作的效率。

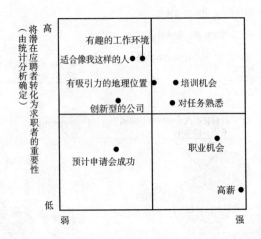

**图 6 - 2　雇主品牌优势或弱势优先顺序分析（通过
对照基准比较雇主品牌驱动因素而确定）**

资料来源：《麦肯锡季刊》2003 年第 4 期，第 28 ~ 39 页。

　　对于跨国公司来说，招聘已经不仅仅是人力资源部门的事，而是涉及其他部门主管和上层管理者的事情，目前跨国公司的很多高级管理人员对招聘工作越来越重视，亲自参与公司的招聘工作，将那些深入领会企业文化、有较高素质并了解公司情况的人力资源经理和部门经理选为招聘者。对于应聘者来说，公司的高级职位、高素质人员亲自参加招聘活动，感到公司对招聘工作的重视程度，增强应聘者对公司的信任，从而提高了公司的知名度。成功的跨国公司都非常重视招聘活动，在招聘前做精心的设计，对应聘者进行严格的选拔，之后对招聘的新员工进行企业文化、企业品牌等专门培训，考核后上岗。

　　2. 企业宣传攻势

　　跨国公司非常注重招聘工作的宣传。为储备人才，跨国公司大都实施持续性的人才储备计划，把目光投向充满创造力的大学校园，把争夺中国最优秀的人才当成了新的较量起点。跨国企业越来越重视人才的本土化，所以非常重视培养有潜质的大学生为己所用，有的甚至是跟学校签订人才培养协议，故常到学校进行招聘说明会，也称之为校园宣讲会，主要是向在校大学生介绍公司的性质、经营范围、用人标准、人才培养与规划发展制度等，以吸引优秀的有潜质的学生提早做好素质准备。美国 EDS（电子资讯系统）公司（中国）招聘前在选择核心学校去做演讲、拜访之前，都会广泛张贴招聘信息，征求简历，扩大招聘影响。为了展示公司的国际背景，推出豪华招聘者阵容，走访学校的有公司的高级项目经理、人力资源部经理、来自国外的高级管理人员、专家、博士等。他们着重介绍该公司的发展状况及在中国的教育计划，并积极与校方寻求合作，建立适合公司发展的人才库，满足他们在技术、管理等方面的各种层次人才的需求，同时促进双方的技术交流与合作。EDS 公司希望与校方长期合作，共同培养多层次、实用型、国际化的高级人才。又如德勤公司推出了面向北京名校会计、财务管理和法律专业的"德勤俱乐部"，至今已经办了 3 年，俱乐部几乎每月组织一次活动，主要是公司的部门经理、员工和大学生们交流、讨论并做专题讲座，此外还有郊游和聚餐等活动。德勤公司全力加强与高校的联系，帮助同学们更好地了解公司。除此之外，很多公司还利用实习生方案和提前进入校园等方式，一方面为学生提供工作和培训机会；另一方面企业也为从更长远的人力资源角度发展后备人才抢得了先机。很多跨国公司在中国名牌大学设立奖学金，一方面奖励好学之才，更主要的是在人才争夺战中形成了更富有创意、更积极的攻势。如在北京大学 400 多万元的奖学金中，跨国公司设立的奖学金额就高达 300 多万元。清华大学的近 100 种奖学金，跨国公司奖学金种类就占了 50%。可以说这种人力资源"营销"手段使得跨国公司更能吸纳优秀的人才加盟。

3. 网络招聘国际化趋势

跨国公司招聘与甄选在虚拟空间快速展开，利用计算机资料库和互联网进行广告招聘，对应聘者进行甄选已经很普遍。人才搜寻的空间更为广泛，呈现网络招聘国际化趋势。信息化技术使得跨国公司国际化人才招募策略快速实现。很多跨国公司成为跨国招聘网络平台的企业会员，如：总部设在香港的 Jobs DB. com，就是近年来成立的亚太地区最大的跨国招聘网络平台，目前有 13 万家企业会员。IBM、英特尔等知名跨国企业已开始在网上接收简历，世界 500 强企业中，96% 的人才招聘是通过网络实现的。跨国公司将网络招聘与传统的招聘方式相结合，构建了一整套完善和多元的人才交流体系，而网络招聘占据强势地位。以网络平台进行海外人才招聘，跨越了时空界限，通过快捷的方式将求职简历在线提交给招聘企业，招聘企业则通过智能化搜索引擎迅速进行在线简历甄选，挑选合适的人才进行电话访谈和网络面试。其方便快捷的求职方式和招聘模式越来越成为应聘者和招聘者的首选方式。

三 中国企业招聘现状及普遍问题

当前所有企业都面临着一个相同的问题，如何找到一种既节约成本又可以获得高满意度的方法，选聘到适合的优秀人才。善择公司（China Select，人才测评业务信息咨询公司）在中国由多家人力资源专业机构参与支持下，发起了2009年中国选才调查，参与调查的企业涵盖了30个行业，包括制造业（25%）、IT/通信/电信（16%）、房地产（8%）、贸易（8%）、快速消费业（5%）、咨询（4%）、卫生保健（3%）、金融（3%）、教育/培训（3%）、酒店餐饮和运输（2%）[①]。其中，关于招聘难度问题，超过一半的企业认为，应届毕业生、普通员工和技术工比较容易招募，而经理和高级经理则相对较难。某些岗位招聘困难，主要原因是难以评价候选人与岗位之间的适合程度，以及其市场性价比低于预期。此外，操作工的招聘难度要高于大学生，主要是雇主对操作岗位薪酬水平的低估。

在企业的招聘工作中，存在着以下问题：（1）不能明确需求，大多数企业未进行规范的工作分析，更缺乏对招募职位关键胜任力的确认。在被调查的企业中，15%没有进行过工作分析，即使做工作分析的组织中，也有高达56%的企业采用的是一种非正式的只注重实效的方法。仅有29%的企业进行了正式的职位分析步骤。在定义胜任力的操作上，也有着相似的结果。工作描述方面，49%的企业采取了正式撰写工作描述的方式，比2008年的43%有所上升。然而，还有8%的企业对于它们正在招募的职位没有一个标准的描述。（2）不重视聘用测评环节，只有较少的企业进行聘用测评。一旦吸引了一批申请人，企业就需要从中找出胜任此职位的适合人选。有很多不同的测评方法可以用于收集候选人信息，这些办法应该被安排在选拔流程中，才能使整个流程既有效益又有效率。之后综合所有的信息进行考虑，才能更好地洞察候选人，做出完善的选择。结果显示，只有20%~22%的企业采取了正式或系统的方式进行这些操作。45%~50%的企业采取了非正式的方式，而30%~32%的企业完全没有这样做。（3）评估工具的适用范围在明显增加。面试作为最常见的测评方法被广泛使用，但在被调查的企业中仍然有49%采用"非结构化面试"，国内外多项研究表明，非结构化面

---

① 龚文：《中国企业招聘现状知多少》，《人力资源》2009年第8期，第36~39页。

试的效度只有结构化面试效度的一半，因为它们通常无法测量与工作相关的特定因素，并且很容易产生误差，相比较而言，"结构化面试"具有更强的准确性和预测力。

此外，电话面试的使用率在提高，40% 的企业使用过电话面试，最普遍的是用于选拔高级经理和经理，考虑到新的通信技术将会不断地被采用，视频通话将会越来越方便，电话面试可以极大地节约企业和应聘者的时间和经费成本。因此，电话（含视频）面试将有可能被更广泛地采用。在招聘测评中，常用的工具包括能力测验和人格问卷等。研究表明，心智能力（如言语、数字、空间和抽象问题解决能力）能够为一般业绩表现提供最有力的预测，这种测验最常用于大学生选拔，人格问卷通常采用自陈问卷的形式，调查显示，31% 的企业使用了人格问卷测评。

四　日本、德国录用制度

（一）日本企业的终身雇佣制

日本的产品以其高质量和低价格而取胜，其主要原因是日本企业有效的人力资源管理。日本公司的管理人员、员工、合作厂家以及顾客之间存在着广泛的合作关系，他们之间在相互尊重和对产品、工作负责的基础上建立起信任关系。他们有一种共同的认识：所有的人都在一条易损的小船里，航行在波涛汹涌的大海上，如果这条小船的任何地方出现一个小漏洞都会使整条船沉没。日本索尼公司的一位总裁曾指出："如果要使自己成为一个强有力的竞争者，他必须依靠有技术和有献身精神的劳动者。"日本公司在人力资源管理方面特别强调在公司中实行终身雇佣制[1]。

所谓终身雇佣制是日本企业第二次世界大战后的基本用人制度，简而言之，是指从各类学校毕业的应届求职者，通过就职应聘，一经企业正式录用直到退休（大约 55 岁退休）始终在同一企业工作。终身雇佣制与年功序列，以及企业内工会被称为日本经营的三大支柱。企业原则上保证员工直到退休在公司内有一份工作，尽量避免解雇员工。在日本大公司就职的员工分为各种形态，招聘形式有

---

[1] 陆惠琴：《日本西德和美国人力资源管理的比较与分析》，《武汉工学院学报》1989 年第 2 期，第 80～84 页。

所不同。（1）正式员工。在公司这类员工也是最有地位的员工。一般是大学毕业后，通过应届毕业生应聘考试，立即被公司招聘的员工，包括白领雇员和蓝领雇员。（2）中途聘用员工。这一类员工从学校毕业后，曾在一个或多个其他公司工作过，包括白领和蓝领雇员。这一类员工大部分有特殊技能，一般是企业所需要的人才。以上两组员工适用于终身雇佣制。（3）契约员工。这包括男雇员和女雇员。这是由于企业的工作需要，在一定期间内雇佣的契约员工。契约期限为半年、一年，或者更长时间，契约员工可以续签合同，可以在公司工作很多年。近年来，由于日本经济发展缓慢，企业经营低迷，企业雇佣契约员工的数量越来越多。主要是因为契约员工与正式员工相比工资及福利待遇要少得多，可以为企业减少开支。（4）小时工。这是企业在比较忙的时间段雇佣的小时工。小时工也可较长期地在企业工作。做小时工的很多是日本的主妇，利用白天的时间做小时工的工作。

以上每组雇员从公司得到的待遇是不同的，如培训、工作保证程度、工资与职务的提升等。例如，同样是课长，刚刚从学校毕业就加入公司的雇员得到的待遇要比中途加入公司的雇员要好。同样情况下，负有同样责任的男女雇员，男雇员得到较好的待遇。日本公司雇员的工资构成主要根据两个因素，即在公司工作的年限和职位。因此，它是一种基于资历基础上的职务工资制。

从学校毕业就加入公司的男雇员得到公司最好的待遇，公司选择和录用这些男雇员主要是根据这些人就读学校的水平。最好的公司仅雇佣最好学校的毕业生。中途聘用员工主要是加入公司的男雇员。如果公司不能保证他们被终身雇佣的话，他们则是固定雇员中最后被解雇的对象。契约员工是固定雇员中地位最低者，主要是临时性的女雇员，她们几乎没有提升的机会。妇女从学校毕业后可以得到一份工作。工作几年以后她们结婚就离开了公司。契约员工是固定雇员中首先被解雇的对象，因为公司认为她们在结婚以后总是要离开公司的。小时工雇员的工资基于他们所干的活，而不是资历工资。小时工几乎得不到培训，也没有福利待遇和退休金等。在公司不景气时，小时工是公司首先考虑解雇的对象。但近年来日本国内企业小时工雇员的数量也在增加，他们成为日本企业不可缺少的雇员。

日本的终身雇佣制是从第二次世界大战以后才形成的，但终身雇佣制至今尚未被大多数日本公司采用。它仅仅在少数大型公司和成功的日本公司适用。据1980年的统计资料显示，只有不到1/3的日本雇员享受终身雇佣。日本公司采用缓慢提升的做法。当然，提升的机会在很大程度上以正式员工为主。通常的情况下，从一般职员晋升到副课长至少需要 8 年时间，在提升以前需要对雇员的工作表现进行长期的评估。提升的最重要原则是该员工的能力和业绩。能力强的员工也要工作很多年之后才能得到提升的机会。能力强且经得起长期考验的员工提升的机会多，晋升的速度也较快。他们往往被安排在富有挑战性和有更大责任的工作岗位。但日本的企业所认可的能力并不是突出个人业绩，看个人短期的业绩和能力，日本企业更强调与他人的合作精神、协调能力以及工作态度等，而且要经得住长期的考验以及企业内员工之间的竞争。这种竞争可以说是一种企业内的温和竞争。终身雇佣制使雇员有较完善的工作保障，包括一些福利待遇，如医疗保障、失业保险、住房、休假疗养等。终身雇佣制在某程度上可以消除员工因市场和技术进步被解雇的威胁。

日本企业员工与企业共同发展，认同组织文化与发展前景，使个人目标与组织目标达成一致。因此，员工不断学习，经常通过岗位轮换，掌握多技能，并与其他员工协调，为市场的需要进行技术革新和开发新工艺。日本公司经常调换员工的工作岗位与工作地点。员工有较宽的工作范围，他们不仅要满足生产和成本目标，而且还要维护和保养机器设备，不断寻求提高生产率和产品质量的途径。日本的许多公司开展群众性的自主管理活动和产品改进提案活动。在日本，员工大都是多面手，是本行业的专家。

终身雇佣制在客观上起到了限制日本公司雇员数量的作用，促使他们不断地寻求避免增加新人员和提高现有人员生产效率的途径。但其客观原因是日本经济增长率高于人口增长率，因此，缺少所需要的熟练技术工人。当然，日本大公司的终身雇佣制存在着某些显而易见的问题，例如对女员工的不平等待遇，由于终身雇佣所导致的严重内部竞争机制，以及同工不同酬、日本劳动力队伍迅速老化等问题日趋严重。

（二）德意志联邦共和国（简称西德）的"学徒训练"与优秀技术工人培养

西德的学徒训练制为生产高质量产品提供了优秀的技术工人队伍。西德有一支具有高技术水平、爱整洁、工作细心的工人队伍。他们努力使产品尽可能地完美无缺，特别是精密复杂的机器产品，这些产品构成了西德工业强有力的基础。自从 1973 年以来，如果说西德在欧洲经济困难时期有什么秘密武器的话，那就是造就西德技术工人的学徒训练制。

学徒训练制度（Apprenticeship）有很悠久的传统，在欧洲中古时代就有行业公会（Guild）的形成。行业公会制定业内规范，让新入行的人在实际工作中接受训练。这种制度其实很能够善用资源，从学徒的角度来看，在受训期间可以从工作中获得收入，而在实际工作中接受磨炼也可以在技术上建立扎实的根基。从雇主的角度看，可以以合理工资雇佣积极投入的助手。

西德有超过一半的学生在 16 岁时离开全日制学校接受为期三年的学徒训练。在这段时期内，每周四天在工厂干活，第五天在国家开办的职业学校中学习所学工种的理论课程。学生所学的课程由国家或各种工业的专业协会安排，使学徒在全国范围内受到较为统一的训练。这种学徒制得到政府、工会和工业界人士的广泛赞同，同时也得到教育界的支持。学徒制与其他各种培训计划相比，政府与工会更加支持学徒制。因为它可以部分地解决青年就业问题和给学徒提供必要的技术训练。工业界非常支持学徒制，因为它能给年轻人必要的专业技能和为社会提供合格的劳动力。这些学徒不仅有较高的技术水平，而且有良好的纪律、上进心和责任感。

学徒制的一个很重要任务是为需要高度技术水平工人的重工业培养工人。西德的重工业是西德出口成功与否的关键。而人才培养任务在普通的公立学校里是无法完成的。特别是培养青年技术工人的任务主要不是由国家，而是由企业界本身完成的。学徒制使年轻人有机会在实际生产环境中受到相当的技术训练，培养员工的工作责任感，西德公司很愿意雇佣学徒工，并让学徒在企业接受各种训练。在西德，几乎所有大公司都有一个学徒培训计划。人们常常可以发现，受过大学教育的工程师曾经受过学徒训练。西德青年和他们的父母都很担心他们能否有机会受到学徒训练，否则他们没有机会获得某种技术性工作。这些学徒不仅有一定的技术水平，而且在很年轻时就培养了良好的劳动习惯和劳动态度，这是提高产品质量的重要基础。

（三）日本和西德企业经理人的条件

精通技术是日本和西德经理的首要条件。在日本和西德，没有像美国那样的培养公司和企业经理的商学院，它们只是期望最好的工程师成为成功的经理。因此，这些经理往往是精通技术的专家。外国观察家一般赞赏美国经理在市场和财务方面的能力，但认为他们缺乏技术专长，美国商学院的明确任务是培养仅有管理科学理论的经理和管理人员。此外，他们没有重视提高技术人员的管理水平。

日本和西德都很重视工程技术。例如，西德每10万人中的工程师拥有人数比美国多一半，日本则为美国的两倍多。西德在20世纪70年代后期，所有的大学学位中有超过35%的学位是工程学位，日本有20%，而美国仅有6%，很多西德经理拥有多个学位，甚至博士学位，但通常是同时拥有工程和经济学位。日本和西德的管理人员很接近生产第一线。他们的办公室往往就在生产车间的隔壁，他们经常到车间了解情况和解决生产实际问题。他们具有相当的生产实践经验和熟练技术。在西德，一个公司或一个经理的威望往往与其技术水平一致，技术被认为是企业和个人获得成功的主要基础。可以说，日本和西德的工业制造公司采取了一些有利于发挥员工个人能力的做法。日本的终身雇佣制和西德的学徒制是这两个国家的工业制造公司和企业招聘录用方面的重要特点。

第二节　跨国公司招聘流程战略思考

跨国公司的招聘千变万化，面对众多的求职者，不是简单地瞄准高学历人才，而是更看重求职者与企业需求和企业文化的匹配。明确跨国公司的招聘理念和人才需求，讲求务实的作风，往往是跨国公司成功的基石。

一　跨国公司的招聘流程

（一）制定招聘规划

作为跨国公司，把合适的人安排在合适的时候、合适的岗位，是招聘的首要目标。公司的人力资源部门，首先要了解人才供需，做好招聘规划。招聘规划是企业人才战略管理的重要基础，根据企业的长远目标、企业规模以及行业特点等来确定选聘什么样的人才。跨国公司的招聘规划首先要明确公司的战略部署是什么，需要具备哪方面的核心竞争力，确定哪些人才对公司来说是有价值的；审视公司现有人员是否能满足公司的战略需求，需要做哪些调整；分析企业内部和外部劳动力市场及变化趋势，对公司员工进行系统的战略性规划，及时填补公司所需要的人才。招聘时，如何打出企业品牌，设计广告内容以吸引更多的应聘者也十分关键。公司要选出由富有经验的管理人员组成的招聘小组，以他们个人的工作经历和所取得的成就，激励应聘者，获得很好的效果。

（二）简历筛选

有调查显示，超过 68% 的企业利用网站收集简历，网上简历初选通过比例一般控制在 35% 左右，不过对于应届毕业生的比例要适当放宽些。另有 8% 的企业通过外包来完成简历的收集与筛选工作①。跨国公司享有国际品牌的号召力，如何在众多的求职简历中筛选人才，关键在于跨国公司的用人策略和方针。规范的跨国企业有详细的职位说明书，按照职位说明书精简出来的职位描述和职位要求便是简历筛选的第一依据。无论是自投简历还是通过猎头的中介，简历与招聘广告的匹配是应聘者获得面试机会的第一把钥匙。首先，在简历中需要满足的基本条件是教育程度、专业背景、相关工作经验、相关技能，包括语言技能，以及简历的排版书写，有没有拼写或语法错误等。只有在申请数量非常有限时，简历的筛选才会适度放宽条件。

应聘者如何使自己从几百名、几千名"候选人"中"浮"出来，关键在于应聘者的简历。面对众多的求职者，在筛选简历的时候，通常需要在一个简历上花费几秒钟时间，如果没有一个设计清晰、信息准确的简历，要脱颖而出是很难的。在简历上要清楚地表述自己的理想"目标部门"以及"目标岗位"，并在此基础上，分析自己是否具备理想职位所必备的能力。根据职位要求，归纳自己符合职位的几点理由。企业招聘人员对所要聘请岗位的熟悉程度直接与招聘成功与否密切相关，对岗位职责的了解，对岗位所需人才的要求，以及对岗位的部门职能，对岗位的上司、下属和团队的了解都有助于招聘的适宜性。成功的招聘，前期的准备工作是不可缺少的。

（三）电话预约或电话面试

筛选出来的简历会有两种处理方法：一是直接通知面试时间和地点；二是先电话面试作进一步筛选，获得通过者再约见。从求职者接到第一通电话或邮件时，其反应和回复就已经在观察之中了。电话面试是为了进一步缩小筛选范围，通过简短的对话了解求职者的动机和语言能力。善于沟通和良好的表达能力是跨国公司工作的首选条件之一，如果求职者在接电话当时不方便对话，可以预约其他工作时间，通常跨国公司会配合求职者的方便。当然，如果是异地求职者，预约的电话面试就是第一次正式面试，电话时间常常会控制在半小时到一个小时之

---

① 刘瑞晶：《跨国公司的招聘方略浅析》，《商业经济》2008 年第 6 期，第 64～65 页。

间。约定面试时间，有时是弹性的，可以商量；有时是固定的，不能赴约面试地的应聘者，就算放弃面试机会了。面试官在约定面试时间的时候也有很多因素要同时考虑，是否是急需的空缺，有关面试各方的方便性、场地等，所以需要相互理解。有经验的求职者会在电话中进一步了解下一轮面试官是谁，是单独面试还是小组面试等，以做相应的准备。不打没有准备的仗，胜算的把握当然更高。求职者也需要知己知彼，才更容易把握住机会。

一个庞大的组合机构之所以能运作良好，对细节的重视是必不可少的，跨国公司更注重细节。对应聘者来说，面试通知内容一定要记清楚，事前的准备做得越充分，就越有信心。记错时间、地点的求职者常常只好听天由命，迟到的求职者也是会被扣分的，没有第二次机会。如果从简历书写的粗枝大叶开始扣分，迟到、着装不适宜等，这样扣下去，还没有开始正式面试，相对其他求职者已经提前落后比分了。

（四）面试与测评

1. 面试

跨国公司的招聘重头当然在面试，包括面谈和测试。面谈之前，面试官要熟悉求职者简历，拟定面试提纲，包括问题清单，以免遗漏重要信息。成熟的公司一般规范面试的流程，从寒暄到面谈，向求职者提问、测试、结束等，求职者都会受到很好的礼遇，初次应聘跨国公司的求职者往往会被这种礼遇打动。其实面试官和求职者是平等的，以礼相待是成功面谈的基础。求职者的大方得体也会给面试官留下良好的第一印象。良好的第一印象会对求职者的综合评分产生一些正面影响。如果之前的一系列联络与接触都是同一位面试官，那么对求职者的整体反应会比较完整，面谈在主观评分方面可能占到 70% ~ 80%。如果该公司的面试是流水作业，与求职者联络和面试是不同的人，面谈的一两个小时可能就会占到主观评分的 90% 以上。面谈中，面试官会首先活跃气氛，让求职者在轻松愉快的气氛中开始，消除紧张情绪。在接下来的互动中，专业的面试官不会再问一些求职者可以随随便便在求职手册上就能直接找到答案的问题，通常至少都要经过一些变形。如，企业会问你最大的成就是什么，在跨国公司开始流行的行为面试中，你可能会被提问的是，近半年来令你感到最为骄傲的成绩是什么，最大的挑战是什么，有哪些人牵涉在这项工作中，你在其中扮演什么角色，你是怎样完成的，结果怎样，得到什么样的评价等。有时间、地点、人物、评价、从中获得的认识等，可能还会就你的回答进一步追问。也就是说，面试官力求从你的实际工作中的具体行为去了解你，了解求职者与岗位相关的优劣势、与岗位的匹配程度、求职者的潜力等。如果是编造，在一系列的问题下可能会露馅。求职者同样希望在有限的时间尽可能展示自己的优势，博得面试官的首肯，获得参加下一轮面试的资格，所以可以避重就轻，力求突出自己的能力和认识。在这一轮淘汰赛中，总是有更多的求职者被面试官礼貌地送走，数日后以一封婉转的辞谢信寄给求职者为结束。因为通常面试官不会当场给求职者结果，哪怕这个求职者明显不符合招聘条件，跨国公司通常会给求职者留面子，也给自己留有余地。所以有时候不要被面试官的彬彬有礼和微笑所迷惑。有些求职者在与面试官谈完后，感觉良好，以为胜券在握，结果却大相径庭。匹配岗位的测试有时安排在面谈之前，有时是之后，如果面谈效果太差，有时测试就可以省去了。测试的结果在不同的岗位占有不同的权重。有些岗位甚至是决定性的，测试不合格就不能通过①。

很多跨国公司采用了灵活面试的方法，注重"情景模拟"、"游戏面试"等。"情景模拟"是把应聘者安排在模拟的、逼真的环境中，开始无领导小组讨论、通过角色扮演、即席发言观察应聘者所处的角色以及思维能力、语言表达能力等。情景面试也趋于多元化。如日产公司通过"用餐速度"来测试应聘者的健康与做事效率；美国电报电话公司看重员工的条理性及应变能力，所以"整理文件筐"成为其面试的一个环节。还有的公司要求应聘者去公司现场体验，或者"先去扫厕所"，以保证聘得的员工有艰苦精神和踏实作风。"游戏面试"在外企的招聘中并不为奇，采用游戏面试的企业多是全球知名企业，目的是在自然状态下给应聘者充分展示的机会。如通用电器用"木板过河游戏"来考察应聘者的团队意识；荷兰联合利华（中国）公司用"盲人布阵游戏"来考察应聘者的诚实、团队合作精神、领导组织能力，以及应聘者的创新精神、执行能力等综合素质。

一个公司对招聘是否重视，招聘作业是否专业，从多轮面试的衔接中可窥一斑。通常人力资源部的第一轮面试官要与后继的面试官衔接，哪一类问题提过了，有多深的了解，后继面试还需要进一步挖掘哪些问题，都值得商榷，但切忌不要给后继面试官太多评价信息，以免干扰其评价。由此，最终形成的评价如果比较一致，则可以得出结论；如果不一致，需要更多的探讨和证据支撑，以形成相对公正

---

① 刘亚琼：《跨国公司招聘流程浅谈》，中国人力资源开发网（www. chinahrd. net），2008 年 8 月。

的评价。在跨国公司，除了人力资源的招聘人员具备专业的招聘知识技能外，用人部门的面试官也必须参加面试技巧培训。面试不仅仅是和求职者聊聊天，而是要以适当的问题来发掘和了解求职者的知识、技能、态度、潜力等。在有限的面试时间内要尽可能地去深入了解求职者，同时要让公司和职位的闪光点吸引锁定的求职者；即使对于当下不合适的人才，同样需要给他们留下良好的公司形象。

2. 测评

很多跨国公司采取了一对一面试，而不是小组面试，在面试的评价上就提出了更高的要求。首先是做好记录，做好从预约到面谈到求职者提问等细节的记录；其次要及时评价，面谈的情形很容易遗忘，所以每次面谈后留出时间段做及时评价是必要的。靠努力回忆做评价很容易受近因效应影响，使评价有失公允。面试的各项指标之间力求独立客观，避免相互干扰。如果能采取面试小组的方法，可以更好地避免个人偏好，更加客观，同时可以更好地避免招聘走后门。人力资源的面试人员与用人部门的意见协调之后，应及时达成聘用意见的一致。不负责任的评价浪费的不仅仅是个人的时间，更是公司的资源。所以招聘的环节要一环比一环慎重。招聘对象多元化的跨国公司招聘时，常采用全面多样的测评手段来选人，主要以面试为主，并综合使用笔试（专业知识考核、心理测验等）、管理评价中心技术、实习考察等多种测评方式。其主要目的是找到与企业高度匹配的合适人才，招聘的对象也呈多元化趋势。如 IBM 公司一直坚守"只有多元化的员工才能为多元化的客户更好地服务"这一企业准则。在招聘人才时，IBM公司只会对候选人的专业技能和综合素质进行考核，至于候选人的种族、性别、年龄、性取向、宗教信仰和身体状况（是否有残疾）等不会成为候选人是否被聘用的影响因素。

二　人员招聘与胜任能力

企业竞争越来越体现在人才的竞争上。基于胜任能力模型的企业招聘能帮助企业找到具有某种资格或者品质、符合应聘岗位的人才，避免了由于人员甄选的失误给公司带来的不良影响。因此，胜任能力模型对于企业招聘有极其重要的指导意义。许多表面上很优秀的人才，在实际工作中的表现却令人非常失望。麦克里兰的胜任模型广泛运用在工作分析和评价方法，以及人员招聘方面。

20 世纪 50 年代初，在美国以智力因素为基础选拔外交官的效果并不理想，许多外交官表面上很优秀，在实际工作中的表现却令人非常失望。麦克里兰博士应邀帮助美国国务院设计一种能够有效地预测实际工作业绩的人员选拔方法，研究了胜任素质方法的一些关键性的理论和技术。例如：抛弃对人才条件的预设前提，从第一手材料出发，通过对工作表现优秀与一般的外交官的具体行为特征的比较分析，识别能够真正区分工作业绩的个人条件。

（一）个体与岗位工作绩效的关系

1973 年，哈佛大学的戴维·麦克兰德教授提出了"胜任能力"（competency）概念①，并建立了冰山胜任能力模型，从品质和能力层面论证了个体与岗位工作绩效的关系。他认为个体的态度、价值观和自我形象、动机和特质等潜在的深层次特征，将某一工作（或组织、文化）中表现优秀者和表现一般者区分开来。这些区别特征后来被称作胜任能力，认为胜任能力是决定工作绩效的持久品质和特征（见图6-3）。例如，绩效出众者具有较强的判断能力，即能够发现问题，采取行动加以解决，并设定富有挑战性的目标。

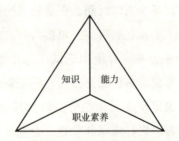

图 6-3 胜任能力模型

根据管理与咨询实践，并结合国外管理咨询的经验，可以说，胜任能力是知识、能力及职业素养的整合，这些因素的整合引出的是可观察的和可测量的行为。胜任能力包括三个方面：知识、能力和职业素养。知识是指员工为了顺利完成自己的工作所需要的东西，如专业知识、技术知识或商业知识等，它包括员工通过学习、以往的经验所掌握的事实、信息和对事物的看法。能力是指员工为实现工作目标、有效地利用自己掌握的知识而需要的能力，如手工操作能力、逻辑

---

① McClelland D. C., "Testing for Competence Rather Than for Intelligence," *American Psychologist*, 1973 (28), pp. 1 - 14.

思维能力或社交能力。能力是可以通过重复性的培训或其他形式的体验来逐步建立的。职业素养是指组织在员工个人素质方面的要求。职业素养是可以被教授、被学习或被加强的。

（二）胜任能力与企业核心竞争力关系

首先依据企业的使命、远景、价值观和外部环境确定企业的发展战略和企业文化。依据企业战略规划确定的企业核心竞争能力；依据企业文化的价值观导向确定企业倡导的文化氛围。并在此基础上研发企业员工的核心能力与素质要求，并以此为基础形成企业员工的胜任能力模型。全员核心胜任能力是公司价值观、文化及业务需求的反映，是针对组织中所有员工的、基础且重要的要求，它适用于组织中所有的员工，无论其所在何种部门或是承担何种岗位，它都是针对组织中所有员工的。序列通用胜任能力是依据员工所在的岗位群，或是部门类别不同而需要的专业知识、技巧及能力，在多个角色中都需要的技巧和能力，但重要程度和精通程度有所不同。序列专业胜任能力是在某个特定角色或工作中所需的特殊的、独特的技能。

（三）构建基于公司战略核心竞争优势的胜任能力模型

基于公司战略核心竞争优势的胜任能力模型，首先要明确公司的战略目标、价值观及核心竞争因素；从公司的价值观、使命及核心竞争因素归纳员工的核心能力素质；从公司的业务及各岗位群的职责出发，设计各岗位群所需的序列通用胜任能力；从各个岗位的职责和业绩优劣者的表现出发，设计各岗位级别的序列专业能力；分析员工核心胜任能力、序列通用胜任能力和序列专业胜任能力，设计每个能力的主要行为表现指标；根据专家数据库和 BEI 中的记录，分析设计胜任能力的各级行为表现；验证并应用胜任能力模型。

胜任能力模型在人力资源管理中的特别之处是在招聘与任用中的应用。首先，根据不同层级岗位要求的胜任能力，有针对性地开发结构化面试题库，设置有效的问题。在面试过程中通过考察应聘者是否具备岗位胜任能力模型所要求的关键行为，从而提高招聘的成功率。同时，胜任能力评估结果还可用于对现有人员的调整，使具备不同能力的人担任与之适合的岗位，做到人与岗位的匹配。其次，胜任能力模型在绩效管理中的应用。传统的绩效管理仅包括业绩的考核，可能还包括部分对工作态度的考察，但一个完整的绩效管理在业绩考核外，还应该包括胜任能力考核，包括态度、知识、专业技能等。通过对员工能力的考核，引导员工培养企业发展所需的核心专长与技能，从而保证企业的可持续发展。再次，胜任特征模型在薪酬管理中的应用。薪酬的影响因素包括岗位、能力、绩效三方面。岗位的市场价值和内部价值评估决定了岗位所处的工资浮动范围，绩效决定了个人绩效工资的多少。能力高者在担任了不同级别的岗位后，这样岗位基本工资所处的区间范围相应的就不同；在同一岗位上任职的不同人员的个人基本工资落在区间内的哪个点上，也会与其能力差异关联。通过建立与专业发展序列相对应的基于能力的薪酬管理体系，并辅助以绩效管理，从而有效地激励优秀员工。最后，胜任特征模型在培训与发展中的应用。根据各专业序列，胜任能力模型建立后，开发各专业序列的培训课程体系，设定每一职业发展阶段所需要的职业技能培训和专业培训，使培训课程的针对性和体系化更强。通过对现有任职人员胜任能力的评估，发现每一个个体的能力优势和弱项，从而找到组织整体的能力短板，然后有针对性地制订能力培养发展计划，以各种培养手段提高个体乃至组织整体的专业能力①。

通过专业序列胜任能力体系，改变公司目前单一行政道路的现象。建立一个序列内的专业发展阶梯，并且明确每一发展阶段对胜任能力的要求，只要达到了能力要求，就能够进入相应的职位阶梯。同时建立不同专业序列之间的发展通道，从而有效地吸引、保留、激励员工。

第三节　跨国公司招聘实例

一　壳牌公司招聘流程的四个环节

有着百年悠久历史的大型跨国公司——壳牌石油公司，已成为世界主要的国际石油公司，有广泛的合作伙伴，业务遍及 100 多个国家和地区。

壳牌公司核心业务包括勘探矿产、油品、化工、天然气、可再生能源五大方面，其业务遍及世界 135 个国家，拥有员工 11 万多人。2005 年壳牌公司的营业收入达 2686.9 亿美元。壳牌和中国的业务联系始于 1889 年，目前在中国已拥有

---

① 关于胜任能力模型在人力资源管理中的应用的资料参照 HC360 慧聪网企业管理频道（http：//www.cnele.com），2006 年 5 月。

18 家独资和合资企业，员工 1800 余名，90% 以上为中国籍员工。2003 年壳牌中国集团凭借总投资达 43 亿美元的南海石化项目荣获 2003 年度 CCTV "投资中国奖"；2005 年入选由中华英才网、新浪财经频道、经济观察报、华夏基石管理咨询集团联合主办的中国大学生最佳雇主。在 2005 年 "首届中国·企业社会责任国际论坛"上，壳牌公司荣获 2005 年最具责任感企业称号。

壳牌公司一直秉承着 "诚实、正直和尊重他人"的核心理念，致力于实现对股东、客户、员工、与壳牌有业务往来者和社会的责任。其中，对员工的责任方面，壳牌尤其强调尊重员工的人权，为员工提供良好、安全的工作条件和有竞争力的待遇；善用人才，发挥所长；创造具包容性的工作环境，使得每个员工都有平等的机会培养技能，施展所长；鼓励员工参与其工作的计划和安排；为员工提供表达关切的渠道。正是这一理念支持着壳牌的人力资源管理体系，为打造高质量的人才队伍奠定了坚实的基础。

壳牌公司对毕业生员工的招聘主要分为四个环节。这四个环节环环相扣，严格把关，有效地保证了招募到优秀的具有领导潜质的毕业生员工。其中，招聘渠道是保证，简历初筛是基础，结构面试是门槛，评价中心是关键。

第一个环节是校园宣讲会。

每年壳牌公司都要在世界各地的知名学府召开校园宣讲会（Career Talk），通过印发精美的宣传手册、在职员工的现身说法、高层经理的激扬演说，向毕业生们介绍壳牌公司、招聘计划、应聘须知等，吸引了大量优秀毕业生的眼球。这样做不仅延揽了众多优秀的毕业生，也显著地扩大了壳牌公司在高校的知名度和影响力，深刻影响着潜在的客户群。

第二个环节是初步筛选毕业生申请表。

壳牌的申请表格（E-assessment）针对 CAR 潜质进行科学的设计，尤其突出申请者在关键领域的能力和特长。通过教育背景中的毕业院校、学业成绩、社团活动中的职务、职责等项目考察毕业生在校期间的学业水平和其他实践活动，以初步选出潜质较高的人群。特别是申请表中的 5 个一般性问题专门针对成就力、分析力、关系力而设计，重点突出，有效地界定了应聘者的相关素质。

此外，壳牌还采用系统的筛选软件，对申请表中的学历、院校、成绩、活动等进行加权测算以迅速地选出合适的毕业生。应聘者在完成在线申请表后需要提交个人完整的简历，并完成两份问卷：一份有助于申请者对工作进行深入了解，另一份能够评估申请人的个性风格和资质。

第三个环节是结构化面试或电话面试。

这一环节又分为30~40分钟的结构化面试（structure interview）或15~20分钟的电话面试（telephone interview）。在结构化面试中，2~3名考官将对应聘者的个人资料、教育背景、职业目标、已有成就、社会活动经历等进行确认、了解，然后会就预先确定的各方面问题进行提问，如交通问题、信息技术发展、申奥和大学在社会中的作用角色等现实问题，并不断追问，做详细记录，并依据应聘者回答的深度、广度，参照答案的对应分析表给予评分。

电话面试中，考官在要求应聘者作自我介绍后，就一些开放性的社会现实问题提问，并相应的给予评分。这一环节主要是考察应聘者看待问题的广阔视角、思维的逻辑性、分析解决问题的综合能力，更侧重于"三力"中的分析力。最后，公司依据应聘者的综合排序决定是否将其推荐至评价中心。

第四个环节是在评价中心进行领导力测试。

这个环节是在评价中心（Assessment Center）进行综合的领导力测试，即为期一天的壳牌招聘日（Shell Recruitment Day）或为期5天的哥拉美商业挑战（The Gourami Business Challenge）。

壳牌招聘日的内容包括：公文处理演练（处理成批的业务公文）、选题陈述（就一个议题作一个陈述并接受质询）、小组讨论（由应聘者独立探讨一个商业议题）、结构化面试等。测试的结果交由公司最资深的经理进行评估。评价中心着重考察的内容主要是三个方面："从混乱中实现有序"的分析力，"设法完成工作"的成就力，以及能够"团结各方面力量"的关系力，即综合考察应聘者的领导潜质。

哥拉美商业挑战中的哥拉美是一个在印度洋边上的虚构国家，是壳牌国际商业竞争的一个焦点。应聘者在哥拉美通过参与团队合作来开发一个5年期的商业计划。通过这项活动，一方面，应聘者将获得对壳牌全球运营和跨文化管理的深刻理解，另一方面，也有助于壳牌公司对应聘者领导潜质进行更进一步的考察。

另外，在第四环节中，应聘者还可选择参与为期8周或更长时间的实习生计划。通过实习生计划，毕业生可以在较长的时间内向壳牌公司展示和证明他的能力，并获得在壳牌工作的直接经验，而且还有机会参加一系列的商业项目。同时，毕业生能直接获得对于工作的细节反馈，这对其未来的职业发展将十分有益。

二　跨国 IT 公司招聘案例

金融危机后外资企业逐步把研发重点放在了中国，它们强烈意识到在中国的人才成本相对比较低，同时，中国的内需市场却发展迅速。跨国企业重新构想中国在全球研发版图中的地位。跨国公司向中国加速进行研发转移的趋势。近年来在华的日本和韩国大型跨国企业加速在中国招聘研发人员以及企业的核心研发人员。在华欧美企业由于受到全球金融危机、公司重组以及中国同行激烈竞争等因素的影响，近年来其全球市场业绩并不尽如人意。如诺基亚、西门子等公司在全球市场屡屡传出裁员消息的同时，它们在中国市场的研发布局却不断加速，在中国寻求合适的人选和高素质的研发人员。

诺基亚和西门子两家电信公司相关业务组合成立的诺基亚—西门子网络公司（简称诺西合资公司）在世界上设立的五个研发中心中，中国就占了两个，公司的研发重心正在向中国倾斜。它们认为，中国市场目前是诺西合资公司全球研发的重要扩张点，其在中国的研发中心涵盖通信传输、芯片、通信平台等多个门类。据介绍，诺西合资公司在中国的研发中心已有超过 1000 名研发人员，投入 3G/4G 网络技术的研发，并计划在 2010 年继续大举扩充研发力量[①]。同样，随着微软公司在亚洲市场的不断壮大，为了保持微软公司的持续增长率，微软公司通过各种招聘渠道积极寻求、聘用高素质员工。以微软公司为典型案例，介绍该公司的招聘实例。

（一）微软公司的招聘目标

微软公司的招聘着眼于"才能"，目标是为了聘到孜孜不倦的学习者，能随时解决业内新问题的人以及适应业务需要、能在公司内变动工作的人。微软公司的招聘从副总裁一直到董事长所有高级管理人员都要亲自参与，强调招聘环节对公司成功的重要性。微软公司鼓励员工举贤荐能。据《工业周刊》报道，约有 30% 的新开发人员是通过这种渠道聘到的。员工的推荐大约有 50% 肯定都是很好的线索。应聘者经过招聘人员的预试之后，还要通过公司其他员工的面试。他们会要求应聘者演示专业技能，如编码等。有时还会出点脑筋急转弯的问题，如

---

① 《浙江上市公司协会资本要闻：百亿美元下注研发跨国公司中国亢奋》，http://www.zjlca.com/，2010 年 3 月。

"美国有多少个加油站?"当然此类问题不一定都要答对。他们只是想了解应聘者思考和解决问题的方式。

微软公司的员工对于面试非常投入,希望有一种方式能客观描述公司的期望。但由于公司不同部门的经理采用的是市场上不同的招聘模式,不能说明微软公司是采用了哪一种特定的招聘模式。总之,微软公司在员工招聘的过程中,一方面注重员工的工作经验,但面试是选拔人才的主要环节。面试对求职者进行筛选淘汰的百分比很高。微软公司的面试是高科技企业中难度较高、也是过程最长的面试。它要求候选人有较高的智商,能够迅速创造性地理解和着手解决复杂问题;候选人能够实时地吸收和消化信息,有较强的学习能力和记忆力;候选人能够把似乎不相关领域的事物联系起来;工作过程中富有创造性,使工作高效率;勤奋,合作,适应性和灵活性强,能够着眼大局,这样有利于公司的发展。

(二) 微软公司的招聘理念与招聘流程

微软公司的人力资源体系在吸引、培养和留住国际化高素质人才方面独具一格。以最优秀的员工创造最大财富的精神,积极吸纳和培养具有高潜质的人才。微软公司的招聘理念可归纳为:首先是找到最具有潜质的优秀员工。这一点与其他跨国企业有所不同,很多大企业会认为让合适的人找到合适的岗位。而微软公司认为,只要是人才,在微软公司一定会发挥作用,微软公司可以帮你找到合适的位置。其次是注重公司整体思维。微软公司从整体判断应聘者的综合素质和发展潜力是否适合公司的文化,如应聘者的技术、团队合作精神等,以保证人才进公司后解决公司难题及在工作上的灵活性。

微软公司在某些工作岗位空缺后,前来求职的人一般分为两大类:内部申请者和外部申请者。面试官对这两类人提出的面试问题基本上没什么区别。在微软美国公司,对大学应届毕业生和业界已在职人员的招聘流程是不同的,对技术人员和其他专业人士的流程也不尽相同。对技术类专业应届生的招聘过程如下:(1)确定人才资源需求。微软公司首先确定人才资源需求,描述每个岗位的工作性质和必需条件,发布工作位置空缺信息。(2)简历收集与初筛。微软公司的网站常年都有工作招聘的广告并接受简历。但对于应届毕业生来说,在校园招聘活动中投递简历会更有效。对美国计算机相关专业排名比较好的学校,微软公司人力资源部门都有专人负责追踪。微软公司的招聘人员(recruiter)会常年和这些学校的求职中心(career center)保持联系。每年招聘季节(学生毕业前半年左右),招聘人员都会到这些学校开招聘会（job affair）并直接收集简历。除了学生直接递交的简历外，招聘人员会格外看重教授推荐的学生。对于那些微软公司不去开招聘会的学校，学生可以参加附近城市的招聘活动或直接在网上发送简历。

招聘人员拿到简历后进行初筛，初筛后的学生将进入第一轮面试：校园面试或电话面试。对于那些计算机名校的学生来说，微软公司的第一轮面试往往是校园面试（campus interview）。在招聘季节微软公司会在这些学校举行招聘活动（recruiting event），其间微软公司会派几名面试官进驻学校来面试通过初筛的学生。这种面试通常采用一对一的形式，每个学生要分别和 3~5 名面试官进行一小时左右的面试。每个面试官在面试后要做记录和评语，每天结束后面试官们综合意见，决定哪名学生可以进入下一轮面试。对于那些微软公司不去举行招聘活动学校的学生，第一轮面试一般是通过电话进行的。接下来是微软总部园区面试。通过第一轮面试的学生将获得到微软总部园区进行面试的机会。通常学生会到微软总部进行为时一天的面试。非学生的应聘者也要先通过电话或远程通信等方式的第一轮筛选后，才会有机会被请到总部园区面试。面试当天，一名应聘者通常要和 3~7 名微软员工分别做一小时左右的面试，其中包括一个小时的午饭时间。通常在面试结束的两周以内，微软公司的人力资源部门会通知应聘者面试的最终结果。聘用部门决定最终人选，而不是人事部门作最后决定。并不保证所有的合格候选人被聘用，而是取决于名额。如果被录用，应聘者就可以和人力资源部门讨论工资待遇等问题了。

据商务部统计，目前跨国公司在华设立的各类研发中心超过 1200 家。截至 2009 年底，商务主管部门批准的独立法人形式外商投资研发中心共 465 家，投资总额 128 亿美元，注册资本 74 亿美元，主要集中在技术密集型行业，如电子通信、生物医药、交通化工、软件设计等行业。对于外资企业来说，招聘经理感到压力沉重，他们在短时间内面临大量招聘任务，与中国本土 IT 企业对优秀人才进行主动争夺。迅速崛起的中国本土 IT 公司已经开始在优秀人才争夺上给跨国 IT 公司造成威胁。在全球经济危机之后，以民营企业为主的中国 IT 企业开始展现出越来越强的吸引力。本土 IT 企业在人力资源管理以及薪酬管理方面有较大的灵活性，已经采用越来越具有竞争优势的管理及薪资标准。

第7章
跨国企业员工培训

现代市场竞争实际上是员工能力与素质的竞争，谁拥有高素质的员工谁将获得竞争优势，使企业成长并提升企业核心竞争力，实现差异化。企业员工培训是一个具有普遍性、长期性和计划性的问题。而企业"特殊培训"从理论上可直接提高企业的生产力，培养适合于企业的人才，是有价值的培训。

第一节　职业培训发展及历史回顾

一　美国大众化职业教育发展

第二次世界大战以后，美国经济快速发展，人力资源开发、培养合格劳动力的需求，使得职业教育显得格外重要，并受到联邦政府和社会各界的高度重视。美国先后推出了《国防教育法》（1958）、《地区再发展法》（1961）和《人力开发培训法》（1962）。《国防教育法》是美国历史上第一次以法律形式把教育置于事关国家安全的重大战略地位的重要法案。该法案提到关于推行地区性职业教育计划、增加对职业教育拨款等内容。《国防教育法》把职业教育的对象扩大到社区居民的措施，扩大了美国社区学院的规模。1963 年美国职业教育顾问委员会正式推出《职业教育法》。该法案着眼于把立法的重点从职业分类转到服务对象的扩大，使所有社区、所有年龄的公民都有机会接受高质量的训练和再训练。

《职业教育法》对传统"职业教育理论"有许多重要突破，补充了过去缺乏对劳务市场变化的敏感性，加强了对各种技术人员的研究与开发，以及基于职业需要进行有针对性培训的需要。因此,《职业教育法》是美国教育发展史上一个重要的里程碑。它重新确立了美国职业教育的目标,打破了行业之间的偏见,使得美国的职业教育变成一种面向社会各阶层、各年龄组的人的教育。

20 世纪 60 年代,人力资源开发政策强调在个人能力基础上的机会均等,强调职业技术教育,并取得了一定的成效。1963 年在《职业教育法》的基础上,提出了职业终身教育问题,提倡教育与学术、技能训练与实践等相结合,职业教育可以扩大受教育者选择的范围,进而促进愚昧无知、贫困和种族歧视等社会问题的解决。新的职业教育法,其宗旨是为适应不断变化的社会环境,职业教育不应该是仅仅满足市场需要的教育,而应该以促进个人发展为目标,就业准备应该适应个人的需要。这种职业教育理论的突破,推动了后来美国职业教育的发展。

二 德国"双元制"职业教育模式

德国经济发达在很大程度上取决于人力资源的开发和利用。德国一直把知识和技能看成"最重要的生产因素"。科学技术的迅速发展引起生产结构、劳动组织及经济结构的变化。在这一变化中,企业和个人都充分认识到,经常更新和扩大已有知识和技能,对个人获得就业机会,对企业保持自己的竞争力,都是至关重要的。尤其是对企业来讲,在如今这个产品竞争领先以日计算的时代里,转化速度越快,在竞争中取胜的机会就越大。"双元制"职业教育模式是德国职业教育中最具特色的,并成为其核心部分。

所谓的"双元制"职业教育就是一种企业(通常是私营的)与非全日制职业学校(通常是公立的)合作进行职业教育的模式。受培训者以学徒身份在企业内接受职业技能培训,以更好地掌握"怎样做"的问题。同时,又在职业学校里以学生的身份接受与职业有关的专业理论和普通文化知识教育,以了解实现实际技能操作中"为什么这样做"的问题。这是一种将企业与学校、理论知识与实践技能结合起来,以培养既具有较强操作技能,又具有所需专业理论知识和一些普通文化知识的技术工人为目标的职业教育培训制度。

德国"双元制"职业教育模式曾以其促进德国经济发展的独特作用而备受瞩目与赞誉,并为世界各国所仿效。在德国,职业教育被视为政府、社会、企业与个人的共同行为,是德国在国际市场竞争中的原动力,是企业生存与竞争的手段,是个人生存最重要的基础及个性发展、感受自身价值和社会认可的重要前提。特别是企业界人士，他们更认为职业教育就是产品质量，是德国经济发展的柱石。德国企业参与职业教育的成功经验在于，政府创造出严格的外部制度环境，企业能够依据具体而明确的法律条款，实施依法治教，使企业成为职业教育的主体，承担着职业教育的主要责任。德国企业参与职业教育不仅仅体现在企业成为职业教育的教学主体、经费主体和法律主体，承担相应的责任和义务，而是企业参与职业教育已经成为国家、企业和个人的共识，企业参与职业教育是企业应当为国家作出的贡献，是不可推卸的责任。作为职业教育"核心部分"的"双元制"职业培训，每年所培训出来的技术工人在就业人员中的比重高于80%，在同龄人中所占的比重也有70%。德国"双元制"职业培训所培养出来的人才，无论是在数量上还是在质量上，都基本能够满足社会就业制度对具有职业技能劳动力的要求①。

德国"双元制"是德国企业参与职业教育的主要模式，为德国经济的腾飞作出了重要的贡献。"双元制"职业教育经过几百年的演变发展到今天，作为一种职业教育模式，逐渐成为德国职业教育的主体，并形成了一套完整的职业教育体系。在德国，75%以上的初中毕业生选择接受"双元制"职业教育②。20世纪70年代以来，不少国家都吸收其优点以改进本国职业教育。从1982年开始，中国与德国合作，相继实施了十几个"双元制"合作项目。"双元制"的成功引起了世界上许多国家经济界和教育界人士的兴趣。

德国企业实训系统包括直接在劳动岗位上的培训，也包括在手工劳动部门的"训练工场"中的培训，在机器生产部门的"训练车间"中的培训，以及在某些实务部门的"训练办公室"中的培训等。除劳动岗位以外的这些场所，我们一般都把它们称为训练工场。它们是为了确保学徒训练顺利实现预定的目标，进行系统的训练，使他们能通过训练获得基本的、全面的职业知识和职业技能，而独立于生产过程之外，在企业中和企业外单独设立的。其目的主要是通过一体化的专业教学，以及模拟公司设施，对学生进行与技能紧密相关的工艺教学，生产岗位与训练工场结合组成系统的技能实训基地，使实训者学会他们的企业不可能提供或者不能完全

① 孙祖复、金锵：《德国职业技术教育史》，浙江教育出版社，2000，第385~389页。
② 郑向荣：《德国"双元制"职业教育的历史、内涵、特点及问题》，《理工高教研究》2003年第6期，第79~81页。

提供的规定的训练内容。由于生产的专门化，职业工种之间差别较大，另外，小型企业特别是手工业企业，因规模小、招收学徒少等原因，无力按培训条例的要求提供全面和多样化的职业培训项目，它们可建立设备完善的跨企业训练工场①。

三　日本企业的"一般培训"与"特殊培训"

在职培训作为人力资本构成和投资的重要内容。贝克尔提出在职培训可分成"一般培训"和"特殊培训"两种模式。

"一般培训"是指企业在提高培训员工的未来边际生产力时，同时增加了许多其他的边际产品，即培训所获得的知识技能对多个雇主同样有用。因为在一个竞争的劳动力市场上，任何一个企业所支付的工资率都是由其他企业的边际生产力所决定的，所以在提供一般培训的企业中未来工资率和边际产品都会增加。只有在提供培训的企业的边际产品的增加大于工资率时，他们才能占有培训的部分收益。完全一般培训在许多企业中都是同样有用的，而且在这些企业中边际产品都按同样的幅度增加，所以工资率和边际产品增加的量完全相同，而提供这种培训的企业，培训收益将为员工所享有。

能更大地提高提供培训的企业的生产率的培训称为"特殊培训"，完全特殊培训可定义为把受训者用于其他企业时对生产率没有影响的培训，许多培训既不是完全特殊的又不是完全一般的，但它们能更大地提高提供培训的企业的生产率，故而属于特殊培训的范围。接受特殊培训的员工到其他企业所得工资与这种培训没有关系，反而还要付出培训时间的机会成本，所以纯粹的特殊培训费用应由企业承担。因为企业利润的增加正是由于这种培训带来的生产率的提高，企业将以利润更多的形式得到这种培训的收益。长期竞争的均衡要求收益的现值完全等于成本，也就是说，只有当特殊培训的未来收益现值大于或等于培训成本，初期的边际产品与工资水平相等，企业利润最大化，才会进行特殊培训投资。

贝克尔认为，日本的大企业实行终身雇佣制，与欧美企业相比，员工很少有离职或调换工作的现象。这主要是日本企业注重员工的职业培训，并对员工实现了有价值的"特殊训练"。日本企业有很多的培训方式，我们认为，作为企业培训的形式主要有两种：一种是 OJT（on the job training，在职训练）；一种是 OFF-

---

① 张晓雷：《中德企业参与职业教育的比较研究》，辽宁师范大学论文，2008。

JT（off the job training，离岗培训）。

所谓 OJT，是指管理人员透过工作或与工作有关的事情来进行培养部属的活动。在职培训是通过完成具体的工作任务来提升员工胜任工作的技能或能力，而员工在其工作时间内有 3/4 的时间都是在完成具体的工作任务，因而它比脱岗培训更加贴近实际，更容易使员工的思维体系得到最细腻、最直接的锻炼，而且 OJT 需要的培训成本相对较小。

企业若能更多地重视使用见效更快、效果更好的 OJT 培训形式，不仅企业的人工成本付出将会得到更好的控制，更重要的是代表企业人才能力素质的思考力将会大幅提升，企业从整体上也将更有竞争力。

OJT 是培养人才的根本做法，因为 OJT 是由工作本身或与工作相关的事情来进行教育的过程，可以说是与实务连接在一起的教育。因而通过 OJT 可以培养出实战的力量；OJT 在原则上，是由管理人员与部属面对面地进行，与 OFF-JT 不同。这种教育可以配合个人的资质及需要；经验是最好的学习，OJT 本身就是一种体验学习，因而教育效果高。为了更好地发挥 OJT 的效果，管理人员非常了解各个阶层员工的 OJT 重点以及 OJT 的方法。在企业中，有新进人员，也有资深员工和管理人员。由于大家分担企业的各种功能，企业才能达到其经营目的。以下是各个阶层职员的 OJT 要点。

对新进人员，刚到一个新的企业所学习到的东西，很容易生根，因此，在一开始就需要授以正确的基本动作。所谓基本动作可分成作为一个组织人所必须具备的"基本知识"和与工作有关的"基本事项"。"基本知识"是指经营理念的具体意义，对同事、前辈、上司的态度、公私的区别、秘密事项的处理、协助工作的团队精神、准确的时间观念、对其他部门与公司内的人应有的态度、明确的顾客意识（薪水不是来自于公司本身，而是来自于顾客）等。而"基本事项"是指对指示的事项应有再确认的习惯、对工作结果重新确认等。关于新进人员的指导，另一个重要因素是学习工作的态度，对工作要从心底去体会。

资深员工是企业的中坚，是在各个部门负责实务操作的核心。以实务经验而言，大致是指进入公司 5~7 年的员工。资深员工是各个单位的实际工作核心，并且也是上司的辅助者、后进人员的指导者。对于这些员工的 OJT，首先要便于其了解本身的立场与功能。其次在工作方面的指导，要培养其与所负责职务有关的专业知识以及广博的相关知识。其他如对一般事情的看法以及管理的观念等也不可忽视。

　　在指导资深员工时，必须给予较大的压力，分配较多的工作，让他有锻炼的机会。身为上司者只需在授权后注意其结果的演变，适时给予建议而不要予以干涉。

　　中高年龄层员工，在情况上可能稍稍复杂些。一般说来，如果指导者年龄较低时，对于年长者可能有敬而远之的倾向。但是，身为管理人员，不管其部属是年长或年少，他都负有培养部属的责任。然而，对于中高年龄的年长部属确实需要在做法上讲究技巧。对于年长的部属，要承认并赞美其优点，把他们作为自己职业生涯中的前辈，不要对他们另眼相看，并且要扩大其工作内容以增加工作情趣，使他们个个身怀绝技，以己为荣。

　　在中高年龄层的部属中，也有些人对于比自己年少的管理人员所提出的意见，抱着不能接受或不愿接受的态度。

　　新任第一线主管，在指导新任的作业班长或第一线主管时，要先让他们对自己的功能和立场有正确的认识，接着要灌输管理的基本知识，使他们具有指导者的心态及技巧。并且要考虑其工作的性质是管理工作导向或是专业工作导向，是直线部门导向或是幕僚部门导向，针对不同性质调整教育的方向。

　　OFF-JT 也称集中培训或离岗培训，是将接受培训的员工集中在一定时间内，利用外部或内部的培训资源进行培训的一种方式，必要时也可以派员工到外面学习。日本企业的离岗培训根据不同的员工和不同的级别进行专门培训（见表7-1）。

表7-1　日本OFF-JT（离岗培训）的内容

	OFF-JT 的内容
新员工培训	●唤起员工对公司的亲近感和对工作的兴趣； ●作为社会人的意识，遵守公司各项规则； ●学习专业技术和公司业务基础知识
中坚员工培训	●期待中坚骨干的作用； ●加强各部门间的情报交换和解决问题的能力； ●自觉提高自我开发的能力
管理人员培训	改善工作环境，掌握良好的人际关系方法。学习专业和管理的基本知识。并具备以下能力：1）理解部下个性的技能。2）解决问题的技能。3）形成好的工作环境的技能。4）唤起部下干劲的技能。5）在工作上的领导技能。6）战略思考能力的技能
高层管理人员培训	●洞察力（观察外部环境和内部环境的能力）； ●经营战略和经营方针的设定能力和决策能力； ●经营领导能力和培养接班人的能力

资料来源：森五朗《现代日本的人事管理》，有斐阁，1995，第110页。

四 中国企业员工的在职培训

随着中国经济的发展，政府认识到职业教育对国家经济和企业自身发展的重要性，把发展职业教育纳入国民经济和社会发展规划。政府制定了相关政策支持和鼓励企业积极参与职业教育。中国积极吸取国外职业教育发展的先进经验，设立了职业学校和各种职业培训机构。国务院颁发的《国务院关于大力发展职业教育的决定》（2002）明确规定"企业要强化职工培训，提高职工素质。要继续办好已有职业院校，企业可以联合举办职业院校，也可以与职业院校合作办学。企业有责任接受职业院校学生实习和教师实践。对支付实习学生报酬的企业，给予相应税收优惠"。在企业的职工培训方面提出，用人单位招录职工必须严格执行"先培训，后就业"、"先培训，后上岗"的规定。

中国职业教育校企合作中的企业是一个特殊的主体，但一些企业要追求自己的利益，不愿意接受实习生和实训生，其主要是担心接受实习生从而影响企业的正常生产秩序以及生产效益。这种做法无疑是忽略了实训者的职业生涯发展需要，以及对受训者个人的长期职业生涯规划。此外，中国的职业教育经费基本上都是由国家承担，实际上是企业受益、国家出钱的做法。企业成为职业教育的最大受益者，企业如何在相关政府部门的监督指导下，对职业教育付出相应的费用也是中国应该面对的问题。

近年来，随着中国经济的发展和中国良好的政策环境，企业经营有了相对宽松的成长环境。很多企业追求长远的规划和稳定的增长，企业为打造企业品牌和增强自主创新能力，往往通过对员工的在职培训，提高员工的技术能力，调整和改进员工的观念以及工作态度，从而有效地提高企业的生产效率和创新能力。目前员工的在职培训在企业中的作用与地位已越来越受到重视，部分企业已将在职培训上升到企业战略高度。

2005 年中国企业普通员工培训现状调查表明①，有 86.40% 的被调查者表明在过去一年里参加过任何方式的培训。另有 13.60% 的被调查者在过去一年中，没有参加过任何方式的培训。这一结果表明，目前大部分的在职人员对培训工作

---

① 朱耘：《2005 中国企业普通员工培训现状》，中国人力资源开发网（www.chinahrd.net），2005
年 9 月。

比较重视，能够主动或被动参加各种形式的培训，提高工作技能。调查显示，在职员工的培训方式主要有：企业内部培训占 64.01%；聘请外部讲师占 65.10%；脱产进修占 10.19%；远程教育占 10.71%；外部培训占 53.70%；其他占 13.43%。由此表明，传统的企业内、外部培训仍然是员工参与培训的主要方式。内部讲师培训成本低，由公司内部有实践经验的同事做培训师，进行经验交流，有助于改进工作方法，提高工作效率，同时培训时间较为自由，因而较受欢迎。聘请外部讲师进行培训，由于其专业性较强，而且时间由双方协定，培训效果相对较好，是最受欢迎的培训方式。在员工看来，外部培训是企业为员工提供福利的一部分，因而参与外部培训热情较高。外部培训一般由专门的培训机构主办，聘请专业讲师，其专业水平相对较高。调查结果还显示，有 70.00% 的被调查者认为，目前企业为其安排的培训时间太少，27.62% 的参与调查者认为企业为其安排的培训时间正合适，只有 2.38% 的参与调查者认为目前的培训时间太多。这一数据表明，员工希望企业为其安排更多时间的培训，以不断满足其对知识、工作技能、工作方法的需求。

对于企业员工培训的内容方面，赵曙明提出，培训的内容和形式必须与企业的战略目标、员工的职位特点相适应，同时考虑适应内外部经营环境的变化。任何培训都是为了提供员工在知识、技能和态度三方面的学习与进步[①]。

（一）知识的学习

知识学习是员工培训的主要方面，包括事实知识与程序知识学习。员工应通过培训掌握完成本职工作所需要的基本知识，企业应根据经营发展战略要求和技术变化的预测，以及将来对人力资源的数量、质量、结构的要求与需要，有计划、有组织地培训员工，使员工了解企业的发展战略、经营方针、经营状况、规章制度、文化基础、市场及竞争等。依据培训对象的不同，知识内容还应结合岗位目标来进行。如对管理人员则要培训计划、组织、领导和控制等管理知识，还要他们掌握心理学、激励理论等有关人的知识，以及经营环境如社会、政治、文化、伦理等方面的知识。

（二）技能的提高

知识的运用必须具备一定技能。培训首先对不同层次的员工进行岗位所需的

---

① 赵曙明：《跨国公司人力资源管理》，中国人民大学出版社，2001。

技术性能力培训，即认知能力与阅读、写作能力的培训。认知能力包括语言理解能力、定量分析能力和推理能力三方面。有研究表明，员工的认知能力与其工作的成功有相关关系。随着工作变得越来越复杂，认知能力对完成工作显得越来越重要。阅读能力弱势会阻碍员工良好业绩的取得。随着信息技术的发展，不仅要开发员工的书面文字阅读能力，而且要培养员工的电子阅读能力。此外，企业应更多培养员工的人际交往能力，尤其是管理者，更应注重判断与决策能力、改革创新能力、灵活应变能力、人际交往能力等的培训。

（三）态度的转变

态度是影响能力与工作绩效的重要因素。员工的态度与培训效果和工作表现是直接相关的。管理者重视员工态度的转变使培训成功的可能性增加。受训员工的工作态度怎样、如何形成、怎样受影响，是一个复杂的理论问题，又是一个实践技巧。通过培训可以改变员工的工作态度，但不是绝对的，关键是管理者工作本身。管理者要在员工中树立并保持积极的态度，同时善于利用员工态度好的时间来达到所要求的工作标准。管理者根据不同的特点找到适合每个人的最有效的影响与控制方式，规范员工的行为，促进员工态度的转变。

第二节　跨国企业员工培训的特点及内容

在跨国企业，员工是重要的组织资源和财富，是组织目标的实现者。培养员工是经理们的责任和义务，员工职业发展的好坏是经理们业绩的一部分，如果员工停止不前，那就是经理的失败。员工享有均等的职业发展机会，这并不是说所有的员工要享有同样的机会，而是说所有员工都享有符合其业绩、能力和发展愿望的机会，为员工寻找和提供这样的机会是经理们工作的一部分。员工没有好坏之分，只有业绩和能力高下之分、贡献大小之分。员工的贡献在于有效地实施计划和方案，也在于以不同的观点丰富、质疑或挑战既定的计划、方案或主张。员工应受到鼓励，充分参与团队事务，发表意见和看法，提出解决方案。员工应得到适合其能力的授权，以便充分发挥主观能动性和创造性。

一　跨国公司培训的理念与特点

人才是 21 世纪企业成功的关键，是维持企业高绩效的重要因素之一，几乎每个跨国公司都知道这一点。只要有可能，他们都对人才的培训做大量的投资。他们视人力为可再开发利用的资源，认为这种资源的投资回报率也是很高的，所以，跨国公司非常重视员工的培训，重视提高员工的素质，重视员工的参与和发挥员工的潜能。表 7-2 是跨国公司和国内企业在人的观念上的比较①。跨国公司把这种对人的认识的新观念处处渗透在他们培训人才的过程中。

表 7-2　跨国公司与国内企业培训观念比较

国内企业	跨国公司
视人力为成本、费用，强调外在激励与报酬	视人力为资产、资源，强调内在激励与报酬
较不重视员工的参与，所以参与的程度较浅	较重视员工的参与，所以参与的程度较深
充分有效地利用员工现有能力与技术	发挥员工的潜能，重视员工的满足感
以符合单位的目标与需求为主	除符合单位目标外，还考虑员工未来发展目标与需求
强调职位所提供的待遇与福利	除强调待遇、福利外，更强调员工个人职业生涯的发展
重视管理者目前的能力水平	重视可开发的潜力，未来的前途
重视上对下的单向沟通	重视双向沟通
评估与工作绩效相关的表现	除评估与工作绩效相关的表现外，也评估个人目标或生涯计划之达成程度

资料来源：〔瑞士〕马丁·希尔伯《跨国人力资源管理》，中央编译出版社，2006。

在跨国企业派人员到东道国时，跨国公司就已经考虑了被甄选人员的专业能力、文化素养和性格特征等因素。首先，他们对赴任前的培训着重于以下几方面：了解当地社会文化特征，并加强对这些特征的认识。比如了解当地礼仪和风俗习惯，熟悉当地的语言习惯，了解当地的社交娱乐方式和宗教信仰；了解当地生活状况，比如食品及日常用品的购买，如何使用房屋的家具和设备，如何使用当地货币、交通系统、邮电系统，如何获得医疗及紧急救助等；了解当地商业行为和习惯、商务法律知识等。在一些大的跨国公司，通常由专设的特别选拔组来从事这项培训工作。有的跨国公司也聘请专门的培训机构来进行。一般性的信息情况，可以通过阅读资料、讲座和观看录像等方式；较深的观念、文化、宗教习惯的认识，可以采取讨论、文化模仿或角色模仿、观看录像或实地体验等方式；一些商务经验及技巧，可以请回国人员讲述遭遇过的问题，讲述他们成功解决的经

---

① 〔瑞士〕马丁·希尔伯：《跨国人力资源管理》，中央编译出版社，2006。

验及失败的教训，避免后来人员再犯同样的错误。这些培训内容及方式如表7-3所示。

表7-3 跨国公司派往东道国人员培训方式比较

内　容	要　求	方　法
东道国信息的一般培训	了解一些基本情况	讲座、录像、阅读教材
社会、文化状况	了解东道国的价值观、行为准则、语言习惯、宗教特点	讲座、阅读材料、录像、讨论、角色模仿、实地体验
生活水准及方式	基本掌握在东道国生活的本领	阅读材料、录像、情景模拟、角色模仿
商务经验及技巧	熟练掌握一些基本商务习惯及技巧	聘请资深人士现身说法、实验性学习、角色模仿、阅读

资料来源：陈元荧《跨国公司培训特点研究》，《北京成人教育》1998年第8期。

以上的培训，可以使受训人员初步掌握跨国文化工作的本领和技巧，以便承受在异域环境下工作的压力和应付可能遇到的各种困难。跨国企业除了对赴任前的员工进行培训外，还要对所聘用的东道国人员进行职前培训。所聘用东道国人员素质的高低、绩效的发挥以及协作配合的态度对跨国公司的长久发展也起着极其重要的作用[1]。

譬如韩国A跨国公司的员工培训有以下特点：韩国在培训方面肯花费用。A跨国公司对招聘来的员工进行为期三个月的职前培训，包括聘请讲师、租用教师及设备、聘请培训管理人员、实地考察差旅费、食宿和服装等加在一起，平均每名员工的培训费用大约有4万元人民币。公司所聘用的Project team为培训制订详细周密的计划，包括月计划、周计划、日计划。月计划是指每月要达到的目标及完成的任务；周计划包括每周要讲述的课程内容及要完成的任务；日计划是指每日上课或讨论的时数及作息安排。

培训内容针对性和实用性相结合。公司将培训人员分成四个小组：行政管理、市场营销、生产部门和财务部门。头两周集体授课，介绍公司的状况、有关韩国的知识、非财务人员的财务管理、跨文化管理、迎接电脑时代、商务礼仪和个人修养、如何做一名出色的管理者等。然后用六周的时间进行授课或分组讨

---

[1] 余凯成：《人力资源的开发与管理》，企业管理出版社，1997。

论。比如行政管理小组重点讲授人力资源管理、办公、总办、后勤管理。生产管理小组重点讲授生产计划与控制、技术支持与设备管理、采购与储运管理、产品开发管理①。韩国企业培训方法的独到之处是使员工没有到岗位便已经参与到管理中。这是韩资企业最具特色之处。他们让员工用一个月的时间订立本部门的制度，如行政管理部门的薪金制度、员工福利制度、员工休假制度等。韩国企业注重团队精神的培育和企业文化的培训，公司在培训过程中，统一着装，背诵企业示训，进行观点讨论，交流沟通培训的心得体会，在培训过程中，也同时完成了企业文化的灌输和团队精神的培养②。

二　来自母国的管理人员的培训

对来自母国的外派管理人员进行培训，其目的是获得国际经营管理的知识和经验，此外，针对文化敏感性进行培训。文化敏感性是跨文化管理能力的一项主要内容，对此进行培训的目的是使母公司的管理人员了解他们将赴任国家的文化氛围。

对母国管理人员的培训内容，应对不同文化背景下，具有不同行为特征的管理人员，进行有针对性的培训。外派管理人员只有尽快适应东道国的文化环境，才能与当地管理人员建立良好工作关系，保证管理工作的顺利开展与进行。此外，母国管理人员的家庭对东道国文化环境的适应能力也会影响管理人员的工作。一项对跨国公司外派管理人员的调查结果表明，男性职员对在国外的工作满意程度在很大程度上取决于其家庭是否适应国外生活。许多国家跨国公司的外派管理人员，由于文化差异，往往会采取抵制当地文化的态度。他们建立一个仅限于来自母国人员的小的社交圈，试图形成能适应的小环境，这样很难融入当地文化。

因此，对母国的管理人员提高文化敏感性的培训是十分必要的。一方面，能使雇员对自己的文化属性和环境做到自觉和自知；另一方面，这种培训还能提高管理人员对异国文化在知识和情感上的反应能力。获得文化敏感性的有效方法是了解某个人在国外环境中的生活或工作经历。文化敏感性培训有两个主

---

① 付焘、孙遇春：《在华跨国公司培训活动的现状分析》，《中国人力资源开发》2008 年第 7 期。
② 袁道之：《跨国公司培训模式及对中国企业教育的启示》，《现代企业教育》2003 年第 10 期。

要内容：一是系统培训有关母国文化背景、文化本质和有别于其他文化的主要特点；二是培训外派管理人员对东道国文化特征的感性和理性分析能力，了解东道国文化的真正含义。目前许多大型跨国公司采用课堂教育、环境模拟、文化研讨会、外语培训等多种方式进行系统的文化敏感性培训，但这并不能保证他们能够在东道国有效应付不同文化的各种冲击。因此，外派管理人员必须学会以新生和接受的态度对待异国文化。切忌用本国文化标准随便批评异国文化，更不能把本国的文化标准强加于东道国公民，即应努力做到克服自我参照习惯的干扰。

对母国外派人员的培训通常在两个阶段展开：第一阶段是派遣前的准备培训；第二阶段是现场指导，即外派管理人员在海外上任后，企业总部及当地的辅导者要对他们给予支持，前任者通常要给接任者进行几个月的指导。需引起注意的是，为了留住人才，让有能力的人安心工作，一些企业还对海外离任回国人员进行回国培训，以帮助他们减轻反向文化冲击，重新适应母国的企业文化。

跨国公司针对外派管理人员制定的培训计划主要有外部培训、内部培训和在职培训三种形式①。（1）外部的培训计划。这不是由某个跨国公司制定的，而是由独立的培训机构针对跨国公司的某一类管理人员设计的。例如工商管理学院开设的国际管理课程，专业化培训公司提供的沟通技能和人际关系技能培训等。这类培训计划往往邀请有经验的或在某个领域著名的专家授课，让学员从别人的经验中得到借鉴，或了解某些领域的最新发展。许多跨国公司喜欢把管理人员送到东道国接受培训。这样做可以使管理人员在承受工作压力之前，已经亲身经历了文化差异的影响。（2）内部培训计划一般是根据跨国公司自己的需要制订而成的。培训计划的内容可以根据公司遇到的不同问题灵活地进行改变。现在许多知名的跨国公司都设立自己的公司大学（corporate university）则是一种典型的内部培训方式。（3）在职培训也是跨国公司内部设置的一种培训，培训对象是具有特殊工作需要的个别管理者，在职培训强调实践性，由更有经验的上级监督受训者在实际工作中的表现。由于在职培训时间约束性小，更适合于文化差异的调节。

---

① 《跨国公司如何培训外派人员》，中国人力资源开发网（www. chinahrd. net），2007 年 2 月。

值得注意的是，跨国公司任命母国人员去海外工作遇到的最大问题是由他们的家属引起的。即使管理人员本人能适应并喜欢在海外工作和生活，其家属则并不一定如此。如果其家属不同意，会带来一系列麻烦。例如，管理人员不安心海外工作甚至家庭破裂等。于是海外管理人员被派去海外任职之前，很多公司都要努力估计管理人员的家属是否能适应在国外的生活环境。因此，跨国公司在制订培训计划时，除了考虑培训计划的目标、课程的组织及其内容之外，还要帮助返回母国的管理人员及其家属重新调整回国后的职业与个人生活。例如，在道化学公司（Dow），海外任职者的部门领导要给其写一封信，说明该海外分支机构保证其在返回时至少能得到与其离开总部时同级的工作。在外派管理人员计划返回母国之前，其新工作就由其指导员安排稳妥。这样可解除外派管理人员的后顾之忧，增强他们的职业安全感。

三　驻外人员的责任与义务

跨国任职本身就可以看成是为驻外人员提供的一种晋升和增加国际工作经历的机会。由于它赋予驻外经理人员更大的自主权、更多的责任（因为国外子公司规模较小）、处于高层管理阶层并且在地方社会群体中角色突出等，因此驻外人员的地位也会随之提高。有些驻外人员用"首脑"来形容他们在国外任职时的地位。另外，海外任职还增进了员工对全球市场的认识，并为其提供了参与公司重要项目的机会。

其次，跨国公司需要专门为驻外人员开发设计其职业发展道路，让归来的员工能够重新适应自己的公司，并使他们能充分发挥在海外获得的经验。不过可惜的是，并不是每家公司都为回国的员工设计了职业发展道路。斯图尔特·布莱克和马克·门登霍尔在最近的一项研究中发现，60%～70%的回国员工在回家之前并不知道自己未来的职务是什么。60%的员工说，公司对海外回来的员工在公司内的新角色和未来的发展态度不明确。根据他们的调查，从国外归来在公司找到工作的人当中只有11%的人获得了提升，实际上77%的人的职位比在海外时还要低。由于这些原因，10%的归国就职者在回国一年内离开原来的公司，14%的人在2～3年内离开。

此外，跨国公司需要为驻外人员提供各种相关的培训机会，尤其要考虑到由于文化上的差异所带来的生活上的不适、工作绩效的下降以及由此而引发的各种心理成本。1997～1998年普华公司对欧洲跨国公司（包括美国子公司）的调查研究表明：作为难以适应文化环境的结果，目前在任职期内，低绩效人员的比率更高了。参与调查的29%的公司报告超出1∶20的比率，7%的公司报告超过了1∶10的比率。同时公司也应当意识到其家庭成员对异国文化的适应性问题，有调查显示，许多因素导致了驻外人员的配偶不能适应当地的生活，从而影响了驻外经理的业绩，或导致驻外人员过早归国。在对美国跨国公司进行的一项驻外人员失败的原因调查中，配偶不能适应被列为第一项因素。斯通（Stone，1989）经过实证研究，把海外经理失败的两个主要原因归结为"适应能力差"与"配偶适应能力差"。

很少有跨国公司将文化培训作为驻外人员薪酬的一个组成部分来关注，尽管他们都认为派遣前的文化培训对于驻外经理人员而言是很重要的。许多美国的跨国公司不愿意提供哪怕是最基本的出发前培训。赵曙明查阅了现存的文献，从邓（Tung，1992）的研究至今，跨国公司提供出发前培训的比例增长一直都很慢。

1997～1998年普华公司对欧洲公司（包括非欧洲跨国公司的子公司）的调查表明，文化意识培训作为出发前培训最常见的形式，仍然是作为一种自愿性的培训而非强迫性的要求来提供给准驻外经理人员，公司一般不考虑国别因素，较少为驻外人员的配偶和家庭提供出发前的培训。然而，也许是因为越来越认识到驻外经理人员的绩效与文化适应以及家庭的适应之间的互动作用，越来越多的跨国企业将培训项目扩大到驻外人员的配偶和子女。

根据作者对日本派往中国日资企业日籍员工的问卷调查显示，日本公司一般重视员工派遣前的培训。培训的重点内容有：本土语言的培训、本土的工作方式以及国际经营等一般培训。但被派的日籍员工普遍认为，这些培训几乎没有什么作用。他们认为虽然母国公司有大量的信息，但是很难掌握关于当地的准确情况。培训应该重点放在本土的社会文化、法律法规、生活习惯、沟通方式等方面。通过对日资企业的调查发现，有81%的日籍员工认为出发前的培训没有什么作用；只有14%的员工认为有作用。此外，在跨文化的培训方面，有些跨国公司出发前培训不提供给其他国人员，未达到与提供给母国人员培训同等的程度。这一疏忽可能会使在相同的外国环境工作的母国人员和其他国人员产生被不公平对待的感觉。

四 东道国管理人员的培训

《财富》近期的一份有关在中国企业经营管理的报道说：聘用一位具有多年工作经验的当地中国经理的费用低于70（X）美元，而聘用一位美国籍首席财务官则要花费3000（X）美元。此外，当地员工具有文化优势，他熟悉当地的文化，与员工之间更容易沟通，能够起到一个桥梁的作用。美国国会委员会的一项调查发现，29%的企业报告表明驻外人员的薪酬是国内工资的2.0～2.9倍，50%的企业称是3.0～3.9倍，18%的企业称是4.0～4.9倍。基于成本和文化两方面的考虑，跨国公司从以前的以驻外人员为主逐渐转向聘请较多的当地员工。因此，越来越多的大型跨国公司开始向管理人员本土化策略转换，跨国公司开始重视对东道国当地管理人员的培训，使他们在生产经营各环节的管理上达到母公司要求的标准。

（一）培训目的

这种培训主要针对的是管理方法、管理技能、技术和有关公司文化的培训，这种培训的目的是使东道国当地管理人员的管理水平尽快达到公司的要求，以提高母公司对子公司生产经营活动的协调和控制程度。

（二）培训内容

跨国公司对东道国管理人员的培训侧重于生产技术和管理技术方面。虽然有时也会设置有关公司文化的培训，但文化敏感性培训通常不是重点。

有关管理技能的培训，通常按管理的职能进行分类。对营销部门管理人员的培训侧重于各种营销、分销、广告和市场调查的管理技能。对财会部门管理人员的培训侧重于母国和东道国会计准则差异、会计电算化方法、财务报表分析和外汇风险分析等。有关生产技术的培训，一般侧重于从母国转移到东道国的生产技术。培训对象多数是生产部门和质量控制部门的管理人员。

在多数大型跨国公司中，培训与管理人员的晋升联系在一起。不同等级的管理人员接受不同类型的培训。所以，管理人员晋升到新的岗位时，往往要通过新的培训计划增加其所需要的技能。

此外，培训东道国管理人员时需考虑到由于他们自小所接受的教育和文化熏陶，在管理活动中容易偏向民族利益，因此必须加强对他们的忠诚培训，力图使他们提高思想境界，站在较公正的立场去考虑和决策公司事务，使公司能实现跨国经营活动整体利益最大化的目标。

（三）培训形式

由于东道国管理人员缺乏公司经营业务和技术方面的知识，对他们除了进行一般性的培训以外，还要进行一些特别的培训，主要有以下两种形式。

第一，东道国人员受雇于母国工作。许多跨国公司为了解决东道国人员缺乏业务技术的问题，就雇佣一些母国商业院校毕业的东道国学生。这些人员通常被送到跨国公司总部接受政策灌输和学习公司特殊的经营方法、管理程序，并在一些特别的职能部门如财务、营销或生产部门里进行在职培训。

第二，东道国人员受雇于东道国而进行工作。由于毕业于母国大学的东道国人员终究有限，跨国公司还必须选聘当地人担任管理职务。为弥补他们的知识缺陷，公司要做许多工作。让他们在东道国子公司参加小时培训计划；或者，送他们到东道国的大学里学习管理和业务课程；也可能送他们到母国商业院校学习，或者参加母公司的培训计划。此外，受训者还会被送到母公司总部、分部门和其他子公司，以使他们熟悉各种企业经营业务，单独会见其他管理人员，并同他们交流经验。

虽然对来自东道国的管理人员不需要进行昂贵的外语培训，也不需要着重解决文化适应方面的问题，但在培训时，他们也应认真制订培训计划，学习并调整对自身文化的心态，积极参与各种社交活动，尽快融入公司的文化气氛围中。

五 跨国公司培训实例

（一）通用公司的"三阶段、五层级"设计模式

通用公司的培训宗旨是建立起一套结合个人发展的培训层次体系。因此，通用公司将经营管理人员的职业发展划分为"三个阶段"、"五个层级"，并据此设计不同的培训内容，通用公司不同层级经营管理人员的培训内容如表7-4所示。

通用公司采用"咖啡冰沙"式的混合培训方式，将不同的培训方式混合起来。其主要方法是：（1）通过 E - learning 网站帮助学员理解和掌握相关课程的概念和理论；（2）在课堂上以互动交流和案例分析为主，穿插使用角色扮演、情景模拟等培训方式，进一步帮助学员应用所学知识分析和解决问题；（3）运用行动学习法让学员就现实问题提出解决思路和措施，例如在企业管理课程（BMC）和高级管理开发课程（EDC）中，行为学习法就是贯穿始终的核心教学方

表 7 - 4　通用公司不同层级经营管理人员的培训内容

三个阶段	五个层级	培训课程名称	培训内容提要
第一阶段： 进入通用公司 1~5 年	有较高潜质的经营管理人员（PB）	领导力发展初级课程	GE 领导基础、财务管理、技术管理、六西格玛绿带等
第二阶段： 进入通用公司 5~15 年	新提拔的经理（LPB）	新经理发展课程	运用、培养基本领导技能等
	中级经理（SPB）	中级经理课程	获取业务影响力、加速获得领导技能等
	高级经理（EB）	高级经理课程	以客户为中心的领导力、掌握个人领导艺术、领导能力突破等
第三阶段： 进入通用公司 15 年以上	高层领导（SEB）	高层管理发展课程	问题和战略、战略规划、战略文化变革、可信度、价值观、管理拓展内容、业务管理内容等

式；（4）采取领导上讲台的方式，通用公司前董事长兼首席执行官韦尔奇先生以及现任董事长兼首席执行官杰夫·伊梅尔特先生都担任过教员。据统计，韦尔奇担任首席执行官的 20 年期间，授课 279 次，每次 2~6 个小时，教授领导能力。

（二）西门子公司"五层级"设计模式

西门子公司的培训宗旨是为发展而不是为工作而培训。它将管理人员分为五个层级，相应的培训教程从低到高分为 S5 - S1 五级课程（见表 7 - 5）。

表 7 - 5　西门子公司不同层级经营管理人员的培训内容

级别	培训对象	课程名称	培训内容
S5	具有较高管理潜质并能够在未来 2~5 年内进入管理岗位的人员	管理基础课程	西门子公司及其愿景、价值观和目标，项目管理技巧和自我组织，加强团队工作和人际沟通技巧，领导风格及激励他人，运用网络技术进行自我发展，测量个人潜能及事业发展计划，业务改进项目小组的工作等
S4	已被证实具有担负更高管理职务的潜质，并准备在 1 年内走上管理岗位或不同管理岗位的人员	管理高级课程	团队工作及对团队中角色的认知，财务主题，跨部门经营观察和经营模拟，先进的沟通理念以加深对领导力的理解，战略实施的平衡计分法，西门子整合为一体的人力资源体系，组织 CPD 对话讨论的技巧，业务改进项目工作等
S3	在某一职能部门具有丰富经验，或兼有跨职能管理职责，准备承担全面管理职务的人员	综合管理课程	有效的企业家管理，企业家/领导层行为管理，创新和变革管理，经营战略，领先的财务和股东价值，顾客和市场分析，经济和电子商务挑战等

续表 7 - 5

级别	培训对象	课程名称	培训内容
S2	对西门子全球业务具有影响力的总经理,例如:业务集团的总经理	管理高层课程	全球化,电子商务和新经济,领导力和回馈,企业文化和管理,组织战略和变革,地方化经营和文化差异管理
S1	公司中关键职位的高级管理人员或其后备	管理公司层课程	人力与战略进程的结合,全球新经济的理解,电子商务的含义,在新组织中的领导等

在培训方式上,管理培训分为六个阶段,将集中的教学研讨与日常工作穿插进行,整个培训依次经过的过程如图 7-1 所示。

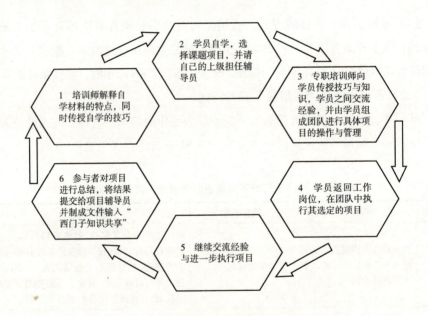

图 7-1 西门子公司管理培训的六阶段培训模式

(三) 培训与岗位锻炼紧密结合

(1) 扩大授权,将员工工作范围扩大,或在其原有职权基础上授予其更多的决策权;(2) 轮岗,在同一级别位置上将员工安排在不同的部门或不同的地区工作,让员工能够从更多的角度来考虑自己的工作;(3) 项目委任,委任员工负责某一具体项目,让员工的能力随着项目的发展而提高。

第三节　案例研究——中国汽车制造业人才培养与引进

一　中国汽车制造业高端人才的紧缺问题

中国汽车制造业在国民经济发展中起着决定性的作用。但我们清楚地看到，汽车制造业的创新能力与国际跨国集团相比有着明显的差距。要解决这些问题，首先要凝聚一批具有高素质的科技创新和科学管理人才队伍。

随着中国经济的快速发展，越来越多的中国企业和企业家开始致力于新技术的自主研究和开发，努力提升企业的核心竞争力。从世界排名中可以看出，中国在科技实力排名中，R&D 人员排名处于领先地位。但从中国的经济实力、科技实力和人口素质整体来看，排名较为落后，这反映出中国对人才资源的开发和持续利用方面存在薄弱环节，因而整体竞争力不强。R&D 人员是中国的优势，相比之下科技资本投入排名靠后，知识产权保护处于末流，人均有效专利数较低。中国的综合人才竞争力与一些国家相比还有很大的差距[①]。经济全球化进程的加快，使中国企业面临着前所未有的竞争压力和诸多新的挑战。对企业的经营者来说，把企业做大相对比较容易，但要打造中国企业的核心竞争力，确保企业的可持续发展，并作为国民经济长期增长的有力支柱将面临更多的挑战。

中国已成长为世界第四大汽车生产国和第三大汽车消费国。汽车工业已跃升为第五大支柱行业。在汽车行业迅速发展的同时，中国汽车产业尤其是轿车的自主研发能力较差，拥有自主知识产权的品牌少等关键问题也暴露出来。在轿车市场上，中国的自主品牌不到 10%。汽车产业是靠自我研发还是依靠国外企业，一直是业内外人士讨论的焦点。

中国大多数汽车企业与国外品牌汽车公司合资，中方的任务是在较短的时间内进行员工培训，掌握汽车组装及配件的相关要领，然后进行组装加工生产并保障质量。表面上看汽车工业发展迅猛，实际上却存在诸多隐患。因为我们不拥有技术，没有知识产权。在技术上对跨国公司存在着很大的依赖性。

---

① 伞峰、潘晨光主编《中国人才国际竞争力比较》，《人才蓝皮书——中国人才发展报告》，社会科学文献出版社，2006，第 184～201 页。

不拥有自主知识产权的主要原因是，适应汽车制造业发展趋势的高端人才乃至国际化高端人才的紧缺。在汽车制造业，所谓国际化高端人才应是用人单位在核心竞争力这个定位点上所需要的最关键、最顶端的高素质人才。国际化人才要具有较高学历，懂得国际通行规则，熟悉现代管理理念；要具有丰富的专业知识和较强的创新能力以及跨文化的沟通能力；同时还要有民族爱国情结，既包括对事业的追求和高度的责任感及研发热情，又有全球视野和实践经验，具备创新思维和有一定的研究能力[①]。

近几年来，通过对中国汽车制造业的研究人们发现，目前对于中国的企业来说，人才竞争力的匮乏是汽车制造业发展的最大障碍。中国企业特别缺乏以下人才：（1）具有战略决策支持系统的人才。战略决策支持系统包括企业经济运行涉及的信息、政策等各个方面的问题，这需要前瞻性的人才。（2）企业系统运行设计和集成的人才。这类人才主要拥有当前企业日常运行的生产、经营、销售、采购等环节所必备的沟通、协调能力，具有综合运作能力。（3）高级财务管理人才。这类人才拥有金融、经济分析、财务管理能力。（4）具有综合管理能力的复合型人才等。面对人才的匮乏问题，多数企业参与了全球范围内的人才竞争，以及采用行业内人才抢夺和高薪聘用人才的举措。实践证明，这种做法无疑是短期作战和近视行为。企业的技术创新和研发，仅靠引进少数人才和少数精英是不能解决根本问题的。作为企业，要提升自己的核心竞争力，必须以自主研发、持续性发展的视角，建立具有工作连续性的长期稳定的专业人才队伍。因此，汽车制造业构建自身的人才培养体系以及人力资本的储备力量，已成为刻不容缓的提升企业核心竞争力的关键举措。

二　中国汽车制造业研发力量薄弱的问题所在

中国汽车制造业面临的最大问题是汽车的自主品牌、自主研发和知识产权等问题。汽车研发人才的紧缺阻碍了企业自主研发和自主创新品牌。因此，如何解决技术人才特别是汽车产业国际化高端技术人才的紧缺问题，是亟待解决的问题。

---

① 林平凡：《论自主创新能力与企业持续发展》，《广东社会科学》2006 年第 2 期，第 47 ~ 52 页。

（一）中国汽车制造业的低端之路

中国是汽车生产大国，但缺乏研究和开发能力，离国际先进水平相差甚远。中国汽车工业发展经过了半个世纪的漫长道路，特别是改革开放 30 年来，我们国家搞了一些研发，但和世界水准相比称不上是研发，仅仅是改革性的试验。比如，某合资汽车企业为设立研究开发中心，与合资外方进行了多次磋商，做了不懈地努力。虽然基本方案已通过，进入设计和筹备研发中心的建设，但最后所面临的最大困难还是研发人才与高端管理人才紧缺的问题。在研发中心有很多技术人员连汽车研发中心是什么样子都不知道，何谈建立研发队伍？技术和决策权掌握在外国企业手中，我们的工作越来越处于被动状态。

中国汽车制造业合资企业的生产以汽车组装为主，并不拥有该方面的技术尤其是核心技术，如果不搞汽车的自我研发，中国汽车在国际汽车领域中始终会处于被动状态，被别人牵着鼻子走，也会被高额的技术转让费所牵绊。有很多在中国汽车行业长期工作的老职工以及管理人员对此都深有感触。他们认为，随着在汽车行业工作的进展，越发感到中方实力的薄弱。面对强大的对手，与对方的"对话"都成问题，何谈学习与合作。我们单个人的实力还可以，但整体实力与对方有很大差距，压力很大。我们的国际化人才星星点点，形不成力量，这与汽车事业的需求相差甚远。

中国汽车制造业不仅缺少核心技术，就是汽车零部件生产也存在很大问题。中国汽车零部件进出口产品的特点是，出口产品是附加价值低、技术含量低的劳动密集型产品；进口产品是附加价值高、技术含量高的资金密集型产品。由于生产规模小，而且成本高，还不能形成规模经济。此外，汽车零部件生产基本属于劳动密集产业，不具备独立研发、设计、产品实验、大量生产等综合能力。因此，只能走"低端之路"。

（二）高端技术人才的引进与培养问题

目前汽车制造业国际化人才以及高端技术人才的引进主要通过以下渠道：（1）公开招聘，包括国外招聘，有来自美国、加拿大、韩国、英国等，在国外学有所成，并有一定工作经验的人；（2）直接引进华人专家；（3）引进外籍专家人员；（4）挖掘业内有合资背景企业的优秀人才，这也形成同行业人才相互竞争的局面[①]。

---

① 周治平、钟华、李金林：《汽车产业全球化的市场特征分析》，《中国物价》2006 年第 6 期。

　　在引进华人专家方面，很多企业积累了丰富的经验，专家的引进一般是通过直接招聘、人才推荐、企业推荐会、局部招聘广告等方式。这些专家大部分有较长在国外特别是在美国福特、通用等国际知名汽车公司工作的经验，他们熟知中西方文化，具有硕士研究生以上学历，有较强的专业技术能力和英语沟通能力，招聘到公司后担任重要的管理和技术方面的职务。华人专家一般熟悉国外公司的运作规则，了解国内的思维方式和文化，有很好的沟通能力和管理才能，善于与外国企业进行沟通，成为本行业创新与研究走向国际化不可缺少的骨干力量，对企业的发展、增强中方的实力起到了重要的作用。引进的华人专家一般享有高薪待遇，公司提供配套齐全的专家公寓，或支付租房补贴，有公务用车、子女入学入托教育补贴、国际探亲假、机票补贴等优惠。

　　外籍专家与华人专家引进渠道相似，一般是通过直接招聘或人才推荐等方式。这些专家有较好的专业知识和熟练的技能，一般是国外大公司的离退休人员，在长期的工作中积累了丰富的经验，可针对某些技术问题进行攻关。外国专家的工资福利待遇基本类同华人专家。

（三）聘请国外高端人才的技术局限性

　　国外汽车产业的命脉在于技术研发与不断创新，各国汽车制造业的研发部门都有着严格的保密制度。因此，从国外引进的高端人才，出于技术掌握的局限性，加上中国企业人员、设备等的不匹配，以及生产环境的不适应等问题，很难在国内企业发挥应有的作用。

　　比如，在美国，外国人可以到汽车研发部门工作，对某些尖端技术可以从事较深入的研究。在研发设计方面，外国人只能接触到技术的一部分，而不是全部。在合资企业中对中方技术人员的培养，也只限于管理领域，但涉及核心技术或有关研究开发领域等工作是不可能的。美国对华人接触核心技术这方面没有什么歧视，中国的技术人员可以在美国大企业核心技术研发部门工作，但是公司会把外国员工限制在很窄的范围内，技术掌握和所接触到的领域有一定的局限性。相反，在日本和韩国的研发中心，很少有外国人能进入。对研究和开发有着高度的保密性。近几年，由于日本人才紧缺，开始雇佣外国人特别是中国人从事汽车产业技术与研发工作。但同样在技术领域不能涉及核心的工作。在韩国，对技术研发有着和日本同样的特点，保密性强，外国人不能进入韩国研发中心从事研究工作。对中方人员的培训只限于成品组装工序上，但在技术培训方面是不可能的。中国企业聘用的外国专家大都是常年在日本的汽车领域工作、有丰富经验的日本退休员工，他们在中国公司更多的是介绍日本企业的理念，懂技术的很少①。

据了解，在日本和韩国，从事研发工作的高端技术人员同样是供不应求，各大企业也在拼命寻找拥有技术和有一定工作经验的人才。在日本真正从事汽车研发的技术人员一般毕业于日本名牌大学，拥有理工科硕士或博士学位，享有优厚的待遇，即使退休也能拿到相当高的退休金。日本企业虽然实行终身雇佣制，但对高级研发人员来说转职是很容易的事情。即使是日本汽车公司的普通技术人员，虽然大都是高中或大学毕业，但因有长期从事汽车行业工作的经验，所以技术熟练，对汽车研发所需要的机器设备、模具、工艺流程等技术工作有着丰富的实践经验。因此，中国企业聘请的外国专家基本上是在国外汽车企业有多年工作经验的技术人员。

三　汽车制造业的特殊性与人才培养途径

中国要发展具有高端技术研发能力的汽车制造业，仅靠少数高端技术人才和一些核心技术是不能解决问题的。在引进国际化人才的同时，亟待培养具有综合能力的高素质人才和具有团队合作精神的技术团队。人才培养分为不同层次。企业除了需要一些具有高学历的高端科研技术人才外，还需要大量汽车制造的实用型人才。从长期发展及创新研究的视点出发，需要一支具有工作连续性的长期稳定的专业人才队伍，以保障汽车研发工作的顺利进行和持续不间断②。

汽车生产有别于其他产品，它是由多种技术、多种功能和多种核心技术部件组合在一起的有着综合技术特征的集合体。比如，彩色电视的生产，如拥有显像管、液晶面板、LSI（芯片）等，就可以组装成一个很好的彩色电视机。这一点与汽车的生产完全不同。汽车生产需要有较高的技术和多种零部件，只靠发动机、变速器、刹车以及每一个优质的核心部件组装在一起，并不能成为成品，而要看行走、刹车、拐弯以及汽车噪声和排放是否满足其质量标准。还有，乘车的

---

① 上山帮雄、盐地洋主编《国际秩序新动向——日本汽车产业的去向》，日刊自动车新闻社出版，2005。

② Clark, Kim B. and Takahiro Fujimoto, *Product Development Performance: Strategy, Organization, and Management in the World Auto Industry*. Boston, M. A. : Harvard Business School Press, 1991.

舒适感、安全感以及耗油量、耐久性等各个部件和机能性的平衡，都无一不在考虑范围之内。此外，为了提高产品的竞争力、降低成本，开发与设计的同时还要考虑到各个部件的位置、车体的重量等。更重要的是，汽车的研发不只是在研发中心完成，还要深入车间，与生产实践相结合。因为设备的改良和设备的更新，以及新设备的适应性等都非常重要，生产设备的不断改善与技术改革、创新是一个相互适应和相互磨合的过程。

因此，汽车制造是一个综合高端技术和多种核心部件建构起来的集合体。靠少数精英骨干和一些核心技术不可能制造优质汽车，更不能满足汽车研发的需求。以全方位的眼光，培养具有综合能力的技术骨干团队是中国汽车发展的唯一出路。

而自主研发是一个复杂的系统工程，即使从国外引进一个技术全才也并不能解决汽车制造业的根本问题。人才需要环境的配套和良好合作团队的支持，才能使其充分发挥作用。作为企业，以高薪吸引海外人才是必要条件，但不是绝对条件。如果企业或受聘方以高薪作为工作交换的筹码，那么也随时都有更高的薪酬吸引他们离开企业。在汽车研发的漫长道路上，我们需要有热爱汽车事业、热衷于研发和愿意投身于汽车事业的人。而讲条件以高薪见异思迁、轻易放弃的人，是绝不可能热衷于追求自己的事业和理想的。

企业应以全新的理念营造良好的工作环境和融洽的企业文化，以公开、公正、公平的竞争原则，稳住现有人才并吸引高端技术人才。人才吸引取决于经营者的自信，经营者能否为员工描绘出未来企业的发展蓝图和发展远景；能否为员工营造一个富有创造力的工作空间是吸引人才的决定因素。对于高端技术人才来说，中国汽车制造业的经营者只有坚定信心，坚持走自主研发的道路，才会让高端技术人才产生真正需求，使他们有展示才能的空间和真正用武之地。

第 *8* 章

跨国企业的绩效管理

跨国公司的全球化高素质员工的构成给跨国企业管理人员提出了更高的要求。全球性跨国企业要求在管理方法以及薪酬体系、绩效管理等方面基于国际水平，与国际市场挂钩。在绩效评估上实行公开、公平、公正的管理运作方法，并根据员工能力、市场价格和业绩考核等调整员工的职位与薪酬。

第一节　跨国企业绩效管理的含义与内容

跨国企业绩效管理已经超出一般企业人力资源管理的范畴，是企业的经营问题，直接关系企业战略目标的实现和企业使命的完成。跨国企业业务区域广泛，组织结构庞大，各种文化复杂，实现战略目标的难度大，而绩效管理是其实现战略目标强有力的支撑。绩效管理将企业经营战略通过组织内部的层层分解、落实，把每一个职位与企业的战略目标联系起来，并且通过对每个员工绩效持续不断地考核和改进来提高企业的整体绩效，保障战略目标的实现。因此，从企业战略的角度分析，跨国企业绩效管理是对企业整体经营效果的关注和检验，是企业运作一致和协同的保障，是企业战略实现的重要支撑。

绩效管理是跨国企业人力资源管理的重点和核心，它通过全面、多样化的考核目标将员工融进企业的管理体系，是一种整合性质的管理。跨国企业通过绩效管理使员工参与企业绩效目标和计划的制订，明确员工在企业中的定位，增加员工对企业的认同感和忠诚度，加强员工与企业的融合。胡豪认为这样整合的绩效管理拥有一系列特征性目标：能够将跨国公司的经营战略清晰地联系起来；能够帮助员工个人设立绩效目标；经常性地针对企业经营目标的反馈；帮助员工改进和提升个人的能力与技能；建立员工薪酬与绩效之间的联系。整合的绩效管理将通过跨国公司人力资源管理职能作用的发挥，来使以上目标得到实现①。

跨国企业绩效管理的挑战性体现在客观和主观两个方面。在客观方面，赵曙明、道林、韦尔奇等在著述中分析："有五种重要的因素限制子公司的绩效评估，分别为：整体与局部的关系、不可比数据、国际环境的多变性、由时空造成的隔离、成熟的不同层次"②。此外，绩效标准是否反映跨国企业的评估愿望及真实性，以及是否体现员工的工作业绩等，是跨国企业绩效管理中遇到的难题。在主观方面，有许多因素会对跨国企业绩效管理带来困难。外派人员面临着不同的文化挑战，在不同的环境中对外派人员的绩效考核变得更加复杂。评估者能力及评估者的偏见和公平性等问题，都增加了跨国企业绩效管理的难度。评估者面临更加复杂、或者他们不熟悉的环境时，评估的过程中难免出现偏差。因此，跨国企业绩效管理的特点不仅体现了绩效考核在跨国企业管理中的重要作用，更凸显跨国企业绩效管理面临的困难和挑战。

一　跨国企业战略性绩效管理

（一）跨国企业绩效管理的体系

建立有效的跨国企业绩效管理体系，是跨国企业人力资源管理的重要内容，也是绩效考核得以落实的制度保障。对于跨国企业而言，高效的绩效管理系统必须具备以下特征。

（1）跨国企业的绩效管理体系要具备适应性。跨国企业的绩效管理面对不同的文化、不同的地域和不同的行业，所处的环境更加复杂，绩效管理系统必须能适应这些差异和变化。这就要求在设计绩效管理体系时充分考虑包括语言、文化、价值观等因素对绩效管理的影响，以及东道国的经济、法律、劳动力等对绩效管理体系可能造成的冲击。跨国企业绩效管理体系除了能满足企业对绩效管理的基本要求之外，所具备的适应不同国家或地区复杂情况的能力是其高效的突出表现。

（2）跨国企业的绩效管理体系要具备公正性。公正的绩效管理体系较易获

---

① 胡豪：《跨国公司的人力资源管理》，清华大学出版社，2007，第 127 页。

② 赵曙明等：《跨国公司人力资源管理》，中国人民大学出版社，2001，第 98~99 页。

得考核者和被考核者的认可和支持，使绩效管理得到持续高效的实施。绩效管理体系的公正性主要体现在评估标准和过程都应客观、公正上，消除因为外在环境因素或主观因素造成的不良影响，真正反映出被考核者的真实情况以及能力和贡献。标准化是绩效管理体系公正性的重要保证，标准化的绩效管理不仅其实施过程更加规范，同时能保证考核的标准与工作的内容和职位要求相关，能依照实际情况对员工的任职情况做出公正的评价。

（3）跨国企业的绩效管理体系要具备准确性。正如前文所说，跨国企业的绩效管理面临诸多挑战，各方面的原因使得绩效管理难以保证其准确性。准确性成为评判绩效考核体系的重要指标。跨国企业绩效管理体系的准确性首先是要保证考核标准能够衡量被考核者真实的工作能力和业绩，同时，实施的过程必须合理，考核对象、考核者、考核时间的要素必须明确。更为重要的是，反馈必须准确，要能反映被考核者的优秀之处和不足，以便在日后的工作中不断改进，这是最为重要的一点，但却常常被忽视。因此，绩效管理体系的制定需要考虑多种影响因素，跨国企业战略目标对绩效管理的影响较大。

（二）跨国企业战略性绩效管理

绩效管理是企业战略的重要部分。跨国企业绩效管理是将公司的战略实施和战略目标列入企业绩效管理的范畴。绩效管理不仅是一个衡量体系，而是利用这个衡量体系传播企业价值观和企业经营战略。绩效管理不仅是企业决策层或少数高级管理层的任务，也是从企业高级管理人员到普通员工都应该关注的事。绩效管理是实现企业战略的重要工具和手段，建立以战略为导向的绩效管理体系，是近年来绩效管理的一个显著特点。这种绩效管理体系激励和引导员工产生与组织战略、目标和文化相一致的行为和工作结果，从而为组织的成功作出贡献。

跨国公司的人力资源越来越趋于全球化，大部分员工是高学历的知识性员工，他们在跨国企业工作不仅是为了找到合适的工作和追求高薪酬，更多的是希望接受新的理念和新的管理方法，在个人发展上对跨国企业给予了很大期望。因此，高素质的员工构成给跨国企业管理人员提出了更高的要求。全球性的企业在管理方法上以及薪酬体系、绩效管理方面要求基于国际水平，与国际市场挂钩。在绩效评估上要进行科学管理，根据员工能力、市场价格和业绩考核等调整员工的职位与薪酬。

跨国企业人力资源管理中绩效考核的目标包括战略方向和业绩。战略目标是企业绩效管理的指导方向。因此，企业首先要明确战略计划要实施的目标，以及绩效考核参照的标准和绩效考核的指标是什么。为此，需要从以下两个方面进行战略绩效规划①。第一，企业价值引导。这是进行绩效考核和绩效管理的必要前提条件。它包括具体的业绩度量和在实施的绩效产生过程中的行为和态度。例如，产量或销售额是否如期达到预期目标，或者成本控制是否按计划完成等，都能够直接体现战略实施的绩效。第二，绩效环境监测。虽然环境监测是一个外在的条件，但它对于企业战略实施的影响不容小视。企业在市场中生存、发展，国家政策、经济法规、行业动向等都会影响企业战略的实施，对其把握不当会使战略实施大打折扣。环境因素不仅包括外部市场的变化，也包括企业自身的变化。因为这些非主观因素的存在使得战略制定以及绩效实施的难度加大。因此，绩效环境监测就是保持对环境变化的敏感度，把环境监测和业绩度量联系起来。

例如，跨国公司通用（中国）公司的管理之道一直被人们奉为经典。通用（中国）公司考核内容包括"红"与"专"两个部分，即工作业绩和员工的价值观两个部分。两个方面综合起来用二维坐标表示，就是考核的最终结果。价值观的考核不好量化，通用公司为解决这一难题把工作放在事前，凡是加入通用公司的员工，首先被告知公司价值观的内容，然后有与价值观相关的各种培训，员工对公司价值观的感悟会不断得到强化。培训并不只是学习和背诵公司的价值观，而是采取了案例法，用发生在公司的实例进行价值观的培训。培训考核也是提倡用公司的案例和事实来说明问题，不提倡凭空想象。思科公司的人力资源管理无论是在美国还是在中国，都被同行认为是最先进的。思科公司被认为是"最吸引员工的公司"。思科公司对员工的绩效管理是多样化的，他们是每周每月每季度都要评。思科公司有三个评价时间：4月、8月和10月，员工从入职的时间开始接受业绩评价。思科公司采用目标管理（manage by object，MBO）的方法，目标管理是每季度一次，其他评价方式是每周一次，对客户满意度的调查全公司放在一起做。通过三个方面的评价，构成员工个人业绩的全面考核。思科公司每年的薪酬调整计划根据年度绩效评价而定，公司的总体加薪比例根据业绩而定。思科公司绩效考核的多时段和多样性，一方面减少了人力资源部的工作量，另一方面可以在工作量和财务资金方面分散压力。

---

① 林新奇：《跨国公司人力资源管理》，首都经济贸易大学出版社，2008，第254~256页。

二 跨国企业绩效管理实践

（一）绩效工资的实施

绩效工资是基本工资和奖励工资相挂钩的工资，是以员工被聘上岗的工作岗位为主，根据岗位技术含量、责任大小、劳动强度和环境优劣确定岗级，以企业经济效益和劳动力价位确定工资总量，以职工的劳动成果为依据支付劳动报酬。绩效工资一般由基本工资（一般包括年龄工资、岗位工资等）和奖励工资构成。目前大部分在华跨国企业实行绩效工资制。根据美国 1991 年《财富》杂志对 500 家公司的排名，35% 的企业实行了以绩效为基础的工资制度，而在 10 年以前，仅有 7% 的企业实行这种办法。

绩效工资制度的前身是计件工资，但它不是简单意义上的工资与产品数量挂钩的工资形式，而是建立在科学的工资标准和管理程序基础上的工资体系。它的基本特征是将雇员的薪酬收入与个人业绩挂钩。业绩是一个综合的概念，比产品的数量和质量内涵更为宽泛，它不仅包括产品数量和质量，还包括雇员对企业的其他贡献。

实行绩效工资制的企业，必须有比较健全的能力素质模型和职业发展规划，界定绩效工资的标准和内容。公司是否实现了目标管理，还是单纯简单的和传统的对人的绩效考核。此外，对于绩效工资要考虑的是团队绩效还是个人绩效等，绩效工资应与企业的目标和发展紧密结合，并在此基础上确定绩效工资发放的标准。

根据 2009 年对部分日资企业员工（591 名）的问卷调查结果，其中问题是："你所在公司决定工资的主要因素是什么?" 对这一问题可选择：A. 工作业绩；B. 工作能力；C. 年龄；D. 工龄；E. 工作态度；F. 学历；G. 工作经验；H. 资格（可多选）。调查结果发现，被调研企业决定工资的主要因素首先是：A. 工作业绩（占 61.59%），其次是 F. 学历（占 40.82%），B. 工作能力（占 39.13%），E. 工作态度（占 31.16%）和 D. 工龄（占 30.92%）；然后是 G. 工作经验（占 24.15%），H. 资格（占 23.67%）等。此问卷调查表明，企业决定工资的主要因素首先是工作业绩，其次是对学历的重视，之后是员工的工作能力、工作态度及工作经验等被认为是重要的，而员工并不认同企业所重视的这些因素。

那么，还有一项调查："认为决定工资的主要因素是什么？"回答：A. 工作业绩；B. 工作能力；C. 年龄；D. 工龄；E. 工作态度；F. 学历；G. 工作经验；H. 资格（可多选）。此项调查员工希望决定工资的主要因素的首选是：A. 工作业绩（占81.77%），其次选择的是 B. 工作能力（占73.88%），然后是 E. 工作态度（占 52.28%），G. 工作经验（占 43.65%），再次是 F. 学历（占22.54%），D. 工龄（占16.79%）等。此项调研说明在外企工作的员工对工资收入的主要依据是希望通过自己的工作业绩和工作能力，以及工作态度进行评估，不希望以学历、工龄等作为提升工资的依据。

员工还希望企业以公平、公正、公开的方法进行绩效评估与管理。问卷调查中"你所在公司的工资水平？"提问中可以选择的回答：A. 比国有企业高；B. 比（其他）外资企业高；C. 比（其他）欧美企业高；D. 比韩国企业高；E. 比港资企业高；F. 比台商企业高；G. 比以上企业都低；H. 不清楚。调查发现，45.5%的员工并不清楚自己所在公司的工资水平处于何种等级，相对于别的企业，有31.6%的员工感觉比其他企业都低，这说明多数员工对其他企业的薪资水平了解较少（见图8-1）。

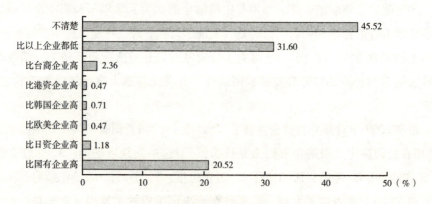

图 8-1　员工对其他跨国公司工资水平的了解情况

资料来源：根据 2009 年对部分日资企业员工问卷制作。

此次员工问卷调研结果与往年调研的结果相同，大部分在外资企业（以日资企业为例）工作的员工对自己所在行业或本企业的工资水平并不了解，但他们认为本企业工资水平低于其他外资企业或国有企业。此项调研说明员工所掌握的信息量是有限的，在工资管理体系方面，存在着不了解真实情况和过少评价本企业工资水平的倾向。员工还有过大评价自己的工作绩效和对企业的贡献，过小评价本企业的工资水平以及从企业获得的经济上与非经济上的收入等倾向。作为企业，不要把工资以及考核问题遮遮掩掩，有必要让员工了解企业的真实工资水平和绩效考评结果，实行公开、公平、公正的管理运作方法，让企业员工充分了解企业的工资水平和考核程序及运作，有利于激发员工工作上的积极性和主动性，以减少员工的离职率。

（二）影响员工绩效的因素

绩效的多因性说明了绩效的影响因素有技能（S）、激励（M）、环境（E）、机会（O）。若用公式表达，则可表示为：$P = F（S、M、E、O）$，其中 P 为绩效，即绩效是技能、机会、环境和激励的函数。（1）技能（S）是员工工作技巧与能力，它取决于个人智力、经历、天赋、教育与培训等个人特点，其中教育培训不仅能提高个人技能，还增强个人对实现目标的自信心，从而起到激励作用。绩效与工作者的能力有一定的匹配度，一般而言，高能者能出高绩效，低能者出低绩效。低能者出高绩效是不太可能的，但高工作能力的人不一定能达到高绩效，绩效还受到其他因素的影响。（2）激励（M）是指调动员工工作积极性，要想了解员工的动机行为并以此做出相应的激励措施才能取得事半功倍的成效。企业需要通过设计适当的外部奖酬形式和工作环境。以一定的行为规范和惩罚性措施，借助信息沟通，来激发、引导及规范员工的行为，才能有效地实现企业及其成员的个人目标。（3）环境（E）指企业内部和外部的客观条件，前者如劳动场所的布局与条件、工作性质、组织结构、上下级间的关系、工资福利、规章制度等，后者如社会政治、经济状况和市场竞争强度等宏观条件，但这些因素的影响是间接的。（4）机会（O）则具有偶然性，但个人技能会促进偶然性向必然性的转变。机会的出现是不能确定的，因而它不会使绩效产生持续性的提升。如果机会出现得恰到好处，将产生较高的绩效和成果。

以上四个因素并不是影响绩效的全部因素，但的确是最主要的因素，同时也是最显而易见的、可控的。因此，绩效管理必须对这四个因素进行合理的控制，使它们达到最优的搭配，从而对绩效产生有利的影响。利用这四个因素提高绩效的模式如图 8 - 2 所示①。

---

① 周箴、彭正龙等：《在华跨国公司人力资源管理》，华夏出版社，2005，第 243 页。

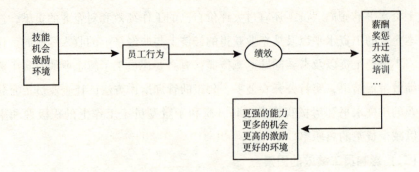

图 8 - 2 影响员工绩效的四个因素

资料来源：周箴、彭正龙等《在华跨国公司人力资源管理》，华夏出版社，2005，第 243 页。

管理者可以参考绩效的考评结果，采取相应的管理措施，使员工获得更强的工作能力和更多的有利机会，辅以更高的激励及好的工作环境，进一步激励员工取得更高的绩效。

第二节　跨国公司绩效管理应用

绩效管理是跨国企业所面临的重大课题。随着企业的发展，绩效管理理论得以不断发展和改革，绩效管理以更广阔的视野，不但注重企业的投入与产出，而且以全方位的视角，全面审视企业的经营成果及今后的发展潜力。

一　欧美企业绩效管理模式

欧美市场成熟度较高，欧美的跨国企业经历了长期的发展，形成了较完善的人力资源管理模式。欧美跨国企业的绩效管理秉承了目标管理（MBO）的方法。企业的经营绩效评价理论和内容在不断变化，逐步形成全面的、动态的企业绩效评价体系，同时也形成了一系列的基于企业绩效评价的管理思想。平衡记分卡（Balanced score card，BSC）作为组织业绩管理的工具，使业绩管理成为企业战略管理体系的一部分，已被越来越多的跨国企业所应用。

（一）目标管理法

欧美跨国企业的绩效管理秉承了目标管理的原则，主要采用绩效管理流程

（见图 8 - 3）。目标管理是彼得·德鲁克 1954 年在其名著《管理实践》中最先提出的。德鲁克认为，并不是有了工作才有目标，而是相反，有了目标才能确定每个人的工作。所以"企业的使命和任务，必须转化为目标"。目标管理是一种程序或过程，它使组织中的上级和下级一起协商，根据组织的使命确定一定时期内组织的总目标，由此决定上、下级的责任和分目标，并把这些目标作为组织绩效考核和考核每个部门和个人绩效产出对组织贡献的标准。

图 8 - 3　绩效管理全过程

采用传统的 MBO 方法的企业，其绩效管理往往简单而易于操作，它们根据各级人员的岗位描述来确定员工工作的完成情况。这种方法更多地注重工作的结果，而对于员工获得这个结果的过程并不注重。然而随着管理理论的发展，企业的人力资源管理进入了一个快速发展的时期。在绩效管理方面出现了许多创新，出现了新的绩效管理模型和管理工具，如 KPI（key performance indicators，关键业绩指标）绩效考评模式、BSC（平衡记分卡）管理模式、360 度绩效考评模式等，促进了绩效管理水平的提高。

在绩效管理中，欧美企业呈现出两个鲜明的特点，即严明的制度和成熟的操作方法。企业绩效管理制度名目繁多，分类细致，例如绩效管理的基础——岗位说明书，在界定岗位权力和职责时，不仅详细描述了岗位的工作内容，也界定了岗位相应的权力和应承担的责任，使得岗位说明书成为企业进行绩效管理的有效依据，这样企业严明的制度能够详尽地指导企业的绩效管理。成熟的操作方法使企业更容易取得良好的绩效管理效果，完成企业的绩效目标。在企业成熟的操作方法指导下，企业管理人员能够将企业目标更好地细分到各个组织、部门和岗位，这样在绩效评估时也更容易将绩效指标进行量化处理，使绩效评估更科学、更可行。

（二）平衡记分卡的应用

平衡记分卡（BSC）在跨国企业绩效管理中获得了广泛的应用，它是由哈佛商学院的教授罗伯特（Robert Kaplan）和复兴全球战略集团的创始人兼总裁戴维（David Norton）在《平衡记分卡：良好的绩效的评价体系》一文中提出的一种新的绩效评价体系。该方法围绕企业的战略目标，利用 BSC，主要从财务、客户、流程和学习成长这四个角度进行全面的测评，分析它们之间的相关性及其对目标值的结果，并进行跟踪和分析，以便尽早发现问题。根据分析结果及时调整战略、重新构建目标和目标值以确定重点（见图 8-4）。

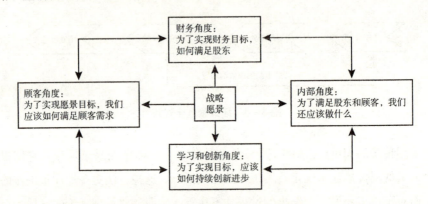

图 8-4 平衡记分卡原理模式图

注：Robert Kaplan and David Norton, *Balanced ScoreCard-Translating Strategy into Action*, Harvard Business School Press, 1996。

资料来源：根据 Robert & David（1996）制作。

平衡记分卡要求管理者从以下四个方面观察和思考企业：（1）财务方面：其目标是解决"股东如何看待我们"这一类问题。告诉企业管理者，他们的努力是否对企业的经济收益产生积极的作用。财务方面指标包括传统的财务指标，如销售额、利润额、资产利用率等。（2）顾客方面：其目标是解决"顾客如何看待我们"这一类问题。通过顾客的眼睛来看一个企业，从时间（交货周期）、质量、服务和成本几个方面关注市场份额以及顾客的需求和满意程度。其指标可以是送货准时率、顾客满意度、产品退货率、合同取消数等。（3）内部过程方面：其目标是解决"我们擅长什么"这一类问题，报告企业内部效率，关注导致企业整体绩效更好的过程、决策和行动，特别是对顾客满意度有重要影响的企业过程。如生产率、生产周期、成本、合格品率、新品开发速度、出勤率等。（4）学习和创新方面：其目标是解决"我们是在进步吗"这一类问题，将注意力引向企业未来成功的基础，涉及雇员问题、知识资产、市场创新和技能发展。

在当前的市场环境下，仅有竞争优势是不够的，必须能够保持这种优势，这就需要不断地创新、改进和变化。只有通过发布新产品、为顾客增加新的价值、不断改进运行效率，企业才能够进入新的市场，增加收入和利润。

这四个指标间存在的相互驱动的因果关系如下：财务指标是企业最终的追求和目标，也是企业存在的根本物质保证；而要提高企业的利润水平，必须以客户为中心，满足客户需求，提高客户满意度；要满足客户，就必须加强自身建设，提高企业内部的运营效率；提高企业内部效率的前提是企业及员工的学习与发展。也就是说，这四个方面构成一个循环，从四个角度解释企业在发展中所需要满足的四个因素，并通过适当的管理和评估促进企业发展。可以说它们基本囊括了一般企业在发展中的几个关键因素。平衡记分卡作为一套先进的战略绩效管理工具，在中外企业管理中的应用已经越来越广泛，也取得了巨大的成功。

（三）通用公司的绩效管理

在欧美企业绩效管理模式中，具有典型代表性的是通用公司（GE）的绩效管理。通用公司的绩效考核制度是其管理经典中最重要的篇章，从通用公司的绩效管理制度、绩效管理实施过程可以看出这家世界顶级的跨国公司业绩卓越之所在。通用公司的绩效管理工作是一个系统的工程，从绩效目标制定、绩效评估等绩效管理体系的设计，从六西格玛管理、员工职业发展等配套制度的完善，到信息的及时反馈、强调通用公司的价值观、管理层与一般员工的积极参与等良好的绩效运行环境的营造，都纳入公司的绩效管理系统中。

通用公司绩效目标与计划的制订是全年绩效管理的基础。目标的制定必须符合"SMART"原则，即明确、可衡量、可实现、现实的、有限的，并在与公司、部门目标保持一致的基础上，与员工反复地沟通推敲。在制订绩效计划的基础上开始实施绩效评估。通用公司的绩效考核分为过程考核和年终考核。过程考核即在于绩效计划实施过程以及及时的绩效辅导，员工表现好时，要及时给予肯定和表扬；在员工表现不好时，要及时提醒，帮助纠正，以利于绩效目标的实现，同时也为年终考核积累数据。年终考核是公司绩效评估环节最重要的一环。年终考核有四张表格。前三张是自我鉴定，其中第一张是个人学历记录；第二张是个人工作记录（包括在以前公司的工作情况）；第三张是对照年初设立的目标任务完成情况的自评，根据实际表现和业绩，对照公司人力资源规划中对岗位的价值观、技能要求等，确定自己哪方面是强项，哪些方面存在不足，通过哪些方式来提高，需要得到公司的哪些帮助，在未来的一年或更远的将来有哪些展望等；第四张是经理评价，经理在员工个人自评的基础上，参考前三张员工的自评，填写第四张表格，经理填写的鉴定必须与员工沟通，取得一致的意见。考核的目的是为了发现员工的优点与不足，激励与提高员工，有效提高组织的效率。考核的结果与员工第二年的薪酬、培训、晋升、换岗等利益直接联系。绩效考核过程中，如果经理和员工有不同的意见，必须有足够的理由来说服对方；如果员工对经理的评价有不同的意见，员工可以与经理沟通但必须用事实来说话；如果员工能够说服经理，经理可以修正其以前的评价意见；如果双方不能取得一致，将由上一级经理来处理。在相互沟通、交流时必须用事实来证明自己的观点，不能用任何想象的理由。通用公司评估的结果不仅仅与员工的薪酬相关，还将绩效结果应用在员工培训、晋升、换岗等领域，与员工的职业生涯发展紧密相连。公司对绩效结果的处理分为四种类型：（1）员工价值观和工作业绩都不好时，处理非常简单，这种员工只有走人；（2）员工业绩一般但价值观考核良好，公司会保护员工，给员工第二次机会，包括换岗、培训等，根据评估结果制订一个提高和完善的计划，帮助员工提高；（3）当员工业绩好但价值观考核一般时，员工不再受到公司的保护，公司会请他走；（4）员工的业绩考核与价值观考核都优秀，就是公司的优秀员工，将会有晋升、加薪等发展的机会。

对于管理人员以及软性因素的考核一直是绩效管理的难点。通用公司一开始就给管理人员、领导人员确立一个行为准则，这些行为准则是公开的。管理人员根据这些行为准则，对照自己的行为，可以清楚、明白地知道自己哪些方面做得好，哪些方面有差距。员工也可以根据行为准则，评价管理人员的管理效果。而对于员工对企业文化的认同、价值观等软性因素的考核，通用公司的做法是把工作放在事前，凡是加入通用公司的员工，首先被告知的是通用公司价值观的内容，然后会有与价值观有关的各种培训，员工对价值观的认可会不断得到强化，然后用发生在公司的事实行为来说明员工的价值观，在考核时也是每一个结论都必须用事实来证明，绝不能凭空想象，使得考核合理、科学、可行。

综上所述，传统的欧美企业在绩效管理方面较为关注员工是否能为企业创造更多的利润或是达到预期的目标。经过长期发展和管理理论的不断成熟，企业的人力资源管理有了新的进步和发展，在绩效管理方面也不断地创新和改善，在传统的绩效考评方法上又出现了不少新的考评方法。

二　日本跨国企业的绩效管理模式

（一）日本企业绩效管理模式概述

日本企业在长期的积累和发展中，逐渐形成了自己的人力资源管理模式，其最明显的特征是"终身雇佣制"和"年功序列制"。日本企业在绩效管理方面，重视能力、资历和适应性三者之间的平衡，晋升机会平等，同时特别注重制度的规范作用，在乎员工的自觉行为。日本企业绩效管理的一个鲜明特征就是以发挥团体效益为中心的企业内部协调管理。由此产生的凝聚力和强大的群体效应，是日本企业在长期竞争中取胜的法宝。因此，企业把管理活动的另一个中心放在了员工的工作责任心、劳动积极性和企业使命感的培养上，鼓励每一个员工创造一流的工作业绩。然而，随着国际竞争的激烈，日本企业逐渐意识到曾经给日本经济创造奇迹的管理模式正在受到挑战。一些日本的大型跨国公司为了更好地适应国际竞争的大环境，它们在跨国经营中不断吸收当地的文化精髓和管理模式，力图形成适合日本企业跨国经营的管理模式。在绩效管理方面，日本跨国企业也在实施改革，它们在保持自己特色的同时，逐步学习、吸收欧美企业的绩效管理模式和管理经验，将日本企业绩效管理的优点与欧美企业绩效管理的精华相结合，形成了具有日本特色的跨国企业绩效管理模式。

（二）索尼公司的绩效管理

在日本跨国企业绩效管理中，具有典型代表性的是索尼公司的绩效管理。索尼公司的绩效管理以业绩为中心，采用的是关键业绩指标（KPI）的绩效管理模型，运用"5P"的评价体系全面评估员工的业绩，其中"5P"指的是个人（person）、职位（position）、过去（past）、现在（present）、潜力（potential）五个因素。"5P"评价体系是一个人（person）在一个岗位（position）上，首先要符合这个位置的要求。员工是否得到提升，公司要考察其业绩（performance），业绩本身是由三部分构成，即过去的业绩（past）、现在的业绩（present）、将来的业绩，将来的业绩看不到，但是可以预测他的潜力（potential）。

绩效计划是绩效管理的基础，索尼公司非常注重绩效计划的制订，并注意计划实施过程的调整。索尼公司的工作计划是在网上公开的，计划在实施的过程中，肯定会发生一些变化，管理人员要核查行动的结果；同时事前要预测各种情况，以及时调整计划。核查绩效计划执行情况是管理人员每天都要做的事情，这已经形成了惯例。不断调整方案才能保证有效地完成计划工作。在索尼公司员工每天都要在工作之后写一份工作报告，交给上级审阅。报告在经理审阅完之后会做出批示，以指导员工工作，并作为日常绩效管理资料的积累。

索尼公司绩效评估是一种周期性的制度，实行年度绩效评估制。年终的绩效考核首先是员工的自我评估，到年末每个员工需根据年初制订的绩效计划，对照公司发布的绩效评估标准，进行工作业绩完成情况的自我评估。然后员工的直接上级对员工进行评估，直接上级会与该员工进行谈话，针对员工的工作内容进行综合分析，并对员工的工作方式、工作态度、团队合作精神等内容进行评估。在评估的过程中，就会发现员工的优秀与不足之处，第二年的目标也会在这个过程中确定下来。其次是对团队绩效进行评估，要求各分公司的总经理陈述对下级的评估，说明评估的结果和原因。作为管理者，要帮助下属完成任务，帮助下属提高技能，如果管理者的技能需要提高，在陈述的过程中也要提出目标。通过对各部门进行评估可以掌握各个分公司、各个部门之间的平衡。公司的绩效管理通过这样周而复始的绩效计划、实施、评估、再制订计划的过程良好地运行着。

对于主管级以上的员工，公司会要求他们写自己的素质报告，素质报告会考察很多方面的内容，比如职业精神是否很专注、是否富有激情、是否了解外界的知识。员工写完小结，会有不同的上司对员工的工作潜力等做出评价。在上级评价完后还会有一个评估，这个评估是由不同的人匿名来进行的，其中会有非业务部门人员。而员工要获得提升，在完成素质报告之后，还要进行书面考试，对员工的常识、观点进行考核。书面考核完后，公司高层领导会对员工进行全面考核，员工要面对多个公司高层来陈述自己的想法、建议。通过上述几个评估程序，对员工的潜力进行全面的评估，促进员工职业的良好发展。

第三节　大型跨国公司绩效管理特征与管理实践

1990 年以来，随着跨国公司的数量逐渐增多，企业员工的多元化带来文化和价值观的多元化，对各国人力资源管理模式提出挑战。尽管由于历史差异和文化差异的影响，导致各国人力资源管理模式具有差异性，但在全球经济一体化趋势的冲击下，跨国企业的管理面临巨大的压力，它们要想在激烈的全球经济竞争中取胜，必须相互借鉴和学习，提升公司竞争力。从通用公司、索尼公司等世界优秀的跨国公司来看，尽管它们在文化上、管理上存在这样或那样的差异，但它们在绩效管理上，存在着一些共同之处，这些共同点是高绩效的跨国公司所具备的，也是值得各国企业经营者学习和借鉴的。

一 绩效管理实施过程

（一）强调"以人为本"的绩效理念

更多的业绩良好、卓越的跨国公司，大都意识到人才的重要性，在公司总部及分公司大力倡导人本管理，树立"以人为本"的绩效理念。国内外优秀的跨国企业在绩效管理过程中始终坚持"以人为本"的思想，充分重视人、尊重人、开发人，真正意识到人是企业的核心竞争力和原动力，并且将这种思想贯穿于绩效管理的各个阶段：在绩效准备阶段，它们进行各级人员的工作分析和素质测评，既考虑到岗位工作的特殊性，又注意到员工素质的个体差异；在绩效规划阶段，它们在绩效管理主体与客体充分沟通的基础上，制定出适合绩效评估客体的绩效规划；在绩效实施阶段，他们强调对绩效客体的工作辅助和各种资源的辅助支持，帮助绩效客体对工作方向和成效进行有效控制，以促进绩效目标的实现；在绩效评估阶段，他们以规范的标准努力消除因评估主体的偏见而对客体的绩效评估造成的偏差；在绩效反馈阶段，绩效管理主体与客体双方开诚布公，各抒己见，最终达成一致意见，使绩效双方都认可最终的绩效评估结果；在绩效评估结果的应用阶段，把绩效评估结果与薪酬提高、职务晋升、业务培训以及职业指导等各种激励手段相结合，为员工个人的发展提供有序、宽松的环境。通用电气公司让员工自己制订绩效计划、自我评估，充分体现"以人为本"。

（二）良好的绩效运行环境

优秀跨国公司重视良好绩效运行环境的营造与保持，其中主要是企业文化环境，它们认为企业文化是企业赖以生存发展的根本，是绩效管理的基础。企业文化因其国度不同、价值观不同而各有特色，但它们共同的特征是尊重人，充分发挥人的主观能动性，培养良好的文化氛围，为绩效管理创立适宜的人文环境。重视企业高绩效文化的建设，形成绩效管理的良好氛围，把绩效管理的刚性化建立在企业文化的柔性氛围之上。企业文化具有强大的凝聚功能，可以把共同的理想与信念紧紧融合在一起，同时企业文化还具有较强的约束力，它强调员工自觉地接受规范和约束，并按企业特有的价值观的指导进行自我管理与控制，使绩效管理过程中的沟通更有效。有了良好的绩效文化氛围，绩效管理双方才能进行充分的沟通与交流，绩效管理系统才能良好运行，绩效管理工作才能达到真正促进个体、集体绩效提高的目的。

优秀的跨国公司在绩效管理中既坚持制度化的硬性管理，同时又实施艺术化的软性管理，将二者完美地结合起来，达到科学管理与艺术管理的适度平衡，取得良好的管理效果。许多跨国公司在进入国外市场时往往带入其成熟的制度，绩效管理也是如此。跨国公司利用母公司成熟的制度来规范子公司，避免其因文化交融过程而带来的混乱。但同时在具体的绩效管理中，又因地制宜、量体裁衣，根据公司所在国的具体环境灵活变动，即给予国外子公司充分的管理自主权，子公司管理人员可以在总公司绩效管理体系的约束之下，建立适合当地文化的、有利于公司业绩提高的管理体系，甚至仅给予建立绩效体系的原则，具体制度则由子公司自行建立，促进公司业绩的提高，实现跨国公司的发展战略。

二　绩效管理实施过程的系统化和公平性

（一）制定明确的考评标准

在绩效考评工作中，选择和确定什么样的绩效考评标准是最重要也是最难解决的一个问题。当前，绝大多数的企业已经认识到关键业绩指标及量化标准的重要性，在设计考核标准时已开始密切关注个人绩效目标与企业、部门整体目标的一致性与层次性，并在此基础上制定出以部门为单位的制式考核表，使企业的绩效考评工作具备一定的科学性与可操作性。因此，针对不同员工的特点，制定个性化的考评标准将是十分必要的。"考核标准"体现着一个组织的价值取向。建立什么样的"考核标准"，意味着一个组织鼓励自己的成员做什么样的人，这至关重要。古今中外，"上有好者，下必甚之"，概莫能外。美国管理专家米契尔·拉伯福认为，世界上最伟大、最简单也最易被人忽略的管理原则是：你想要什么，就该鼓励什么。

在朗讯公司，每年初员工都要和经理一起制定这一年的目标：员工在制定自己的业务目标时，必须知道谁是自己企业内部和企业外部的客户，客户对自己的期望是什么。如果是主管，还应知道下属对自己的期望是什么。员工可以通过客户、团队成员和主管的意见，来让自己的业务目标尽可能地和朗讯公司的战略目标紧密结合。员工要在业务目标中明确定义自己的关键目标。一个主管还要制订指导员工和发展员工的计划，建立和强化团队的责任感。每个员工通过制定行为目标，来强化对朗讯公司文化的把握和具体执行。在发展目标制定过程中，从员工的职责描述、业务目标和主管那里来定义自己必需的技能和知识，评估自己当前具备的技能和知识。参考以前的业绩评估结果，通过多种途径的反馈和主管的参考意见，能够帮助自己全面正确地评估自己的能力现状，这个评估结果对自己的发展非常重要。在主管的协助下，将这三大目标制定完毕，员工和主管双方在目标表上签字，员工、主管各保留一份，在将来的一年中，员工随时可以以此参照自己的行为。

（二）保证过程的公平性

公平性是考核的关键。公司的激励体系是否能够起到真正的激励作用，重点在于该体系是否力争做到了公平、公正，而能否让激励体系体现公正的保障就在于完善的员工评估体系。有的公司认为，如果评价体系不能公平、公正的话，就不如不做。

日本电气株式会社（NEC）在搭建这套评估体系时，要求和被评估人也就是各个职位的负责人做好沟通，因为这些人才最清楚他们所处岗位的工作内容和需求。NEC 也和一些专业的人力资源机构合作，力争掌握所评估职位的完整情况。由于知识员工的考核很难被量化，所以，在 NEC 考核体系不是由人力资源部门自己制定，而是各个业务负责人一起商讨。各个部门的评估不是由人力资源部门牵头的，更多的由战略计划部来做，所有员工的绩效也是由业务部门做的。为了达到公平的目的，NEC 的考评通常采用平衡记分法，对任何一个工作都从四个方面进行考察，即财务指标、客户满意度指标、流程指标、专业指标。这四个方面如果平衡了，就说明绩效较好。

索尼公司实行的是年度考核制，到年末每个员工首先自我评估，评估考核的标准都在网上公布，然后上司会与自己的员工谈话。首先，对员工的工作内容进行分析；其次，对方式、方法进行评估，评估员工的工作态度、团队合作精神等。而在通用电气公司，360 度考核并不普遍地使用，一般是在考核领导和员工为了自我发展、自我提高时使用，考核评价的是上级、下级、同事、客户，由被考核者自己在这些人中各选择几个人来做评价，对于考核的结果由外面的专业机构来分析，这样可以保证结果的客观性与科学性。因为外面的机构是专门做这种分析的，同时它们完全不知道被评者是谁，可以保证更客观、更科学。在这种考核中不用担心员工在选择考核者即评价他人时选择与其关系好的人，而导致考核结果的不客观、不真实。

（三）积极进行反馈

在众多跨国企业中，积极进行反馈被看做重要的一环。美国通用电气公司认为，考核是为了激励与提高、完善员工，所以信息要及时反馈。员工表现好时要及时给予肯定和表扬，员工表现不好时则及时提醒。到了年终考核时，所有的评价都是根据平时的表现，不仅有说服力，而且人力资源部的工作也不繁杂，因为全年不断地积累素材，平时把工作做到位了。良好的沟通渠道是公司绩效考评反馈的依托。通用公司的沟通包括各部门的上下级之间、人力资源部与其他部门之间，保证无阻碍的沟通。这样员工和经理才能得到比较全面的信息。通用公司的环境是开放的，员工可以很轻松地与经理甚至总裁交流。良好的沟通也是通用公司的价值观所要求的，乐于听取各方的意见，致力于群策群力。良好的沟通不仅包括面对面的交流，员工的自我评定也是一种沟通渠道，员工有什么想法，有什么要求，希望得到公司哪些帮助等，都可以在考核时写清楚。每个员工都非常重视这些互动反馈的信息，因为业绩评估中反馈是一项重要的依据。

朗讯公司要求每位员工收集好别人给你的反馈，记录下一些重要的反馈，而且要与主管讨论这些反馈。如果员工在收集反馈时遇到问题，可以有7种回应反馈的办法：（1）员工应该主动采取一些方式，例如向其他员工、主管、客户等所有与工作有关的人索要这些反馈；（2）员工要善于听取别人的反馈意见，认真考察他们说的是否正确，避免出现对别人的反馈不重视的自我保护行为；（3）要认真思考这些反馈，以免自己做出过度的反应或提出不恰当的意见；（4）向给你提反馈的人做出响应，告诉他们你针对他们的意见所做的改进；（5）让提反馈的人参与到你的改进行为中去，看他们能否提出更进一步的建议；（6）针对反馈改进你的行为，记录你的改变，比较一下自己的变化；（7）每3~4个月跟踪那些给你反馈的人，看他们是否感觉到了你所做的改进。这7种行为将是你完成好反馈的基本方法。这类似于我们常说的批评和自我批评，以此来不断提高每位员工的效率和沟通技巧。

（四）考评的系统化操作

绩效考评往往被认为是为员工打分，实际上，在人力资源管理中考评是一项系统工程。考核的目的是为了发现员工的优点与不足，激励与提高员工，有效地提高组织的效率；考核的结果与员工第二年的薪酬、培训、晋升、换岗等利益挂钩。这就需要人力主管进行系统化设计和操作。

在通用公司，绩效考评工作是一个系统的工程，包括：目标与计划的制订，良好的沟通，开放的氛围，过程考核与年终考核相结合，信息的及时反馈，考核与员工的利益紧密联系，强调通用公司价值观的贯彻，领导的支持，管理层与一般员工的积极参与，有一个制度来保证等。

通用公司的目标与计划的制订：目标计划是全年考核的基础，目标计划必须符合既定的标准。目标与计划的制订必须与公司、部门的目标一致，制定目标计划必须与员工反复沟通推敲，在执行时如发现有不妥之处，必须立即修正。考核是为了激励与提高、完善员工，所以信息要及时给予反馈，因此包括各部门的上下级之间、人力资源部与其他部门之间，要保证无阻碍的沟通。更重要的是，通过考评，使企业价值观落到实处。通用公司一开始就给管理人员、普通员工确立一个行为准则，管理人员根据这些行为准则，可以对照自己的行为，清楚、明白地知道自己哪些方面做得好，哪些方面有差距。同时，员工也可以根据行为准则，评价管理人员或领导、评价自己。价值观等软性因素的考核是不好量化的，通用公司解决这一难题的有效方法是把工作放在事前，凡是加入公司的员工，首先被告知的是公司价值观的内容，然后会有与价值观有关的各种培训，员工对价值观的感悟会不断地得到强化。培训不是叫员工背诵价值观的内容，而是用发生在公司的事实行为来说明价值观，在考核时也是每个结论都必须用事实来证明，绝不能凭空想象。考核的结果与员工的个人利益及职业生涯发展密切联系，公司常鼓励员工写下自己的真实想法，并且尽最大可能帮助员工实现①。

三 跨国企业绩效管理实践——案例分析

作为一个总部在美国的跨国公司，摩托罗拉公司 1992 年正式在中国开始投资，以人力资源管理中的绩效管理为信条，将绩效管理上升到战略管理的层面。不仅如此，摩托罗拉公司在绩效管理上重视将西方的管理精髓跟东方的管理特色相结合，以摩托罗拉公司为研究对象，分析跨文化绩效管理的制度设计、沟通、激励体系、决策过程等方面的管理实践。

---

① 柳春青：《跨国公司的绩效考评范式》，《企业改革与管理》2008 年第 4 期，第 62~63 页。

（一）战略性绩效管理与共同的价值观

由于人们不同的价值观、不同的生活目标和不同的思维方式以及不同的行为准则规范，必然增加绩效管理的协调难度，导致管理费用增大，甚至造成组织机构低效运转。

摩托罗拉公司通过绩效管理，引导员工认可企业文化和企业的价值观。摩托罗拉公司给绩效管理下的定义是：绩效管理是不断沟通的过程，在这个过程中员工和主管以合作伙伴的形式就下列问题达成一致：（1）员工应该完成的工作；（2）员工所做的工作如何为组织的目标实现作贡献；（3）用具体的内容描述怎样才算把工作做好；（4）员工和主管怎样才能共同努力帮助员工改进绩效；（5）如何衡量绩效；（6）确定影响绩效的障碍并将其克服。

摩托罗拉公司绩效管理关注的是员工绩效的提高，而员工绩效的提高又是为组织目标的实现而服务的，这就将员工和企业的发展绑在了一起，同时也将绩效管理的地位提升到了战略性的层面，即战略性地看待绩效管理，战略性地制定绩效管理的策略并执行策略。另外，定义还特别强调了员工和主管是合作伙伴的关系，这种改变不仅仅是观念的改变，而且是更深层次的观念创新，给了员工更大的自主和民主，这也在一定程度上解放了管理者的思维。随着这种观念的深入，员工和主管的关系将更加和谐，之间将会有更多的互助、互补提高、共同进步，这也正是绩效管理致力要做到的工作和完成的任务。同时，定义也强调了具体的可操作性，工作内容的描述要具体，衡量的标准要具体，对影响绩效的障碍的确定要具体，只有具体的东西，才有解决的操作性，因此，"具体"两个字包含着极其深刻的内涵。在定义之外，摩托罗拉公司进一步强调绩效管理是一个系统，用系统的观点看待绩效管理，将绩效管理置于系统之中，使其各个组成部分互相作用，并以各自独立的方式一起工作去完成既定的目标。

（二）设定绩效目标

从绩效目标的组成来看，共有两部分组成：一部分是业务目标，另一部分是行为标准。这两部分组成了员工全年的绩效目标，两部分相辅相成，互为补充，共同为提高员工的绩效和实现组织的绩效目标服务。

一般来说，业务部门的员工大多面临的是硬性的业务指标，比较直接，易于制定。而一些辅助部门，其目标就比较难以数字化，这时就要用行为指标去想办法将其量化。比如说，人力资源部的服务功能是一个软性指标，他们试图把缩短响应时间、提高服务质量作为衡量标准的内容：要求本部门的员工在业务部门提出服务要求以后，必须在24小时之内给予答复，这就变成了一个可以衡量的指标。这就是行为指标。

制定目标时通常要强调SMART。摩托罗拉公司绩效目标的制定过程是比较透明和公开的。大家往往根据公司的整体目标和部门的目标坐在一起讨论，最后分配到每个人头上。自己定好目标以后可以跟直接主管沟通，有时进行必要的调整，最后主管和员工双方都需要对此目标表示同意认可并正式签字。在不涉及保密内容的前提下，每个人的目标都可以让全公司的人分享到。即"我有什么目标大家都可以来看，我也可以看别人的工作目标，向对方学习，以便相互促进"，这个部分里，主管与员工就下列问题达成一致：（1）员工应该做什么？（2）工作应该做多好？（3）为什么要做该项工作？（4）什么时候要做该项工作？（5）其他相关的问题：环境、能力、职业前途、培训等。在这个过程中，主管和员工就上述问题进行充分的沟通，最终形成签字的记录，这就是员工的绩效目标，它是整个绩效管理循环的依据，需要花时间和精力来完成。

（三）收集信息与诊断

摩托罗拉公司年终评估通常在1月份进行，个人评估是每季度一次，部门评估是一年一次。年底对业务进行总结。根据摩托罗拉公司的情况，公司年底决定员工个人薪水的涨幅，也根据业绩晋升员工。为年终考核做准备，主管需要在平时注意收集事实，注意观察和记录主要的信息。这包括以下两点：（1）收集与绩效有关的信息；（2）记录好的以及不好的行为。收集信息应该全面，要记录，而且要形成书面材料，经主管与员工签字认可。

以上两个过程一般在第二、第三季度完成。进入第四季度，也就进入收尾阶段。一般集中进行全年的准备工作。这主要包括以下四个方面：（1）做好准备工作（自我评估）；（2）对员工的绩效达成共识，根据事实而不是印象；（3）评出绩效的级别；（4）及时解决问题。

关于这一点，摩托罗拉公司有一个非常实际有效的工具衡量，包括以下几个方面：（1）有针对工作的具体、明确的目标；（2）这些目标具有挑战性，但合理（不太难，也不太容易）；（3）认为这些目标有意义；（4）清楚绩效（达到目标是如何评估的）；（5）绩效标准是恰当的，明确我应该做的事情；（6）在达到目标方面做得如何，能否得到及时的反馈；（7）能得到足够的培训，能得到及时、准确的反馈；（8）提供足够的资源（例如钱、仪器、帮手等），使实现目标成为可能；（9）达到目标时，得到赞赏和认可；（10）奖励体系公平。每一项有 5 个评分标准，这样通过打分可以得知一年以来的绩效管理水平如何，差距在哪里，从而做到拾遗补缺，改进和提高绩效管理的水平。

另外，摩托罗拉公司还有一项比较独特的做法，就是人力资源部会花很大精力在工作表现前 25 名和后 25 名的人身上。这样做是为了针对某些特殊情况，比如有些人在工作中的焦点不是客户，而是怎样使他的老板满意。这种情况会导致评估的误区，出现两种不良情况：一种是员工绩效比较一般，但老板很信任他；另一种是后加入团队的员工，成绩很好，但是没有与老板建立信任的交情。所以人力资源部的细致工作就变得很有必要了，对表现前 25 名和后 25 名的员工做进一步分析，可以尽量避免评估偏差。此外，摩托罗拉公司的绩效考核表里没有分数，而是运用等级法，实行强制分布，这样既能分出员工绩效的差别，又尽可能地避免了在几分之差上的无休止的争论。多维方法和具体标准相结合，摩托罗拉公司最后将员工的业务表分为优秀、良好、及格、不及格四个档次，并根据他们目前所处参照市场的情况，给予相应的薪酬激励和职位升迁。

最终形成书面的讨论结果，并以面谈沟通的形式将结果告知员工。考核结束，不是说绩效管理就到此为止，还有一个非常重要的诊断过程。这个过程用来诊断绩效管理系统的有效性，用来改进和提高员工绩效，主要包括以下四个方面：（1）确定绩效缺陷及原因；（2）通过指导解决问题；（3）绩效责任的界定；（4）持续不断地改进。

（四）绩效管理以人为本

跨国公司的人力资源管理突出"以人为本"。北京地区很多著名的跨国公司提出"员工第一、顾客第二"的口号，并认为"员工第一、顾客第二"并非要降低服务质量或者不重视顾客，而首先是通过公司员工的满意，为顾客创造轻松愉快的服务环境，从而赢得顾客的满意。对于管理与绩效管理的关系，摩托罗拉公司有一个观点，就是企业＝产品＋服务，这意味着：激发员工的工作积极性，提高其业务绩效，能为顾客提供高品质的服务；而顾客满意就能带给公司更多的业务，进而带来效益，以此形成员工、客户和公司之间三赢的良性循环。为了实现绩效管理的良性循环，摩托罗拉公司认为仅仅年终的考核沟通是远远不够的，也是违背绩效管理原则的，因此，强调全年的沟通和全通道的沟通。对此，摩托罗拉公司的经验是：有效的沟通将帮助员工将目标执行下去，否则将流为粗放式的管理。它主要包括如下几个方面：（1）沟通是一个双向的过程，目的是追踪绩效的进展，确定障碍，为双方提供所需信息；（2）防止问题的出现或及时解决问题（前瞻性）；（3）定期或非定期、正式或非正式，就某一问题专门对话。

　　摩托罗拉公司每季度都会考核员工的目标执行情况，员工自己每季度也要做一个回顾，进行一次个人评估。通过季度考评，不断地提醒员工，自己的承诺跟目标有没有差距，一个季度过后有哪些任务没有完式，哪儿做得好，哪儿做得不好。不足的地方是因为客观环境发生了变化，还是个人主观原因所造成的。通过季度考评发现问题之后很快就可以反思并及时调整。

　　"以人为本"，不但体现在绩效沟通上强调精细化管理，而且体现在重视绩效考核的反馈上。为了使员工更加明确自己进步的方向，摩托罗拉公司实行了"关键工作伙伴"反馈机制。员工在工作中自己认定联系紧密的工作合作伙伴，前提是互相比较信任、又彼此没有直接利益关系，从而让跨部门同事和同部门同事之间彼此反馈，相互推动工作进步。

　　对于绩效落后的员工，摩托罗拉公司实行了"绩效改进计划"。通过这个计划，跟落后的员工一起分析原因，进行资源的重新分配和技能的进一步培训，帮助他们改进绩效。如果有的员工还是达不到标准，发现他适合别的工作，或者考虑给他更换一个工作岗位。在摩托罗拉（中国）公司，很多落后员工经历过绩效改进计划后，绩效表现得到了非常好的提升。

　　以人为本更体现在对异地文化的尊重与包容上。摩托罗拉公司认为，要学会尊重文化差异，允许百家争鸣，各抒己见，因为这是解决文化冲突的最好办法。对此，摩托罗拉（中国）公司的绩效管理体系针对中国的传统文化进行了有利于执行的调整。比如中国人比较尊重领导，如果老板要大家参与提供意见，员工一般都不习惯大胆说话，或者认为老板比自己聪明，担心万一提出来后，老板不同意的话会觉得自己多事。"在这种情况下，公司就极力提倡和动员大家一起参与的精神"。又比如在绩效考评上，"在中国就不像在美国的做法那么公开，以尊重中国员工的习惯"①。

---

① 江城：《中西合璧的绩效管理——以摩托罗拉为例》，《中国人才》2008 年第 12 期，第 58～60 页。

第 *9* 章

跨国企业薪酬管理

> "薪酬激励"是企业最有效的激励手段之一。企业薪酬关系到每一位员工的切身利益,是员工对企业的付出所获得的相应报酬和奖励。跨国企业的薪酬设计要满足不同类型和不同国家员工的需求,具有一定的复杂性。因此,跨国公司全球薪酬体系的激励计划,决定着企业的人才保护和人力资源的合理配置与使用,是跨国企业人力资源管理所必须要面对的问题。

第一节　跨国企业薪酬设计的战略性与趋势

一　薪酬设计的内涵与发展趋势

薪酬是企业员工对企业所作的贡献,包括他们所付出的学识、经验、身体和时间,以及通过努力为企业所创造的绩效和财富的相应回报。跨国企业薪酬是吸引、保持、激励员工的重要手段,是吸引国际化人才以及获得企业核心人才的基本条件。跨国公司的薪酬战略在实现跨国公司总体战略目标的同时,要考虑到国家和地区的差异性,以及公司各个群体员工之间薪酬的平衡性。特别关注跨国母公司与子公司之间、跨国母公司派遣东道国员工与东道国本土员工之间的差异及其合理性。即,薪酬设计要有相对稳定性和一定的柔性,既体现出不同国家、地区以及各类员工薪酬的合理差异,又要符合公司的全球薪酬战略和总原则,让跨国企业薪酬真正体现出其战略价值和激励效应,吸引更多的有用人才,提升跨国公司绩效,最终实现跨国公司的战略总目标与员工个人目标相符合。

（一）薪酬设计国外发展趋势

薪酬要为提高劳动生产率服务，首先要增强员工的能力，提高员工的工作积极性，最大限度地发挥员工的潜能。薪酬要让员工承担一部分市场风险，这样才能激发员工对经营管理的关心和热情。它意味着薪酬不能单纯依靠工作职位或者工作年限来决定，而应该与工作业绩挂钩，与企业效益保持一定关系。跨国企业薪酬设计有以下几个方面的变化和发展趋势：第一，为适应组织扁平化、柔性化变革，薪酬制度朝着以更少的岗位等级为依据的方向变化。如许多公司对工作岗位进行了合并和组合，大幅度削减了岗位等级，使工资制度变得十分简单，易于操作。第二，为了开发和发挥员工的能力，根据能力提升情况决定的以技能、能力为取向的薪酬制度有所增加。第三，为了确保工资管理的灵活性，同时提高员工的工作积极性，按照个人、集体对企业业绩的贡献程度决定的工资有所增加。

全球化浪潮席卷了商业世界的各个领域，世界经济全球化使企业有了更大的发展舞台。如何在全球范围内吸引到高质量的适合企业发展的人力资源，使个体的潜力得到发挥，一个涉及全球的国际薪酬体系的激励计划，成为企业国际化经营下的人力资源管理的必要手段。跨国公司的薪酬管理体系涉及许多具体的因素，由于组织的全球化经营，影响薪酬管理体系的因素不再局限于本国的经济状况以及组织内部的现状，而是扩大到世界各国的文化差异、购买力、全球性的劳动力市场竞争的状况等方面。在跨国公司中，不同员工的薪酬水平定位是不一样的，母国公司里的外籍员工、移民工人、技术移民、海外派员、母国在东道国的公司里的东道国国籍的雇员、母国在东道国的公司里的第三国国籍的雇员，他们的薪酬水平根据各自的特点和东道国的社会经济环境不同而存在很大差异。根据贸易理论预言，不同国家的工资水平通过贸易将趋于一致，在劳动力密集的国家，工资起初很低，但随后会上升；在劳动力缺乏的国家，工资起初很高，但随后会下降①。

（二）跨国公司薪酬战略全球化

跨国公司的薪酬战略"全球化"是近年薪酬管理的一个新趋势。而"全球

---

① 黄文辉：《跨国企业薪酬体系设计研究》，北京交通大学硕士学位论文，2007 年 11 月，第 2 ～3 页。

化"薪酬体系是一个非常复杂的系统，因为它面向许多不同的员工群体和差异，包括跨国母公司员工群体、跨国公司派遣驻外员工、东道国的本土员工以及其他国家的员工，这些员工群体由于所在国家和地区，以及薪酬水准不同呈现出薪酬差异。首先是跨国公司派遣驻外员工与东道国本土员工的薪酬差异、跨国母公司员工与派遣东道国驻外员工的差异、跨国母公司员工与东道国本土员工的薪酬差异等。其中，跨国公司派遣驻外员工与东道国本土员工的薪酬差异也是最大的问题。如果双方差异过大，员工会产生心理上的不平衡。如果某一群体的工资过高或者过低都容易影响公司的气势。"全球化"薪酬体系一方面要考虑到公司各类员工不同国家、地区以及公司所在地的经济状况和生活水准等诸多情况，又要考虑各类员工的薪酬与能力的匹配问题，如经常有跨国公司存在东道国派遣员工与本土员工工资差异过大的情况，而当其在同一场所工作的能力又不相上下时，必然影响另一群体员工的工作士气，产生心理上的不平衡。

"全球化思考，本地化执行"的思维方式对于跨国公司管理的各个方面来说十分必要。传统的薪酬战略特别强调跨国公司的薪酬体系应该与民族文化保持一致并强化这种文化特性。因此，同一跨国公司分布在不同区域的分支机构可能会存在多种薪酬体系，这些薪酬体系常常表现出不同的特点。全球化薪酬战略并非一种特别的薪酬体系类型，而是跨国公司各分支机构的薪酬体系要全面体现"战略一致性"这样一种基本的观点。

企业薪酬管理应服务于总体战略，从过程管理的角度而言，全球化薪酬战略的建立与国内企业薪酬战略的建立不存在本质上的差别。但是，由于跨国公司所面临的经营环境更加复杂，所需要考虑的约束因素更多，全球化薪酬战略的建立的确对薪酬管理的水平提出了更高的要求。全球化的薪酬战略包括四个维度（见图 9 - 1）。

"薪酬水平"维度即跨国企业为保持外部竞争性而相对于竞争对手或市场一般水平而进行的薪酬水准定位。这可以根据企业的实际情况，采用领先、追随或者低于市场水平的定位等方式确定。"薪酬决定标准及工资等级划分"维度主要是确定以何种标准对员工的薪酬进行等级划分，决定是按照岗位还是技能，绩效还是资历，公司绩效还是部门绩效以及定性还是定量衡量绩效等问题。此外，这一维度还将规定员工薪酬升级的标准，把握不同等级之间的差距，控制企业内部薪酬分布的公平性。"薪酬组合形式"维度将决定薪酬以怎样的具体形式发放。

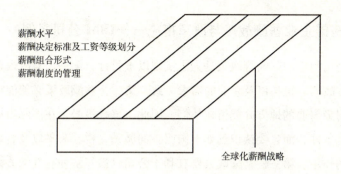

薪酬水平
薪酬决定标准及工资等级划分
薪酬组合形式
薪酬制度的管理

全球化薪酬战略

图 9-1 全球化的薪酬战略

例如固定收入与变动收入之间的比例，短期与长期激励的组合，以及经济薪酬与非经济薪酬之间的替代性等。"薪酬制度的管理"即薪酬制度的制定和调整中的行为方式和决策标准，这主要包括以下内容：薪酬制度的制定过程是集权还是分权，员工参与的程度，内部公平还是外部公平，窄带薪酬还是宽带薪酬，公开支付还是秘密支付，制度本身偏弹性还是偏刚性等①。

薪酬设计与相关制度的安排是企业人力资源管理中最受关注和极具挑战性的。跨国公司全球化薪酬设计应满足以下条件：（1）跨国公司的薪酬设计要符合总公司的战略目标，根据第三国的市场需求设计具有竞争力的薪酬方案，根据市场需求、环境变化和劳动力市场水平，综合判断薪酬水准；（2）保持跨国公司人才竞争优势，在全世界范围内吸引有用人才，让薪酬产生激励效果，让最优秀的人才充分发挥他们的才干；（3）薪酬设计以公平、公正、公开和透明为原则，有利于总公司与子公司、子公司与子公司之间进行人员调动和人员的合理调配；（4）薪酬设计要充分考虑到驻外人员与本土，以及母公司与子公司、子公司与子公司之间的平衡，注意薪酬差异的合理性；（5）跨国企业薪酬设计要充分考虑当地劳动力市场，并通过薪酬市场调查，与当地主要竞争对手的薪酬相比较，设定具有竞争力的薪酬制度；（6）薪酬设计要以绩效为先导，消除论资排辈，确定合理的固定薪酬与变动薪酬，同时考虑到各地区以及不同岗位员工的具体需求，设定具有一定灵活性和柔性的薪酬制度。

---

① 黄文辉：《跨国企业薪酬体系设计研究》，北京交通大学硕士学位论文，2007 年 11 月，第 10～12 页。

二 跨国企业薪酬战略与改革措施——IBM 公司案例

跨国公司制定国际薪酬政策是为了实现以下目标：第一，薪酬政策要与跨国公司的总体战略、机构以及企业的需求一致。第二，薪酬政策必须能将人才吸引到跨国公司最需要的地方并能留住他们。因此，该政策必须在国际市场或当地市场上具有竞争性，而且要认识到如出国服务的激励、税收公平以及合理费用的报销等因素的作用。第三，薪酬政策要有利于公司以最经济和有效的方式调动驻外人员。第四，该政策必须适当考虑行政管理的公平和方便。与此同时，国际管理人员主要是驻外人员的一些个人目标也需要通过公司薪酬政策的实施得以实现：第一，驻外人员期望从该政策中得到国外福利、社会保险和生活费等财政保护。第二，驻外人员期望出国能够增加收入和存款。第三，驻外人员期望对如住房、子女的教育以及娱乐等问题做出政策规定。此外，员工也会在职业生涯发展和回国安排等方面有所期望。总之，薪酬设计总的指导原则是"全球化的构思和地区化的操作"。也就是说，经理们制定出的薪酬方案应当既能满足公司总体战略意图的需要，又能保持足够的灵活性以修正一些特别的政策，以满足特殊地区员工的需要。

以跨国企业 IBM 的薪酬战略为例，从 IBM 薪酬战略改革的目标，以及薪酬战略中的一系列措施中，获得改革成果①。

IBM 公司，即国际商业机器公司，1914 年创立于美国，目前是世界上最大的信息工业跨国公司，拥有先进的全系列产品，在复杂的网络管理、系统管理、密集型事物处理、庞大数据库、强大的可伸缩服务器系列集成等方面具有世界性领先优势。1989 年郭士纳接管 IBM 公司，公司困难重重，根据公司的支出计划现金很快就会告急，员工中高技术人才流失率超过 20%，由于股票价格的持续下跌，使得股票期权留住高级人才的办法已经失效，甚至许多股票期权的执行价格高于股票的市场价格，公司面临巨大的亏损，收入增长几乎微乎其微。公司高层领导认识到这个具有杰出技术并在市场上具有领导地位的公司正在面临严峻的挑战，企业的战略变革已经刻不容缓。对此，公司高层实施三项核心策略：第

---

① 舒晓兵、张少文、陈雪玲：《IBM 公司的薪酬管理及对我国企业的启示》，《生产力研究》2006 年第 11 期。

一，强调现金流的重要性，并恢复公司的赢利能力；第二，让 IBM 公司成为吸引人才的工作场所，阻止高技术人才流失，同时实施适当的裁员政策，淘汰不合格人员；第三，提高创新研究的地位，保持公司的技术领导地位。企业管理层认识到，薪酬战略变革是保证三项核心策略实施起作用的杠杆，是经营变革成功的关键。

（一）IBM 公司变革前的薪酬政策

改革前的 IBM 公司经过多年的发展和完善已经趋向成熟，公司管理上采用家庭管理模式，文化上趋于保守。企业的薪酬制度过分注重内部一致性。这具体表现为：第一，具备完善的企业管理制度，包括完善的工作评价方案。工作分析、职位说明书、职位评价、内部薪酬结构等项目都有十分完善的制度，薪酬体系中的绩效考核因素、加薪条件、分配奖金制度遵从严格的定量标准，运用应用数学和统计学知识及相关的计算软件可以明确地表达出来，有着完善和精细的薪酬方案。第二，福利项目在薪酬总额中占的比重很高。IBM 公司是一家具有家长式管理作风的组织，这表现在薪酬制度上就是慷慨地为员工提供各种形式的福利待遇：补充养老金、补充医疗福利、补充住房政策、乡村俱乐部、完善的教育培训机构、保障性的工作环境建设等，在当时的美国没有第二家公司的福利可与之相媲美。第三，终身就业承诺和不裁员政策。在 IBM 公司提供的高福利保障环境中，公司所有员工都享有一个特殊的身份证，即"IBM 雇员"，保守的公司文化使得公司职员遵循：踏踏实实地做好分内工作就可以得到高额的工资报酬，享受高福利待遇。第四，稳定有余，灵活不足。在传统的薪酬战略下，基本薪酬是员工为企业工作所获得的绝大部分报酬，而基本薪酬的关键决定因素是员工所从事的工作特性，而且这种"特性"被分为多种级别以区别员工的工作级别，加薪和可变薪酬通常占工资总额的极少部分，稳定高额的工资待遇反映在工作上就是稳定、保守的作风，员工仅仅注重职位级别的升迁而忽视技能的提高，缺乏灵活性和创新性。

（二）IBM 公司薪酬战略改革的目标

IBM 公司薪酬战略改革的目标主要有：（1）调整固定成本和变动成本，缩减劳动力成本，使得成本结构与公司的收入相一致。为了保持竞争力，无论收入和利润增长如何，都要按市场或高于市场的水平提高高级知识、技术咨询团队的工资水平，这样才能留住公司的核心人才；同时，在公司实施裁员政策，缩减福利项目，使得公司的固定成本和可变成本调整到与公司的财务能力和发展需要相适应的程度。（2）留住最佳业绩贡献者。假如公司流失一位顶尖员工，他去开办一家自己的公司，既能发挥自己的管理才能或技术才能，又可获得更高的现金回报，这种离职方式因此成为首选。这给公司带来的不仅仅是人才的流失和一个新的竞争对手的产生，而是带走了公司的相关业务。因此，薪酬政策应该让高级人才在 IBM 公司工作，能够充分发挥个人所长和得到个人回报，同时公司还可以从营销、运作和行政体系方面给予他全方位的支持。（3）把以客户为中心的考核指标融入公司运作中去，顾客的满意度是公司成功的关键。顾客的满意度直接影响公司的财务收入，既影响股东的投资收益，又影响员工的个人收入，顾客的态度是影响公司运作的关键。同时，在公司建立的顾客、员工和股东三因素绩效考核体系中，评价员工贡献的主要指标是员工行为带来的顾客满意度；股东评价公司业务、预测投资前景的主要参考数据是顾客（包括潜在顾客）对产品和服务的态度及消费愿望。因此，客户的态度是考核的核心因素，是公司成功的关键所在。（4）增强公司的市场领导地位，增强销售收入和利润。公司的成长停滞了，但市场却在膨胀，尤其是在个人计算机市场领域，IBM 公司需要重新找回自己的市场领导地位，充分利用公司内部存在的技能和丰富的经验，拿出新产品和服务，向新客户群体进行有效地营销。因此，个人对公司作出的业绩贡献必须被给予期望并得到奖励，同时，集体在组织成功中的核心作用也不容忽视，必须得到承认和奖励，为此，薪酬战略必须对此做出突出的反映。

（三）**IBM 公司薪酬战略的措施与效果**

IBM 公司薪酬战略的措施主要有：（1）奖励对产品创新和生产过程的改革。基本薪酬水平以市场为基础，建立以顾客满意为基础的激励工资，鼓励员工在新的生产流程中大胆创新，缩短从产品设计到顾客购买产品之间的时间差，同时，这种薪酬战略也支持着公司产品和服务领先转向大众化的 PC 机研发策略的经营战略。（2）提高可变薪酬比重，重视竞争对手分析，提高生产力，注重效率。改革后公司重视系统控制成本和工作细分，注重对竞争对手的劳动成本、技术创新成本、操作成本的分析，精心研究操作流程，通过各环节节省成本的方法来控制成本，改革生产效率。（3）以与顾客的交往为依据评价工作和技能。建立灵活的工作描述机制，强调取悦顾客，按顾客满意度来支持以顾客为核心的战略，注重与顾客的密切关系、售后服务体系建设，加强市场灵敏性和反应速度。(4) 薪酬的战略性和沟通性得到认可。组织的财务结果、产品服务、客户、市场份额、营销以及质量等方面的特定战略目标成为公司制订薪酬方案以及进行薪酬沟通的重要基础；薪酬计划可以根据组织特定的经营状况以及所面临的人力资源挑战来进行及时调整。另外，薪酬问题是沟通的主要内容，公司以薪酬为载体将组织的价值观、使命、战略、规划及组织的未来前景传递给员工，界定好员工在各因素中将要扮演的角色，从而实现企业和员工之间的价值观共享和目标认同。

IBM 公司薪酬改革的作用和效果包括以下内容。

1. 员工的绩效得到改善

绩效是员工通过努力所达成的对企业有价值的结果，以及他们在工作过程中所表现出来的符合企业文化和价值观，同时有利于企业战略目标实现的行为。从薪酬管理的角度来看，较高的薪酬水平有利于吸引知识和技能水平较高的员工；以技能和能力为导向的薪酬体系和报酬方式有利于激励员工不断增强自身的能力和素质；灵活的薪酬体系有利于员工在企业内部的调动和轮换，从而帮助员工在组织内部找到最适合自己从事的工作；强调绩效的薪酬政策有利于员工采取对企业有利的行为等。结合 IBM 公司薪酬战略改革前后的调查分析，员工的绩效改变主要表现在以下几个方面：(1) 预测部门对于公司一级的财务要求和运作理解得更加透彻，他们成为更好的生意管理人。(2) 公司负担的差旅费和生活费在计划实施的第一年减少了 20%，并且以后一直维持在和计划实施前相比低得多的水平上。(3) 计划实施以来的四年（1992～1996 年）时间内，绩效工资支出增加了 6%，与此同时，公司的赢利能力增加了 9.5%，达到了"双赢"的良好状态——员工个人收入显著提高的同时公司赢利能力得到提高。

2. 研究开发的转变

变革的重点集中在持续改进上，变革的过程是永无止境的，在竞争越来越激烈、变化速度越来越快的市场环境下，选择什么样的经营策略来赢得和保持企业的竞争优势，选择什么样的薪酬战略来支持企业的经营策略，成为企业持续稳定发展的核心所在。创新研究是保持企业技术领先、产品和服务领先、市场业务领先的根本动力，而这一动力的发挥程度取决于企业对研究开发人员的薪酬政策。为了保持持续的竞争优势，IBM 公司对创新研究制定了相宜的薪酬政策：一是管理激励计划，即从投资回报率（每股收益）着眼激励；二是全面调整股票期权计划，即增加关键人才的持股数；三是采取有针对性的现金回报策略，即对开发新产品、设计新流程的优秀人才进行现金奖励。实施这些薪酬策略的结果是惊人的，从统计资料来看，公司发生了如下变化：（1）公司整体人才流失率从25%下降到11.2%，关键技术人才流失率2.3%，低于市场平均水平；（2）自从计划开始实施以来，没有一个公司想留住的高级管理、咨询师流失到竞争对手那里或自己开办公司的；（3）公司用于研究开发的资金投入达到20亿美金，占净收入的25%左右；（4）1997年IBM共获得2886项专利；（5）业务增长和财务贡献。自1992年变革开始到1996年的四年中，公司把新薪酬战略和新战略的管理流程贯彻到各个方面。IBM在全球拥有26万名雇员，业务遍及160多个国家和地区，1996年的全球营业收入超过800亿美元，它以超前的技术、出色的管理和独树一帜的产品领导着全球信息工业的发展，保证了几乎所有行业用户对信息处理的全方位需求。以下是市场业务和财务变化的对比数据：（1）销售收入上升了25%以上（超过560亿美元）；（2）净收入从亏损80亿美元，发展到赢利30亿美元；（3）每股收益从原来的每股负收益7.02美元，上升到正收益3.12美元；（4）顾客满意度评分上升了5.6%；（5）员工满意度评分上升了4%；（6）股东满意度上升了9.7%。

第二节　跨国企业驻外人员薪酬设计

从根本上看，跨国薪酬是复杂的，因为跨国公司必须满足不同群体人员的要求，即跨国公司母国员工、从母国派遣东道国员工、东道国本土采用的员工，以及其他国家员工等。例如，微软公司设在中国的机构招募当地员工作为东道国员工，并且经常安排美国人到亚太地区任职，作为母国派遣员工，此外还派遣新加坡籍员工到微软在日本的公司工作，作为其他国员工。由于各自文化价值观以及各国文化环境的差异，在同一个公司或部门供职必然会产生文化上的碰撞与冲突，如何在他们之间取得平衡，以维持公平以及他们各自的薪酬包应包含些什么等，已成为跨国薪酬管理所必须要面对的问题。

跨国公司中存在三种不同类型的人员，当一个跨国公司拥有一套基本的薪酬策略，随时准备向世界各地的子公司推广实施的时候，它必须进一步分析这一薪酬策略在具有不同文化背景的国家中所应采取的具体方式以及薪酬在不同类型的员工之间的分配，而且跨国公司中不同员工由文化差异导致的薪酬期望具有很大的差异，因此他们各自的薪酬水平和方式也呈现出较大的差别。首先通过美国跨国公司的一些做法来分析跨国公司驻外人员的薪酬设计。

一　驻外人员的薪酬

驻外人员作为母公司的派出人员，负责将母国公司的战略规划在子公司的经营管理中付诸实施，同时他们也从一定程度上传递着母公司的组织文化。因此，尽管从母公司派出员工与在当地聘用员工相比，成本要高许多，但出于战略方面考虑，许多跨国公司的人力资源经理花费了大量的时间为驻外经理人员开发有效的薪酬和福利计划。

驻外人员的国际薪酬的基本结构类似于其国内薪酬结构，主要的组成部分包括基本工资、激励薪酬和固定福利，此外，驻外人员的薪酬中还包括并非以绩效为基础的奖金和津贴，这是它和国内总体薪酬有所区别的。一般来说，建立驻外人员的总体薪酬时要考虑三个主要因素：（1）驻外工作期限。驻外工作期限是制定薪酬政策的中心问题。短期工作任务（通常是在一年以下）一般不需要对其在国内的总体薪酬做太大的调整。但如果工作期限更长的话，考虑到由于陌生环境中的文化差异所带来的一系列额外成本，驻外人员的薪酬就应该能使他们在国外有一种稳定和舒适的感觉，包括住房补贴、子女的教育经费以及避免支付双重收入所得税（即国内的税收和适用的国外税收）。（2）驻外人员的流动性。人员的流动性是指公司还必须考虑是否需要雇员在国外从一个地方转移到另一个地方，如从中国西部城市到中国的经济特区，或从英国到巴西。这种在同一外国文化或跨文化环境的转移会打乱驻外人员及其家庭的生活。人员流动给公司造成的代价就是货币激励和使雇员的流动尽量舒适的措施。（3）兼顾工资对照人群和文化差异的公平原则。由于跨国公司中的员工拥有不同的文化背景，因此，对薪酬公平性的理解可能会大相径庭，特别是在各种文化间出现大的分歧时。例如，在美国管理席位中占主导地位的公平原则，即每个人按照他们个人是否作出贡献而决定其是否得到回报，在其他文化中已经开始受到挑战。而且当涉及薪酬公平问题时，薪酬水平、薪酬结构和混合性薪酬都会因不同的国家而有所区别。公司的外派员工也可能在一定程度上从公平的角度来评价薪酬。很多美国公司在开发国际薪酬时把国内的员工作为工资对照人群，因为，实际上，所有的驻外人员最终还是要回到美国的。

另外,一些公司在决定长期驻外工作人员薪酬时,把当地的雇员作为工资对照人群,目的是希望驻外人员能融入国外的文化。例如,墨西哥员工总体薪酬的主要部分是基本工资和圣诞节奖金这种现金补助。而美国员工总体薪酬的主要部分是基本工资和长期奖金。长期在墨西哥工作的美国驻外人员的总体薪酬很有可能类似于墨西哥员工的总体薪酬。

二　驻外人员的基本工资

跨国公司在比较各种方法优缺点的基础上选择确定驻外人员基本工资的方法,同时,基本工资的购买力也是一个需要重点考虑的问题,购买力会影响驻外人员的生活水平,而影响购买力的主要因素是当地货币的稳定性和通货膨胀。一般而言,跨国公司用以下三种方法中的一种来计算驻外人员的基本工资:以本国为基础的方法;以东道国为基础的方法和以总部为基础的方法。

(一) 驻外人员以本国为基础的方法

以本国为基础的方法是使驻外人员的薪酬等于他们在本国从事同样工作可以得到的薪酬。在此方法中,雇主可以根据薪酬因素,通过工作评价来判断国内的工作是否和国外的工作相同。以本国为基础的方法最适合以下驻外人员:驻外工作时间太短,还无法用当地雇员的工资作为参照,所以不大会产生有关公平性的问题,而驻外时间一长,驻外人员就可能会用当地的文化规范作为标准,来判断他们的薪酬是否公平。

(二) 驻外人员以东道国为基础的方法

以东道国为基础的方法是根据东道国的工资标准来确定驻外人员的薪酬。公司用来决定基本工资的标准有很多种,包括市场定价、工作评价或从事该工作的人员过去的相关经历,但不同的国家会使用不同的标准。长期的驻外人员的工资的确定最适合以东道国为基础的方法,这不仅因为这种方法有利于驻外人员融入当地的文化,更是由于时间一长,驻外工作人员比较的参照人群就会成为当地同事而不是在本国的同事。

这种方法最大的不足之处在于它可能会降低外派工作对员工的吸引力。比如,若美国公司将其外派尼日利亚的员工工资定为当地水平,恐怕没有人愿意接受这项工作。如果工资水平的下降同时伴随着物价水平的下降,那么这一情况还可以接受，但通常来说这种情况并不普遍。比如美国外派到瑞士的员工虽然能得到更高的名义工资，但是由于瑞士的物价水平也高于美国，从而使员工对该工资制度并不满意。因此，只有导致实际购买力的上升，采用当地工资制才是可以接受的。另外，购买力差异问题可以通过发放津贴的形式来解决，即给予在物价水平高的国家工作的员工以一定的津贴。但这样的话，公司必须不断地比较两国物价水平的变化，这在一定程度上降低了外派员工工资当地化这一制度的实际价值。

（三）驻外人员以总部为基础的方法

以总部为基础的方法用公司总部的工资标准来确定所有雇员的薪酬。其基本工资既不受本国工资标准，也不受国外工作地工资标准的影响。这种方法最适合工作地点经常变换，且很少或不在本国工作的雇员。这种制度管理起来很简单，因为不管雇员的工作地点在哪里，也不管他们的国籍是什么，都使用一个国家的工资标准。

在进行驻外人员的薪酬设计时还需要考虑到所在国的文化环境对薪酬的影响，购买力便是其中之一。购买力的下降会导致生活水平的下降，因此，购买力下降会降低驻外人员薪酬的战略价值，优秀的雇员可能因不愿意在国外工作时生活水平下降而拒绝接受外派任务。影响实际购买力的主要因素是货币的稳定性和通货膨胀，它们的变化有时是无法预知的，这无疑增加了驻外人员的收益风险。

第三节　跨国企业驻外人员的激励薪酬

跨国公司中，驻外人员的薪酬计划包括各种独特的激励薪酬，以鼓励驻外人员接受并完成国际任务。这些激励薪酬也是用来补偿驻外人员及其家人所忍受的比较差的生活和工作条件以及由于文化差异所带来的心理成本，但这种薪酬一般支付给母国人员，而很少支付给其他国人员。

一　驻外人员的激励性薪酬与边缘薪酬

（一）激励性薪酬

跨国企业驻外人员的激励性薪酬有驻外津贴、艰苦津贴、流动津贴等；驻外人员的边缘薪酬主要是指驻外人员的标准福利和因驻外而获得的额外福利津贴。

　　驻外津贴是提供给长期驻外人员，作为激励员工接受外派工作的一项措施。驻外津贴是被包含在驻外人员的工资单中，依据其基本工资的一定百分比来进行计算，一般大于20%，且该比例随着驻外工作的期限延长而增加。公司的驻外津贴一般是分几次来发放，这一方面是为了节约管理成本，另一方面是起到一个"提醒"的作用，即在整个驻外期间"提醒"驻外人员，他们是拿了这笔津贴的。尽管目前许多跨国公司都应用驻外津贴以激励驻外人员，但公司也必须考虑使用驻外津贴带来的一些问题。首先，雇员可能会误解，把这笔津贴看做基本工资中的固定组成部分。那么，当公司把最后一笔津贴发完，他们就会产生抱怨。其次，如果公司频繁地发小笔的驻外津贴，而不是采取少发几次、每次多发一些的方式，那么驻外津贴可能就会失去激励的价值。最后，员工在回国之后就不会再享有这部分津贴，他们会觉得好像薪酬水平下降了，从而影响士气。

　　艰苦津贴是公司用来补助在国外特别艰苦的生活和工作环境中工作的员工在整个驻外期间发放的小笔艰苦津贴。公司一般只为特别艰苦的工作地点提供困难补助，诸如此类条件：偏僻的、暴力犯罪频发的、气候等自然环境恶劣的、缺乏卫生条件和健康医疗设施等。在这种条件下工作的驻外人员能得到占基本工资5%～60%的困难补助，比例视所在地区的艰苦程度而定。

　　流动津贴是对员工变换工作地点和工作的一种奖励。它与驻外津贴相类似，两者的区别在于支付的时期不同。流动津贴通常是在驻外人员接受外派开始或外派结束时一次性支付总额，这一做法充分利用了税收优惠的条件。流动津贴的出现源于对驻外奖金的税收优惠和驻外人员对更多的实质性激励的需求。许多驻外人员认为驻外津贴是公司理所应当支付的，并且把这看做他们基本工资的一个组成部分，当外派结束后部分奖励不再有时，员工常常将这看做一种减薪行为。而一次性支付流动津贴则有助于员工将它看做对接受和完成驻外任务的一种奖励。

　　驻外人员的福利一直都是驻外人员薪酬中的重要组成部分，跨国公司提供福利的目的是为了吸引和保留最好的驻外人员，同时增加驻外人员及其家人的安全感。此外，设计完善的福利计划还应该能帮助驻外人员及其家人与他们在国内的其他家庭成员和朋友保持稳定的联系。国际总体边缘薪酬的组成部分以及补充部分和国内一样。驻外人员也可以得到他们在母国工作的同事能得到的许多标准福利，而且他们还会因为到海外工作而得到一些补充的额外福利。

（二）边缘薪酬的标准福利

驻外人员的边缘薪酬类似国内员工的总体边缘薪酬，国际边缘薪酬计划包括医疗保险、退休计划和一些假期。但与基本工资相比，各国文化和政策差异使得国际福利管理异常复杂。由于各国文化差异导致福利管理实务之间存在很大的差异，所以很难应对从一国到另一国的养老金计划；同时，养老金计划、医药费和社会保险费的不可转移性也使得实际操作十分困难。许多公司出于管理和税收方面的考虑，将外派员工纳入母公司的养老金计划。有些公司还按这一原则管理外派员工的社会保障金。按照国内制度管理外派员工的养老金和按国内制度确定员工基薪是一致的，这种管理方法同样适用于其他国员工的福利管理。通常，美国跨国公司的驻外人员大部分享受母国的福利计划，而有些国家的驻外人员只能选择当地的社会保险计划。在这种情形下，公司一般要支付额外的费用。

此外，跨国公司还为驻外人员提供休假和特殊假期。驻外人员每年的休假通常都和国内的同事一样，相对来说，驻外工作期限较短的雇员都会有这些福利；公司并不延长驻外人员的休假期，这是因为当驻外人员回国后失去这些额外的福利时会觉得是一种惩罚。但跨国公司在休假时间上必须符合国外法律的规定，例如，墨西哥的法律规定雇员每年有 14 天的休假期，而瑞典法律规定的休假期是30 天。驻外人员在外国或当地的节日期间可以有带薪假期，因为一些国家会要求雇主在一些规定节日向所有雇员提供带薪假期。在艰苦地区工作的驻外人员还经常能获得公司提供的额外休假费用和疗养假期。

（三）边缘薪酬的额外福利

通常公司提供给驻外人员的额外福利主要包括生活费用津贴、住房津贴、探亲津贴、子女教育津贴、搬家津贴和税收方面的补贴等。驻外人员所拥有的不同文化背景也会影响他们对各种额外福利的偏好，如在中国，由于传统文化以及计划经济体制所形成的"住房情结"，驻外人员可能会更偏好于探亲津贴、子女教育津贴和住房津贴；而美国人可能会更偏好于生活费用津贴、税收等。因此，公司在提供额外福利时可考虑运用"自助餐式"的福利计划，由驻外人员根据自己的偏好来自行选择。

1. 生活费用津贴

生活费用津贴通常最受关注，它涉及对母国和所在国之间制度差额的补偿费用，如用于解决通货膨胀造成的差别。这种津贴通常很难确定，公司可利用一些服务机构，它们专门定期地向客户提供全球性的最新生活费津贴信息。生活费津贴也可以包括对住房和水电气等设施、个人所得税或自己选定项目的支付款项。

2. 住房津贴

跨国公司提供住房津贴的目的是使驻外人员能够保持在母国时的生活水平，或者在某些情况下是为了使他们得到与提供给同类外国员工或同事相同的居住条件，这些津贴通常根据估计的或实际的情况来支付。其他代替办法包括公司提供强制性或选择性的住房、固定的住房津贴，或者按收入的比例估价，再根据实际的住房费用支付。住房问题通常按照个案处理，但是当一个企业国际化时，制定正式的政策就显得尤为必要。在这方面，其他国人员所获得的福利通常少于母国人员。

3. 探亲津贴

许多跨国公司还为驻外人员支付每年一次或多次往返国内的旅费。支付这些旅费是为驻外人员提供机会以恢复其与家庭和生意伙伴的联系，使他们避免在国外任职结束后回国时出现不适应问题。尽管企业在传统上限制使用探亲津贴回家，但一些企业向驻外人员提供另一套可供选择方案，即利用津贴去国外旅游而不是回家。

4. 子女教育津贴

为驻外人员的子女提供"教育津贴"也是国际薪酬政策的一个重要组成部分。教育津贴包括学费、学习语言课程的费用、入学费、课本和文具用品费、交通费、食宿费以及校服费等。对那些在异地受教育的被赡养者，能够为他们提供的教育水平、当地是否有合适的学校以及交通是否方便等都会成为跨国公司要考虑的现实问题。通常，母国人员和其他国人员在教育费用上受到的待遇相同。一般来说，跨国公司会支付驻外人员所赡养的子女在当地学校或寄宿学校的学习费用，但会参照当地学校的情况，在费用上也会有一些限制。如果认为有必要，跨国公司还会提供驻外人员子女上大学的费用。

5. 搬家津贴

"搬家费"通常包括搬迁、运输和储存的费用、临时生活费、电器或汽车购买（或出售）的补贴以及定金或与出租等相关的费用。由于特权享受的津贴（轿车、俱乐部会员、佣人等）也要考虑在内（通常给予更高的职位，但要根据不同的国家或地点而定）。这些津贴经常是不确定的，根据本国和所在国的税收政策和实践而定。

6. 税收

税收可能是人力资源管理者和驻外人员（母国人员和其他国人员）最为关注的问题，因为它通常会引起排斥心理。跨国任职会意味着双重征税，即在工作所在国和母公司所在地都要被征税。跨国公司一般选择税收平衡和税收保护两种方法中的一种来处理国际税收问题。税收平衡是公司暂时代扣数额等于母国人员在母国应纳税额，然后为雇员支付其所在国的全部税款；税收保护是驻外人员的纳税额不超过他或她在母国薪酬应纳税额的总额。在这种情形下，如果在外国的纳税额低于母国，超出的部分就成为雇员的额外收入。税收平衡是迄今为止跨国公司最为常用的税收政策。据此，母国人员的应缴税款等于在母国享有同等收入和家庭地位的纳税人的工资和奖金所应承担的税款。通常，公司还要额外支付给驻外人员补贴或津贴，而且都是免税的。随着跨国公司经营业务的拓展，它们所面临的所得税率的差别也越来越大。跨国公司在制订薪酬计划时，需要考虑各国的特殊规定可调整的程度，以使母国人员、所在国和第三国人员在跨国公司总的薪酬框架内能够获得税收方面最优惠和最适当的回报。

二　母国人员和其他国人员之间的差距

母国人员和其他国人员尽管都是驻外人员，但在薪酬方面仍存在很大的差异。正如我们在前面所指出的，许多跨国公司都是根据国籍来确定相应基本工资的。

在驻外人员总体薪酬的确定上一般采用资金平衡法，这带来的结果之一便是在不同国籍的驻外人员的工资之间产生差异。实际上，这就是母国人员和其他国人员之间的差异。很多其他国人员拥有丰富的国际工作经验，因为他们在非本国的一家或多家跨国公司工作过，而且经常在不同的国家之间调动。按照当地的基本工资向其他国人员支付薪酬无疑要比按母国人员的工资水平给所有驻外人员支付的薪酬要少，尤其当跨国公司的总部设在美国或德国这样的国家时，管理者工资高而且货币坚挺。但消除这些差别是非常困难的。虽然一些跨国公司对待其他国员工有不同的薪酬计划，但发展的趋势是像对待母国的驻外人员一样对待他们。这两种情况都有可能出现问题。例如，美国的海外高层员工与其他国家的海外高层员工的收入就有差距。这是因为美国政府对于美国公民，包括在海外生活与工作的美国公民采取特殊的税收办法：把那些税制差异津贴也作为额外应征税的收入。而其他一些主要的发达国家则没有这种公民税。

通常，跨国公司为满足母国人员退休的需求而制订的计划都很完善，但对其他国人员在这方面做得就差一些。其中有很多原因：其他国人员可能很少或根本没有享受母国的社会保险。他们可能在一些国家已经生活了很多年，而这些国家不允许累计的福利款项转移；或者他们又可能在最后的一两年里在某个国家工作，但那里最终平均工资的货币与对他们不利的母国货币挂钩。如何计算他们的福利？哪一种退休计划适合他们？这些会使驻外人员的福利产生很大的差距：他们也许可以自由选择国家，享受舒适的退休生活，但也有可能会在其他地方被迫退休，面临生活贫困的窘境。

三　德国公司制企业薪酬制度解析

德国是典型的社会市场经济模式，既反对经济上的自由放任，也反对把经济管死，而强调要将个人的自由创造和社会进步的原则结合起来。实际上，德国实行的是国家适当调节的市场经济，以保证市场自由和社会公平之间的均衡。德国公司制企业治理结构的一个重要特点是双重委员会制度，即实行监督委员会和管理董事会制度。监督委员会的主要职责是监督管理董事会的经营活动，任免管理董事会成员，向其提供咨询等。在德国，最大的股东是银行、创业家族和基金会等一些组织，它们在许多公司中都拥有很大一部分股票，所有权的集中程度比较高。这些大股东持股相对稳定，不因公司绩效的暂时下降而迅速出售股票，但它有可能通过其在监督委员会中的权力影响经理层的行为。由于德国公司制企业的持股主体更注重从公司利润的角度评价经理人员，因而经营者将公司扩张和加强市场竞争力作为目标，更注重长期发展①。

（一）德国企业蓝领及白领薪酬制度

德国企业的薪酬制度分为蓝领阶层和白领阶层薪酬制度。岗位等级工资是德国蓝领阶层的基本工资制度。一般按照对工作的分析评价制定工资等级，然后以某一级作为基准工资，最高等级的工资标准一般控制为最低等级工资标准的两

---

① 应永胜：《德国公司制企业薪酬制度解析及启示》，《福建商业高等专科学校学报》2005 年第 2 期。

倍。工人的工资收入主要有：基本（岗位）工资、岗位补贴、苦脏累险或有害岗位补贴、休假工资和休假补贴、年终特别奖、庆祝奖（即雇员在一个公司连续工作到一定期限后发给的一次性奖励）。此外，不少公司还设有节能奖、质量奖、节约原材料奖。

企业白领阶层的收入与蓝领完全不同，其工资由董事会单独确定，不需要经过集体谈判，也不列入企业的工资表，但针对不同层次的员工，企业的具体做法不尽相同。有些企业只单独确定部门经理以上的中高级员工的报酬，初级员工工资则由劳资谈判决定。然而更多的企业对所有员工的工资都单独决定，即实行年薪制。

德国员工的报酬大致包括：固定年薪、浮动收入和养老金预支等，其中，浮动收入包括企业红利提成、年终奖金等，占年收入的 25% ~ 30%。浮动收入的高低取决于销售额和利润的增长。关于年薪的构成比例，不同层次的员工是不同的。中、低级员工的薪金与企业经营状况挂钩程度不那么紧密，如中级员工只有 50% ~ 60% 的人可享受浮动收入，且浮动收入占其年收入的比重只有 10% ~ 15%。从全国范围看，同一层次的员工，有时年薪会相差很多，年薪的多少一般取决于企业规模的大小和企业的经营状况。中型企业和大企业相比，员工年薪会相差 3 ~ 4 倍。而同等规模的企业，由于经营状况的不同，会使同一层次的员工年薪相差一半左右。除上述两个因素的影响外，员工的年薪多少还与其工作年限有关，其薪金会随着在本企业工作年限的增加而有所提高。在同一企业内，高层员工的年薪大约相当于低级员工年薪的 4 倍。

（二）德国企业工资水平与政府的关系

在德国，工资水平的决定因素主要随着国民经济的增长、劳动生产率的提高、物价的调整及就业状况的改善而增加，增加幅度主要由工会和雇主协会在没有国家直接干预的情况下，按行业、分地区进行劳资双方谈判确定，同时考虑劳动力的市场供求及其与之联系的市场价格，并辅之以物价指数化的工资率。作为谈判双方的工会与雇主协会都有各自的研究所，提出详细的分析预测材料。双方都以经济增长和劳动生产率提高为前提，同时考虑通货膨胀率、工资成本率、分配结构的调整以及各自的承受能力等因素，提出关于增资幅度的意见。双方一旦达成协议，都必须严格遵守并执行。

在德国，薪酬较高的行业有能源业、保险业和银行业；薪酬较低的行业有个人经销、消费品业和食品工业。1993 年，德国平均工资收入最高的行业是最低行业的 1.42 倍。在公司内部，高层员工的工资收入达到一般工人收入的 24 倍。在全国范围内，公司总裁的年平均收入达到制造业员工年均收入的 13 倍。

德国政府对公司制企业的工资分配采取不干预、不介入的态度，但也通过一些手段对其产生间接影响。比如：政府在每年初发布年度经济报告，其中包括经济增长率、劳动生产率的提高和物价上涨指数等情况，并对上年的工资政策进行评述，加以引导，供劳资双方在谈判时参考；在一定条件下，可以通过劳工和社会秩序部宣布某一个劳资协议对整个行业有约束；运用就业政策平衡劳动力市场的供求关系，从而影响劳动力的价格；通过控制货币发行量，调整利率和汇率，影响工资增长幅度等。

第四节　跨国公司的薪酬制度

一　跨国公司的薪酬结构和薪酬水平

跨国企业薪酬结构是指在整个薪酬构成中不同形式收入的比例结构；薪酬水平是指每种形式收入的绝对数量，不同国家、不同产业、不同企业的相同职位的薪酬水平是不同的。从理论上讲，跨国企业希望保持薪酬结构和薪酬水平的标准化，从而实现全球一致性，但由于跨国企业的经济环境以及地区差异，在薪酬体系上往往显示出本土化的特性。

固定收入和变动收入是跨国企业最基本的薪酬策略选择，企业选择哪一种，取决于企业能否准确考核员工的绩效，如果企业无法准确对员工绩效进行考核，那么往往倾向于采用固定收入策略。此外，不同国家的企业对薪酬策略的选择也会不同，例如，美国、墨西哥和拉丁美洲国家的企业偏向于采用变动收入策略，而日本、澳大利亚的企业则更倾向于采用固定收入策略。当企业采取以绩效考核为基础的收入策略时，需要处理好个人绩效和群体绩效之间的关系。个人绩效的准确度量能够对个体产生激励，但随着分工程度的提高，团队在企业中的作用越来越突出，当企业目标或任务属性要求企业必须保持高度的团队协作时，群体绩效的测度就变得非常重要。尽管绩效考核属于企业内部控制的范畴，但基于绩效考核的薪酬策略也受外部因素的影响。地域文化不同，企业对个人绩效和群体绩效的侧重也会有所不同。在提倡个性独立的国家中，企业更容易推行以个人绩效评估为基础的薪酬策略；而在强调群体合作的国家中，企业则更倾向于选择以群体绩效为基础的薪酬策略。

另一个与个人绩效和群体绩效相关的支付决策是短期薪酬策略和长期薪酬策略。短期薪酬主要针对预期行为，长期薪酬则主要面向长期激励。然而，无论是短期薪酬策略还是长期薪酬策略，都会受到外部文化和制度的影响，如股权激励这种长期薪酬策略更适用于高度个性化、低风险规避国家的企业，而级差税率等制度因素则会对长期薪酬策略产生积极影响。可见，跨国企业应制定兼顾不同薪酬影响因素的薪酬策略。图9-2表明薪酬策略主要包括薪酬水平和薪酬结构两方面的内容，最基本的形式是固定收入、变动收入，在最基本形式下，衍生出了涉及基于考核的薪酬策略、基于风险偏好的薪酬策略、基于稳定性的薪酬策略，但无论哪一种薪酬策略都要受企业内部战略目标和外部环境的影响①。

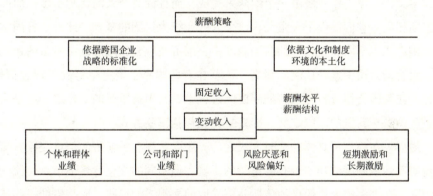

图9-2 跨国企业薪酬策略框架图

资料来源：王秀臣、于渤《跨国企业薪酬战略选择的影响因素》，《技术经济》2009年第1期，第126页。

薪酬作为处理公司人际关系的直接杠杆，它必须是公正、完备的，不能冒犯任何国家的文化习俗，这就使得确定不同国家当地员工薪酬水平比确定同一国家不同地区员工的薪酬水平要复杂得多。

首先，管理者通过分析国内外文化的差异，尽量减弱本国文化在薪酬机制中

___

① 王秀臣、于渤：《跨国企业薪酬战略选择的影响因素》，《技术经济》2009年第1期。

的支配地位。美国许多管理学家在考察了数家知名跨国公司的薪酬实践后，认为本国文化力在薪酬战略的制定中具有很大的阻碍作用。许多跨国公司仍以本国文化传统为依据界定职位、职能和员工间的关系，评估员工的业绩，其薪酬理念建立在本国文化基础上，带有浓厚的母国特色，这使得跨国公司在东道国出现薪酬政策的"水土不服"现象。如在法国的日本公司希望可以在圣诞节前后搞一个"聚会"来烘托群体合作的气氛，结果遇到很多困难。法国的雇员希望把在活动上花掉的钱打到他们的工资单上，在家里和家人朋友聚会而不是和同事在一起。日本的经理倾向于从公司群体中获得他们的认同感，在法国远不是这样，他们会表现得更加个人主义。

其次，管理者在分析了国内外文化的差异后，应该确保公司的薪酬策略能够融入当地的文化，得到准确无误的实施。为此，管理者应该具体分析各种文化对同一种制度的不同理解。东西方国家存在着很大的文化差异，许多东方国家提倡集体主义，一项工作一般由一个团队来完成，而且针对个人的奖励不多；而西方国家则相反，它们提倡个人主义，以个人的业绩为付酬的基础。此外，各国常用的薪酬方式也不同，在日本的薪酬制度中，工资在现金薪酬总额中所占的比例很低，而德国公司中这一比例却很高，甚至在有些国家工资完全等同于现金薪酬。因此，在跨国公司分析各国薪酬制度的过程中，其中最重要的工作之一就是需要比较各国对于薪酬的不同定义，即薪酬究竟包括哪些方式。

最后，在确定了具体的薪酬方式之后，还要重视有关薪酬的信息交流。信息交流对于薪酬制度成功与否有着重要的影响，但不同的文化背景下信息交流的方式不同，在许多国家，信息的传播并不采取明文规定的形式，而是借助一些传统或公认的做法，有的甚至采用"小道消息"。但我们认为，跨国公司薪酬信息的交流必须直接、明确、条理清楚，避免产生歧义，而且必须采取当地员工可以接受的方式。对跨国公司中当地员工的薪酬制度的选择涉及众多的因素，但文化是管理者所必须考虑的，任何薪酬制度的选择实施都必须以不侵犯当地员工的文化为前提。

二 跨国企业本土员工薪酬的发展趋势

跨国公司在为当地员工寻找合理的薪酬制度的尝试中，开始出现三种比较明显的趋势。

（1）从致力于探求一种连贯性的、使用广泛的全球薪酬理念到将全球薪酬理念范围缩小到工资和短期激励上。许多跨国公司不再从一国文化出发，而是通过自身的实践找到了一些更为有效和简便的方法：忽略制度之间的不连贯性，为当地员工设立适应当地市场和当地文化传统的薪酬制度。

（2）各国的薪酬实践由于跨国公司的参与而日益多样化。前面我们已经说过，各个国家都有自己源远流长的民族文化，并影响和决定着各自的薪酬实践。但是随着各跨国公司业务的深入，其子公司所在国的传统文化也开始发生变化。越来越多的跨国公司发现，尽管它们的某些薪酬制度在有些国家不合常规，但仍能为当地员工所接受，而且效果也不错。这表明跨国公司不必太局限于子公司所在国的传统，只要能够创造良好的经济效益又不侵犯其民族文化，就可以采取创新性措施。实践空间的扩大促使更多的公司推陈出新，及时更新自己的薪酬制度。

（3）跨国公司加强内部公平性管理。各国子公司给予驻外人员和当地员工不同的薪酬水平和方式使得薪酬的内部公平性原则受到挑战。这两种员工来自不同的劳动力市场，面临着公司不同的吸引与激励策略。因此，不可能实现完全的均衡，总有一方的薪酬条件会比另一方优越，但这些不平衡因素又与公司许多团队协作和责任分担原则不相协调。因此，许多跨国公司试图在其他方面进行相应调整，例如，为所有员工提供相同标准的住房条件，逐步减少海外员工的数量或者缩短他们的合同期限等。

总而言之，对于各国当地员工的薪酬制度并没有一个统一成形的发展趋势，每个国家的实践都与各自的文化历史背景密切相连。但是，我们仍能从中总结出主要发展方向，这主要包括：（1）以能力为基础的薪酬方式及可变薪酬概念在实行市场经济的国家中已经被广泛接受，并表现为各种不同的形式，如法定利润分享、股票期权及其他长期激励方式。据美国KPMG国际人力资源调查网的调查，对驻外人员和数量日益增多的当地员工，跨国公司越来越多地使用各种股票所有权计划，大约有71%的被调查公司在其各国的子公司中实施此类计划。但作者认为，在跨国公司中其薪酬理念以及薪酬实践的国际化总是滞后于其他业务的国际化，因此，这些薪酬方式要真正起到激励作用还需要一个漫长的过程，特别是在奉行集体主义的国家中，西方的这些薪酬理念与其传统理念在很长一段时间内将会并行不悖，发挥着各自的激励作用。（2）各国传统薪酬机制由于受到新的薪酬机制的挑战，各个国家的薪酬模式也在悄然地发生着变化。尽管我们在前文中提到各国的文化差异是巨大的，但这并不意味着全世界的人们已经被固定于特定的薪酬模式中，或由于文化的强制性而不作出其他的选择。几家日本公司，如索尼，已经引入了员工持股计划，而一些美国公司也采取了诸如利润分享、团队薪酬和技能工资等薪酬方式。（3）各跨国公司对当地员工薪酬市场调查数据的需求日益增强，从而有力地推动了市场调查的技术进步，进一步加强了这一过程的高速、高效趋势①。

沃尔玛的固定工资加利润分享计划就是一个很好的案例。沃尔玛公司1962年创立于美国西部的一个小镇，1991年成为美国第一大零售企业，在全球十余个国家设立了子公司。如此庞大的企业实现低成本高效率地运行，与其实施的员工薪酬制度有着重要的关系。沃尔玛的薪酬制度＝固定工资＋利润分享计划＋员工购股计划＋损耗奖励计划＋其他福利，沃尔玛公司不把员工视为雇员而是合伙人。因此，公司的一切人力资源制度都体现这一理念，除了让员工参与决策之外，还推行一套独特的薪酬制度。

沃尔玛的固定工资基本上属于行业较低的水平，但是其利润分享计划、员工购股计划、损耗奖励计划，在整个报酬制度中起着举足轻重的作用。（1）利润分享计划：凡是加入公司一年以上，每年工作时数不低于1000小时的所有员工都有权分享公司的一部分利润。公司根据利润情况按员工工薪的一定百分比提留，一般为6%，提留后用于购买公司股票。由于公司股票价值随着业绩的成长而提升，当员工离开公司或是退休时就可以得到一笔数目可观的现金或是公司股票。例如，一位1972年加入沃尔玛的货车司机20年后的1992年离开时得到了70万元的利润分享金。（2）员工购股计划：本着自愿的原则，员工可以购买公司的股票，并享有比市价低15%的折扣，可以缴现金，也可以用工资抵扣。目前，沃尔玛80%的员工都享有公司的股票，真正成了公司的股东，其中有些成为百万富翁和千万富翁。（3）损耗奖励计划：店铺因减少损耗而获得的赢利，公司与员工一同分享。（4）其他福利计划：建立员工疾病信托基金，设立员工子女奖学金。从1988年开始。每年资助100名沃尔玛员工的孩子上大学。每人

① 武志鸿：《跨文化企业内的管理人员薪酬管理研究》，华南师范大学硕士学位论文，2003年5月，第25~36页。

每年 6000 美元，连续资助 4 年[①]。

沃尔玛通过利润分享计划和员工购股计划，建立员工和企业的合伙关系，使员工感到自己的收入多少取决于自身的努力，因此会关心企业的发展，加倍努力地工作。不过，这种薪酬制度也有局限性，对于那些温饱问题没有解决的员工来讲，他们更关心眼前固定工资的多少，而非未来的收入。对于处于成熟期的企业来讲，利润增加和股票价值的升值主要不取决于员工的努力，股票升值的潜力很小，这样就会使利润分享计划和员工购股计划不会为员工带来多少利益。利润分享计划和员工购股计划最适合成长性、发展型企业采用。

三　在华跨国企业工资水平

长期以来，中国引人注目的低成本和高生产率始终是吸引外资和左右全球制造业投资决策的重要因素。但近几年中国供给廉价劳动力已不成为优势，已有征兆显示，中国的劳动力市场正在发生变化。上海 40 家涉及高科技、制药业、消费品行业最领先的跨国企业工资调查显示，这些公司的工资增长率对比整个上海的行业薪酬增长率，依然处于较高的增长水平[②]。被调查的 40 家企业为本科毕业生提供了高达每年 45976 元（平均 35000 元）的起薪；硕士的平均起薪是每年 66425 元（平均 48000 元）；MBA 的平均起薪是每年 72028 元（平均 59500 元）。在这些外企中，中层工资水平最高的是销售经理，2001 年达到年薪 340606 元，2002 年增长到 400400 元；其次是财务经理，2001 年年薪为 264000 元，2002 年增长为 327622 元；再次为人力资源部经理，2001 年年薪为 236601 元，2002 年增长到 277108 元。

吸引和留住优秀员工已经日益成为企业发展所关注的焦点。被调查的跨国企业显示，吸引员工最为重要的三项因素分别是员工发展计划（78%）、对员工的奖励和肯定（60%）、薪酬福利（56%）等。其次是培训计划（40%）、工作环境（28%）和工作内容（25%）。可以看出，跨国公司除了为员工提供较高的薪酬、福利待遇外，还非常重视员工的培训与发展以及员工的工作环境。

---

① 李飞：《美国著名零售企业的薪酬制度》，《中国人才》2004 年第 5 期。
② 陶筠：《上海 40 家跨国公司薪酬调查》，美世（中国）咨询公司公布了对上海 40 家跨国公司的最新薪酬调查，http：//www.chinahrd.net/zhi_ sk/，2003 年 9 月。

美国所罗门美邦公司的亚洲首席经济分析家唐·汉纳（Hannah）曾说："以往在中国某些地区投资的有利成本因素正在消失。有迹象显示，城市的工资开始上涨，尽管全国的平均工资数值仍保持稳定，但熟练工人尤其是管理人员供不应求。"飞利浦电子设备公司亚太地区的一项调查显示，该公司在中国有 17 家工厂，它在亚洲的 6 万名工人中有 1/3 在中国，但现在受过训练的中国经理更难找了，留住他们的代价也更高了。同时，在过去的 3 年中，飞利浦电子设备公司在中国的工资总成本每年增长 8% ~ 9%。业内权威人士认为，如果中国的成本上涨，东南亚的吸引力就会相对增加。

日本贸易振兴会 2004 年曾就中国 6 城市与东盟 5 城市的月工资情况进行了比较。调查结果显示，不断拉高中国人经理层薪水的主要是欧美企业。欧美企业拉升了中国白领薪金。日本企业大多预先设定了中国职员的月薪水平，在这个范围内录用最优秀的人才，月薪一般为 5000 ~ 7000 元。但是欧美企业一旦认为需要这个人才，就按照"市场价格"录用。伴随着中国业务的扩大，当地的经理需求也开始增加，而人才供给不会那么简单地说增加就增加的，因此，经理人才的行情当然会看涨。而且，有的欧美企业还把年薪的 40% 作为奖金。

虽然工资水平有所上升，但由于亚洲金融危机发生后，货币汇率下跌，若按美元计算，他们的工资水平还是下降的。新加坡经济发展局表示，今日东南亚的成本与中国相比仍有竞争力，特别是在中国的成本上涨的情况下。该局指出，即使中国很有吸引力，谨慎的公司也不会愿意把全部财力投入一个地方，东南亚就为它们提供了一个规避风险的投资场所。

为降低成本，一些跨国公司开始从沿海地区向内陆转移生产。例如，近几年，通用汽车公司、摩托罗拉公司和英特尔公司将它们的一些制造业工作和研究工作转移到内陆，不仅是为了降低成本，也是为了打开新的市场。但由于中国政府通过减税增加农村收入的努力，正在使一些潜在的工厂劳动力留在农村。

第10章
激励理论与应用

跨国公司的人力资源趋于全球化及高学历的知识型员工，他们希望接受新的理念和新的管理方法，得到自我价值的实现。激励包括物质与非物质诱因，唯经济诱因并非是最有效的，员工希望实现组织目标的同时实现个人愿望与个体价值。因此，在个人职业生涯发展上对跨国企业给予了很高的期望。

第一节　激励的功效与相关理论

激励的力量是无比的，一个人的成功并非要改头换面、脱胎换骨，而是要将自己美好的本来面目呈现出来。因为每个人身上都蕴藏着巨大的潜力，只是人们没有注意到自己的才能潜质，没有发现、也没有机遇展现在人们的面前。成功就是恰如其分地将自己的优点展示在人们面前。激励可使人们投入和忘我地工作，并在工作中发挥出惊人的创造力和想象力。在文艺复兴时期，意大利雕刻家米开朗其罗用了多年时间，完成了举世闻名的大理石雕刻——《戴维》，该雕刻目前存放于佛罗伦萨美术学院。当朋友问米开朗其罗雕琢出栩栩如生的戴维像的秘诀时，他只是轻描淡写地说："戴维本来就在这块大理石之内，我只是将不属于戴维的石块凿掉罢了。"人的潜能是蕴藏于体内的潜力。美国著名哲学家和心理学家威廉·詹姆士（William James，1842－1910）在对员工的激励研究中发现，按时计酬的员工每天一般只需发挥20%～30%的能力用于工作就足以保住饭碗，但如果能充分调动他们的积极性，他们的能力可发挥到80%～90%。因此，在缺乏激励的环境中，人的潜力不能得到发挥，在受到充分激励的情况下，他们工作起来感到轻松，人的潜能可以得到最大的发挥。

一　激励的非经济诱因效用

（一）巴纳德的组织平衡理论

在现代社会企业间激烈的竞争中，企业要持续保持竞争优势，维系企业持续的发展，该如何留住优秀的员工？通过哪些方法使企业各阶层成员凝聚在一起呢？管理理论之父——切斯特·巴纳德（Barnard, C. I., 1886 - 1961）认为："组织是一个社会协作体系，用以整个参与者的贡献。组织理论的核心部分是组织的存续和发展，即维持组织平衡的问题。""组织是一种在有意识的、有意图、有目的的人们之间的一种协作。"那么，组织为实现其目标，如何使组织与参与者，即经营者与员工的目标达成一致？如何持续地为组织作出贡献，并认同组织的目标呢？巴纳德的组织平衡理论，从根本上讲是一个贡献（或者牺牲、服务）与诱因（或者效用）的平衡问题。

组织保持平衡的条件是，组织向每个成员提供或分配的诱因要大于或等于个人所作的贡献，即贡献≤诱因。在此条件下组织得以存续和发展。组织的活力在于其成员贡献力量的意愿。这种意愿要求有共同目的和能够实现的信念。作贡献意愿的维持还取决于成员个人在实现目的的过程中所获得的满足。如果这种满足小于为组织作出的贡献，这种意愿也将消失，组织就没有效率。只有个人的满足超过其贡献，作贡献的意愿才能持续下去。

组织对员工提供的诱因并不是唯经济的诱因，而是由经济诱因与非经济诱因组成的。唯经济诱因并非是最有效的，现在企业管理者更多地注意经济诱因，而不注意非经济诱因，而提供非经济诱因的生产能率尤为重要。研究发现，个人绩效与激励水平、工作环境有很大的关系。激励水平是工作行为表现的决定因素。员工能力再高，如没有较高的积极性，也不可能有良好的行为表现。

无论经济与非经济的诱因，其激励标的是一致的，不同的激励方式会产生不同程度的影响。物质与非物质激励方式的选择，是根据不同类型的员工，满足其精神需求或物质需求，调动员工工作积极性的先决条件。近年来，随着物质水平以及企业人力资源水平的提高，员工对精神与情感的需求越来越迫切，员工希望自己所做的工作得到认可，获得尊重和关注，在工作中实现个人的人生价值。因此，精神激励显得越来越重要，在精神上获得的愉悦是物质激励所不能取代的。

（二）西方激励理论

西方管理激励理论经历了近一个世纪的发展，通过对管理主体心理和行为的观察和试验，发展了一系列与管理实践紧密相连且行之有效的激励理论。激励理论以企业激励问题为导向，以人的需要为基点，是在实践中总结经验并进行科学归纳的基础上建立起来的。自 20 世纪初以来，激励理论经历了由单一的金钱刺激到满足多种需要、由激励条件泛化到激励因素明晰、由激励基础研究到激励过程探索的历史演变过程①。可以发现，人们对激励问题的研究是从两个不同的思路展开的：（1）在经验总结和科学归纳的基础上形成的管理学激励理论；（2）在人的理性假设基础上，通过严密的逻辑推理和数学模型获得的经济学激励理论。

纵观管理激励理论的历史演进，对理解和解决企业激励问题具有重要的现实意义。激励理论是以研究人的行为为出发点的。随着行为科学的形成，涌现出许多管理学家、心理学家和社会学家，他们从各种不同的角度研究和探讨如何满足人的需求、激励和激发人的动机，提出了相应的激励理论，在调动人的积极性方面作出了卓越贡献。

按照研究的侧重及与行为关系的不同，管理激励理论可分为内容型、过程型、行为改造型和综合型四大类型。内容型激励理论又称需要理论，它着重研究人的需要与行为动机的对应关系，目的是通过满足个体的需要来激发相应的行为动机，使其为组织目标服务。其代表理论主要有马斯洛的需求层次理论、奥尔德弗（Alderfer）的 ERG 理论、麦克里兰的成就需要理论、赫兹伯格的"激励—保健"双因素论。过程型激励理论重点研究人的行为动机产生到目标行为选择的心理过程。其目的是通过对员工的目标行为选择过程施加纠偏影响，使员工在能够满足自身需要的行为中选择组织预期的行为。这一类理论包括弗鲁姆（V. H. Vroom）的期望效价理论、亚当斯（J. S. Adams）的公平理论、洛克（E. A. Loke）的目标设置理论。行为改造型激励理论主要研究人的行为结果对目标行为选择的反作用，通过对行为结果的归因来强化、修正或改造员工的原有行

---

① 吴云：《西方激励理论的历史演进及其启示》，《学习与探索》1996 年第 6 期，第 23 页。

为，使符合组织目标的行为持续反复地出现。具有代表性的是斯金纳（B. F. Skinner）的强化理论和凯利（Kelley，H. H.）的归因理论。综合型激励理论主要是将上述几类激励理论进行结合，把内外激励因素都考虑进去，系统地描述激励全过程，对人的行为作更为全面的解释，克服单个激励理论的片面性。代表性理论有罗伯特·豪斯（Robert House）的激励力量理论、布朗（R. A. Baron）的 VIE 理论、波特（L. Porter）和劳勒（E. Lawler）的期望几率理论。

（三）激励的心理机制

激励是指人类的一种心理状态，它具有加强和激发动机、推动并引导行为目标的作用。激励也是激发和鼓励，即利用某种有效手段或方法调动人们的积极性。激励对于组织经营至关重要。员工对组织的价值并不是取决于他的能力和天赋，其能力和天赋的发挥很大程度上决定于动机水平的高低。美国著名管理学教授斯蒂芬·P. 罗宾斯（Stephen P. Robbins）认为，激励是通过高水平的努力实现企业目标的意愿，而这种努力是以能够满足个体的某种需要为条件的。因此，激励要满足三个关键要素，即需要、努力和组织目标。这三个要素紧密相关，当一个人被激励时，他会努力工作，同时十分注意努力的质量。

对"激励"的研究，学者们围绕"动机"而展开。一种观点是将激励等同于动机，认为激励就是动机；而从管理学角度上来看，激励与动机虽有着内在的联系，但又有着本质的区别。动机是个体行为的内在动力，它与管理行为没有必然的联系，也不依赖于管理而存在。而激励作为一项自我管理或群体管理的职能，属于管理行为范畴。因此，激励与动机在内涵上有着密切的联系，但却不等同。美国管理学家贝雷森（Berelson，B.）和斯坦尼尔（Steiner，G. A.）认为："激励是一种加强、激活或推动行为，是人类活动的一种内部状态。一切内心要争取的条件、希望、愿望、动力等都构成了对人的激励。"这可以定义为：激励是一种心理状态或精神力量，它对人的行为产生激发、推动和加强的作用，并且指导和引导行为指向自己锁定的目标。

人的行为由动机决定，而动机则是由未被满足的需求引起的。当人们产生某种需要而又想满足这种需要时，它促使人处在一种不安和紧张状态之中，成为要做某种事的内在驱动力。心理学上把这种驱动力叫做动机。动机产生以后，人们就会寻找、选择能够满足需要的目标和途径。一旦遇到能满足需要的目标和确定行为策略后，这种紧张不安的心理就会转化为动机，产生一定的行动。动机越高，其努力的程度也就越大。如果目标能够达到，则会产生满足感，紧张的心理状态得到松弛和缓解。之后进行反馈和修正，又会产生新的需要和目标（见图10－1）。

图 10 – 1　激励的心理机制模型

如图 10 – 1 所示，需要（needs）是指当缺乏或期待某种结果而产生的心理状态，包括对食物、水、空气等物质需要及对归属、爱等社会需要。需要未能满足的状态，会产生一种驱动人采取行动满足需要的压力，这种压力只有达到目标，满足需要时才会缓解或解除。动机（lncentive）是指人们从事某种活动，为某一目标付出努力的意愿，这种意愿取决于能否以及多大程度上满足人的需要。动机有三个要素：决定人行为的方向，即选择做出什么行为；努力的水平，即行为的努力程度；坚持的水平，即遇到阻碍时付出多大努力坚持自己的行为。

员工受到激励后，便处于紧张的状态，他们会付出努力来缓解紧张，员工所采取的行动和付出的努力，也是为实现他们锁定目标的欲望所驱动的。在组织中，导致个人紧张程度减轻的行为只有在与组织目标保持一致的情况下才会对组织有利。

二　激励的类型与理论

（一）内容型激励理论

内容型激励理论重点研究激发动机的诱因。这主要包括马斯洛的"需求层次论"、ERG 理论、赫兹伯格的"双因素理论"和麦克里兰的"成就需要激励论"等。

在所有的激励理论中，需求层次理论（the hierarchical classification of human needs）是最早、最为人所知的理论。美国心理学家马斯洛在《动机与个性》一书中，系统阐述了以人的动机为基础的需求层次理论。马斯洛将人的需求分为五个层次，依照由低到高的顺序分别是：（1）生理的需求。这包括衣食住行、性、疾病治疗等生存需要，是人类为了维持个体和种群的生存发展所必需的基本需要。在工作中也表现为要求满足基本目的和基本需求。（2）安全的需求。基本需求获得满足后，随之产生安全的需要。这主要涉及健康、职业安全、生活稳定、退休及养老等方面。（3）爱与归属的需求。这表现为两个方面：一方面渴望爱与被爱、友谊、同事之间相互信任和谐的人际关系；另一方面是渴望归属于某一群体，成为其中的一员，相互关心和照顾。（4）尊重的需求。希望自己有稳定的地位，有自信，追求独立、自由和名誉，以及个人能力和成就得到社会承认的欲望。（5）自我实现的需求。这是最高一级的需求，指追求个人成长、能力和潜能得到充分发挥，实现个人理想和抱负的需求。

马斯洛认为，需求分为高级和低级。其中，生理和安全属于基本需求，这些需求通过外部条件使人得到满足；而归属感、人际关系、尊重和自我实现属于高层次的需求，它从内部使人得到满足，并且人们永远不会得到完全的满足。员工对这五种需求是按次序逐级上升的，基本需求得到充分满足后，追求高一级的需求就成了驱动行为的动力。而某一特定的时期，某一层次的需求处于主导地位，其他的则属于从属地位。根据马斯洛的理论，一个被满足的需求会停止它的动机作用。例如，当一个人觉得他对组织的贡献得到了足够的报酬时，金钱就失去了它的激励作用。在企业，员工低层次的需求容易得到满足，而对员工高层次需求的满足，则需要管理者花费更多的精力。图 10 - 2 即激励理论的比较。

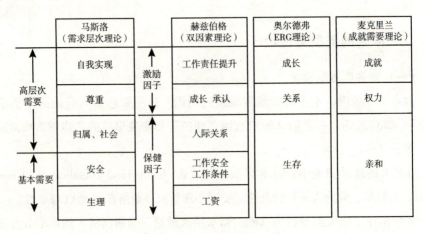

图 10 - 2   激励理论的比较

双因素理论（Two-factor theory），又称为激励—保健理论，是由美国心理学家赫兹伯格提出的。赫兹伯格在马斯洛需求层次理论的基础上对 1844 名工程师和会计师进行深入访问。对诸如"什么情况下你对工作特别满意"、"什么情况下你对工作特别不满意"等问题进行了访谈。经过分析，赫兹伯格认为，影响人的积极性的因素按其功能不同，可分为激励因素和保健因素。

激励因素也称内部因素，包括工作的成就感、社会的承认、工作的挑战性和责任，以及个人职业上的发展等。这些因素的改善能激励职工的积极性和热情，从而提高生产率。保健因素也称外部因素，包括组织的政策与行政管理、工资薪酬、工作条件、安全设施和人际关系等，这些是保持职工达到满意水平的必需因素，不具备这些因素，员工则不满意。赫兹伯格发现不满意只是一种中性感觉，并不是简单的满意或激励的反义词。外部因素的改善，只能减少职工的不满，不能起到激励作用，不能激发员工的积极性。

赫兹伯格认为，保健因素的扩大，会降低一个人在工作中的内在满足感，外部动机的扩大会引起内部动机的萎缩。因此，要避免削弱内在动机的作用，尽量扩大工作中的内在动机。因此，作为管理人员，要想真正激励员工努力工作，应注意激励因素，提高员工的满意度，达到激励的效果。

美国耶鲁大学的奥尔德弗在马斯洛提出的需求层次理论的基础上，进行了更接近实际经验的研究，提出了一种新的人本主义需要理论。奥尔德弗认为，人们共存在三种核心的需要，即生存（existence）的需要、相互关系（relatedness）的需要和成长发展（growth）的需要，因而这一理论被称为 ERG 理论。生存需要关系到机体的存在或生存，包括衣、食、住以及工作组织为使其得到这些因素而提供的手段。这实际上相当于马斯洛理论中的生理需要和安全需要。相互关系需要是指发展人际关系的需要。这种需要通过工作中的或工作以外与其他人的接触和交往得到满足。它相当于马斯洛理论中的感情上的需要和一部分尊重需要。成长需要是个人自我发展和自我完善的需要，这种需要通过发展个人的潜力和才能得到满足。这相当于马斯洛理论中自我实现的需要和尊重的需要。

奥尔德弗的 ERG 理论在需要的分类上并不比马斯洛的理论更完善，对需要的解释也并未超出马斯洛需要理论的范围。如果认为马斯洛的需求层次理论是带有普遍意义的一般规律，那么，ERG 理论则偏重于带有特殊性的个体差异，这表现在 ERG 理论对不同需要之间联系的限制较少。

ERG 理论的特点有：（1）ERG 理论并不强调需要层次的顺序，认为某种需要在一定时间内对行为起作用，而当这种需要得到满足后，可能去追求更高层次的需要，也可能没有这种上升趋势；（2）ERG 理论认为，当较高级需要受到挫折时，可能会降而求其次；（3）ERG 理论还认为，某种需要在得到基本满足后，其强烈程度不仅不会减弱，还可能会增强，这就与马斯洛的观点不一致了。

美国心理学家麦克里兰提出了"成就需要理论"。成就需要是指个人认为重要的工作和任务，去从事并达到某种理想目标的一个内在驱动力。成就需要强的人，对工作和学习非常积极，对失业有冒险精神，对与事业成功有关的词非常敏感，能约束自己，不受社会所左右。根据麦克里兰的理论，一个人愿意努力工作的一个主要因素就是他有一种强烈的成功需要。麦克里兰把人的高层次需要归纳为对权力、友谊和成就的需要。他对这三种需要特别是成就需要做了深入的研究。

麦克里兰发现，有强烈成功需要的人具备三种特性，即：喜欢自己找出解决问题的办法来；喜欢冒适度的险，树立适当的目标；喜欢对他们的工作表现有具体的反馈。麦克里兰提出，一个公司如果有很多具有成就需要的人，那么，公司就会发展得很快；一个国家如果有很多这样的公司，整个国家的经济发展速度就会高于世界平均水平。

（二）过程型激励理论

过程型激励理论重点研究人的行为动机从产生到目标行为选择的心理过程。该理论的研究主要包括亚当斯（1963）的公平理论、弗鲁姆（1964）的期望效价理论、洛克的目标设置理论。

美国心理学家亚当斯于 20 世纪 60 年代提出并验证了激励的公平理论。他认为：人们总是将自己所作的贡献和所得的报酬，与一个和自己条件相当的人的贡献与报酬进行比较，在比较的基础上，感受自己是否享受公平的待遇。如果一个人的内心感受是公平的，其工作积极性即激励水平就高，反之，激励水平则低。

公平理论的关注点在于把工资作为基本结果。人们往往通过与他人所受待遇的对比来评价自己所受待遇的公平程度。在公平理论中，员工往往把自身在企业的收入和付出同与自己条件相同的参照物进行比较，知觉自己是否在一个公平的状态中。

公平理论中涉及以下术语。（1）个人：知觉到公平或者不公平的个体。（2）与其他人比较：采用其他人对组织输入输出结果的比例作为比较参照。（3）输入：个人在工作中给组织带来的个体特征，如技术、经验、学习能力、年龄等。（4）输出：个人从工作中得到的结果，如工资待遇、福利、被组织的认可等。当员工知觉到自己在组织中处在一个不公平的状态时，做出重建公平的选择方法。（5）改变输入：减少原工作时间或减少努力。（6）改变输出：要求提职、休假、重新分配工作与奖金。（7）改变参照物：与其他人比较输入和输出。（8）改变参照物的输入或输出：要求参照物更努力，或承担更大的责任。（9）改变情景：可能从一个不公平的情景中退出，如辞职等，选择其他的企业。

期望理论（Expectancy theory）是美国心理学家弗鲁姆于 1964 年在其《工作与激励》一书中提出的。该理论主要研究需要与目标之间的规律。该理论认为，要调动一个人的积极性，应该从所追求的目标价值或吸引力以及目标实现的可能性来考虑，也就是说，决定行为动机的因素有两个，即期望与效价。

可用以下公式：

$$激励力（M）= 期望值（E）\times 效价（V）$$

公式中，激励力（motive force）是一个人受激励的程度，是指一个人工作积极性的高低和愿意为达到目标而努力的程度，决定着人们在工作中付出的努力。效价值（value）是一个人对行动的结果能满足其需要程度的估计，也是达到目标对于满足个人需要的价值。其取值范围可由 +1 到 -1。结果对个人越是重要，效价值越接近于 +1；结果对个人无关紧要，是无所谓的事，效价值就接近于 0；个人很不希望发生而要尽力避免的结果，其效价值就接近于 -1。期望值（Expectancy）是指根据以往的经验进行的主观判断，达到目标并能导致某种结果的概率，是个人对某一行为导致特定成果的可能性或概率的估计与判断。作为管理者既要考虑目标的效价，又要考虑期望值，两者都高才能有效激发员工的积极性。如果期望值和效价有一项较低，激励作用也将消失。如果目标价值越大，实现的概率越高，那么动机就越强烈，焕发出来的内在力量也越大。

弗鲁姆认为，根据人的期望模式，为了有效激发人的动机，需要正确处理好以下三个关系。（1）努力与绩效的关系。个人感觉到通过一定程度的努力而达到工作绩效的可能性。即要付出多大的努力才能实现工作绩效水平？付出努力后能达到该绩效水平吗？（2）绩效与奖励的关系。个人相信一定水平的绩效会带来所希望的奖励结果和程度。即当个人达到该绩效水平后会得到什么奖励?

(3) 奖励与个人需求的关系。如果完成工作,所获得的奖赏对个体的重要程度,或潜在的奖励对个人的吸引力。即该奖励能否有利于实现个人目标? 该奖励是否像个人期望得那么高?

在实际工作中为了激励员工,作为管理者,一方面要使员工了解某项工作的成功的吸引力,尽可能加大吸引力;另一方面,要采取措施帮助员工提高期望的概率以提高激励力。

目标设置理论 (Goal-setting theory) 是洛克提出的经典理论。目标具有巨大的感召力,它可以使勇敢者更勇敢,使怯懦者摆脱怯懦,使人的潜能得以激发,使梦想变为现实。有了目标就有了方向,有了目标就有了动力。该理论认为目标设置是实际应用的一种认知过程,认为个体的意识目标和意图是行为的主要决定因素。所谓认知,是一连串的刺激与反应在头脑中形成认知地图。例如,一个人开始做某件事或者某项工作,如果个体接受这些目标,意识目标就越坚定,业绩水平就越高,他会一直坚持,直到目标实现。

洛克认为,在目标设置中的激励效果与目标的挑战性和目标的具体性有关。目标的具体性也是目标的明确性,指目标数量精确的程度。目标的挑战性是指目标操作的熟练程度或水平。目标设置的难易度要适宜。因为,对一个人的行动而言,具有一个明确而具体的目标比没有目标更能激发人的积极性,而且一旦人们认可这些有一定难度的目标,会比相对容易的目标带来更高的工作绩效。目标设置的原则:目标应清晰而具体;目标应可检验和可以评估的;目标应具有挑战性和现实可实现性;员工应参与目标的设定;确保员工具有完成任务的信心。

(三) 行为改造型激励理论

行为改造型激励理论具有代表性的是斯金纳的强化理论和凯利的归因理论。

美国心理学家斯金纳提出的强化理论 (reinforcement theory) 是通过不断改变环境的刺激因素来达到改变某种行为的目的。它与目标设置理论是相对的,目标设置是认知主义观点,他假设一个人的目的指引他的行为;而强化理论是行为主义观点,认为强化创造行为。激励的方式是通过控制外部强化物,而不关心人的内部认知活动。

强化理论常见的有四种强化类型。(1) 正强化。当积极的行为发生之后,受到物质或精神的奖励,以肯定这种行为,使这种行为重复出现。如,加薪、提升职位、对工作成果的承认等。（2）负强化。指预先告知某种不符合要求的行为会造成不良的后果。某种行为不表扬或受到处罚时，他们重复这种行为的可能性会很小。避免不符合要求的行为出现，增加符合要求的行为重复出现的可能性。（3）消失。是指取消正强化，对某种行为不予理睬，以表示对该行为的轻视或否定，该行为长期得不到正强化而逐渐消失。（4）惩罚。是指以某种带有强制性、威胁性的结果以示对某种不符合要求的行为的否定，如停职、罚款、批评等，以降低这种行为重复发生的可能性。

斯金纳认为，作为一个管理者应多采用奖励而少采用惩罚。虽然惩罚对于消除员工的不良行为效果很快，但这种效果往往只是短暂的，而且过多的惩罚还会导致员工的不满和矛盾冲突。当然，对于激励相关理论，可以说每一种理论的使用都有其局限性，不可能用一种理论去解释所有行为的激励问题。作为企业的管理者，应根据不同的情景综合运用各种激励理论，以更有效地激励员工。

凯利的归因理论是指为了预测和评价人们的行为并对环境和行为加以控制而对他人或自己的行为结果所进行的因果解释和推论。对行为结果的不同归因会影响人们在未来的行为选择。这一理论的启示是：可以通过影响个体的归因，引导他反复选择组织期望的行为。

（四）综合型激励理论

综合型激励理论主要是将上述几类激励理论进行结合，把内外激励因素都考虑进去，系统地描述激励全过程，以期对人的行为作出更为全面的解释，克服单个激励理论的片面性。代表性理论有罗伯特·豪斯的激励力量理论、布朗的 VIE 理论、波特和劳勒的期望几率理论。

（1）豪斯的激励力量理论。豪斯在双因素理论和期望理论基础上提出了一个整合模型：激励力量＝任务内在激励＋任务完成激励＋任务结果激励。它的贡献在于把内外激励因素有机结合起来，内在激励包括工作本身提供的效价和工作绩效产生的效价及其期望值，外在激励包括工作完成带来的各种外在报酬的效价。

（2）布朗的 VIE 理论。布朗认为激励是绩效（value）、手段（instrument）和期望（expectancy）的乘积，其中任何一项要素为零，激励就等于零。该理论的实质是对目标设置理论和期望理论的综合。

（3）波特和劳勒的期望几率理论。该理论认为激励力量的大小取决于多方面的变化因素，涉及当事人对该项工作的成功、所获报酬、公平性、角色意识、个人技术能力以及相关影响的认识和评价。它可进一步看做 VIE 理论和公平理论的结合。

上述这些理论从不同的角度、不同的侧面出发研究了激励问题。事实上，不存在任何一种理论能够解释所有复杂的实际激励问题。随着对激励问题研究的延伸，大部分激励理论并不存在矛盾，它们之间更多的是具有互补性，对它们进行综合应用可能是研究和解决纷繁复杂的激励问题的有效途径。

第二节　现代经济学对激励问题的研究

20 世纪 30 年代，经济学家开始关注被传统经济理论所忽视的企业内部管理效率问题，认识到激励的重要性。与管理学通过对人的多种需求研究激励不同，经济学对激励的研究是以"经济人"为出发点，以利润最大化或效用最大化为目的。由于过去约一百年时间形成的新古典经济理论主要是从技术的角度看待企业。哈特（Hart）认为，该理论存在着明显的缺陷，"它完全忽略了企业内部的激励问题"。传统的厂商理论把利润最大化作为企业唯一的经营目标，而现代企业由于经营权与所有权的分离，企业经营者的追求目标与利润最大化目标并不一致，所有者对经营者的控制也往往因信息不对称而难以奏效。以下主要介绍现代企业两种激励理论。

一　西方激励理论研究

（一）隐性激励理论

20 世纪 80 年代以来，经济学将动态博弈理论引入委托—代理关系的研究之中，论证了在多次重复代理关系情况下竞争、声誉等隐性激励机制能够发挥激励代理人的作用，充实了长期委托—代理关系中激励理论的内容。克瑞普斯等人提出的声誉模型中，解释了静态博弈中难以解释的"囚徒困境"问题，证明了在不完全信息情况下囚徒博弈合作的可能性，即尽管每一个囚徒在选择合作时有被欺骗的风险，但如果他选择不合作，就暴露了自己是非合作型的，而如果对方是合作型的话，他就失去了获得长期合作收益的可能。如果重复博弈的次数足够多，未来收益的损失就会超过短期被出卖的损失。因此，在博弈的开始，每一个参加者，都会树立一个合作形象，即使他在本性上不是合作型的。

著名经济学家尤金·法玛（Eugene F. Fama）提出了有效市场假说理论。该假说认为，特定的信息能够在证券市场中被投资者普遍知晓，不可能根据该信息获得非正常的利益。只要市场充分反映了局部的信息，市场价格就代表证券真实的价值。这就是有效的市场①。在公司理论方面，法玛在 20 世纪 70 年代末提出"经理市场竞争"作为激励机制的开创性想法。法玛认为，即使没有企业内部的激励，经理们出于今后职业前途的考虑，以及迫于外部市场的压力，也会同样努力工作。目前，经理的职业生涯考虑和经理市场竞争这一课题，已成为公司理论的热门课题。法玛的研究表明，在竞争性经理市场上，经理的市场价值决定于其过去的经营业绩，从长期来看，经理必须对自己的行为负完全的责任，因此，即使没有显性激励的合同，经理也会有积极性努力工作，因为这样做可以改进自己在经理市场上的声誉，从而提高未来的收入。

（二）新的激励机制——进入权

按照"不完全合约理论"，初始合约往往会因为谁有企业重要资源的控制权谁就获得权力。而随着企业性质的变化，现代企业中的物质资产所有权不再是企业中唯一的权力源，人力资源在这方面表现得尤为突出。1998 年拉詹（Rajan）和津加莱斯（Zingales）在《公司理论中的权力》一文中提出了进入权的概念，把"进入权"定义为使用或处理企业关键资源的能力。这样，进入权就包括了对物质的使用权，在讨论进入权的激励作用时也就包括了物化资产使用权的激励。该文还从三种不同的情况分别论证了如何分配进入权能起到最优的激励专有性投资的作用（尤其是对人力资本投资的激励作用），并且比较了进入权相对于所有权激励的优势，进一步说明了进入权是所有权激励机制的最好补充。

（三）西方企业激励理论的启示

从西方企业激励理论的述评中可以发现，人们对企业激励问题的治理存在着两条思路：一是在经验总结和科学归纳的基础上形成的管理激励理论；二是建立在严密的逻辑推理和数学模型基础上的经济激励理论。两种理论都着眼于企业运作中的效率损失问题，研究如何通过对企业内部人的激励来提高经济效益，但在具体的研究过程中，其理论在研究角度、研究办法、前提假设、解决思路等方面

---

① 尤金·法玛：《有效资本市场：理论与实证研究回顾》，《金融杂志》1970 年第 5 期。摘自新浪财经讯，http：//www.sina.com.cn，2009 年 10 月。

存在典型的差异。正确认识这些差异及其表现形式，将有助于我们更全面地理解管理激励理论和更深刻地将之运用于企业的管理实践。马晶从研究角度和研究对象两方面进行了归纳①。第一，研究角度不同。管理激励理论是从心理学的视角重点研究一般人性，其逻辑思路是以人的内在本性为基点，在多元化人性的观察基础上，通过施加外界影响满足人的内部需要来实现对员工的激励，提高企业的整体效率。经济激励理论则是沿着制度设计的道路，先对人性作一个基本假设，再从假设出发，设计出一个完善的激励机制激发人的积极性，遏制人的自利性，以达到个人目标与组织目标相一致，实现个人与组织的激励相融。第二，研究对象和对人的假设不同。管理激励理论以复杂的"社会人"和复杂的管理实践为研究基础，研究特定环境条件中人的行为方式，因此，它的人性假设更接近现实，可以看做经济激励理论中人性假设的某种具体化。经济激励理论以"经济人"假设为研究基础，假定人是完全理性、完全知利，并且具有权衡利弊、签订契约的能力，它的人性假设更具概括性和抽象性。

激励理论从不同的角度、不同的侧面出发研究了激励问题。事实上，不存在任何一种理论可以解释复杂的激励问题。随着对激励问题的深入研究，这些激励理论之间更多的是具有互补性，对它们进行综合性的研究和运用，才是激励理论发展的方向和目标。

二 激励的运行模式与基本程序

由于激励的特殊功能，必须遵循一定的原则，力戒随意性、神秘性、专断性。这必须设置客观的目标、标准和程序，从而促进激励的规范化、系统化、制度化，使激励行为有方向、检查有根据、评比有规则，保证激励工作积极顺利地进行。

（一）确立激励目标

激励的目标，是在一定范围内，系统的组织者向人们揭示本系统所需要的良好行为和妨害系统优化的禁忌，以及对行为造成的后果的奖励或惩罚的内容与等级。激励目标的确立决定着激励工作的方向，同时也向人们展示了组织者的期望和要求。它不仅告诉人们激励"是什么"，而且告诉人们为获得奖励和避免惩罚，应该"做什么"、"怎样做"。只有明确科学的激励目标，才能促使人们按照系统的要求

---

① 马晶：《西方企业激励理论述评》，《经济评论》2006 年第 6 期，第 53～57 页。

去积极行动或不断修正自己的行为指向，保证系统按照组织者的意志顺利前进。

科学的目标是主观与客观的统一。从主体上看，目标反映的是系统组织者的愿望和要求，是主观意志的体现和升华，因而它具有主观性。同时，正确的目标，则必须顺乎社会进步的潮流，符合事物发展的规律，反映绝大多数人的利益。从这个意义上讲，目标又具有不容置疑的客观内容。二者之间的辩证关系，是我们确立激励目标必须遵循的依据。

系统目标和激励目标是一对孪生子。目标对行为具有指向和驱动作用，激励目标除了具有目标的一般作用外，还具有从正反两个方面对人的行为规范和修正的功能。因此，作为系统的组织管理者，不但要自觉地确立正确的目标，指出群体奋斗的方向，树立起一面努力的旗帜，还必须确立科学的激励目标，为人们提供精神的动力和行为的规则，使二者浑然一体，相互匹配，相得益彰。一方面，可以随时根据人们的行为对系统有益或有害的程度，实施必要的奖惩。另一方面，由于激励目标的预设特性，可以吸引、召唤或警示、规劝人们清醒地认识到自己行为的积极意义或消极作用，从而始终沿着正确的途径努力奋斗。特别是对那些思想和行为能力较差的人，正确激励目标的确立更是必不可少的。只有目标明确，激励效应不断强化，才能有效地帮助人们认识自己行为和系统要求之间的关系，从而培养自己的坚强意志，纠正自己的行为偏差。即使是对那些行为能力较强的人，明确的激励目标，也有利于他们克服不良行为，提高"慎独"能力，加速成长进步。因此，作为系统的组织者，既要及时为人们指出奋斗的方向，又要辅之以激励的目标，给人们为加速系统目标的实现而努力进取提供行为的规范和精神的动力。

（二）目标与目标体系

目标具有可分解性。这是由于系统本身的特征所决定的。系统总是在空间上表现为一定的范围，在时间上分割为不同的阶段，在构成上有不同的内容，在功能上有不同的作用。因此，激励的目标，必须与之相适应，服从、服务并满足于系统的需要，建立起多格局、多层次、多侧面、多角度的内容，形成系统、完善的体系。

长期目标、中期目标和近期目标。长期目标是带战略性的，在较长时期内起作用的目标；中期和近期目标是长期目标的具体化，两者都具有策略性的特点。长期目标是中期和近期目标的依据，而中期和近期目标则是实现长期目标的手段。中期和近期目标的确立，必须符合、服从长期目标的要求；同时，长期目标的确立，又必须从阶段、局部所可能提供的条件出发，考虑中期和近期的实际情况。与此相适应，激励的目标也具有阶段性和渐进性的特征。这是由于人们认识的渐进性和行为的阶段性所决定的。确立阶段性的激励目标，有利于人们脚踏实地工作，向大目标迈进，在思想和行为修养上防微杜渐，避免思想的滑坡和行为的失控。这种与一个系统的总目标相适应的激励目标，有利于促进各项工作扎实进行和稳步发展，保证各项激励目标的实现。

激励的目标与系统的目标相一致，也是一个系统完善的体系。用不同的标准来划分，其构成是多方面的。除了上面列举的总目标和分目标，长期目标、中期目标和近期目标外，按层次可分为群体目标和个体目标；按数量可以划分为多元目标和单位目标；按稳定性可划分为在一定时期内相对稳定的静态目标和动态目标等。这种多重目标构成的体系，对于鼓舞斗志、激励进取精神，以及教育、约束、规范各级各类人员的行为，具有重要的积极作用。

激励目标的确立，必须与有关政策、法规相衔接。激励是在道德范围内对系统进行调节的手段。目标对象是员工，激励目标的确立应有员工的广泛参与。通过员工的遵循和追求来实现。在这一点上，员工的个体目标和系统的目标是紧密相连的。离开了群体的目标，个体的目标必然具有盲目性。不足以吸引和约束个体的员工目标则是毫无意义的。系统的激励目标只有被员工普遍认同并自觉自愿地遵循和追求，才能起到应有的积极作用。因此，确立激励目标时，员工的广泛参与是必不可少的。

第三节　员工满意度的研究与调研

员工满意是员工对所在企业以及从事岗位的一种主观的价值判断，是员工的心理期望和实际感受与其结果相比较后，形成的一种心理认知状态，是员工根据自己的参考标准对工作各构成要素的情感性反应，即员工以自己的时间、体力、脑力和情感付出，与公司提供的薪酬福利、认可与奖励、晋升、职业发展与培训等回报进行交换，并对此交易进行全面评估后的满意程度。

一　员工满意度与离职愿望

企业员工的满意度调查在某种程度上体现在员工对公司各方面满意程度和归

属感，以及对企业的忠诚度和工作态度等方面。通过满意度调查，找出调查结果的问题及员工的真正需求，通过改进措施，更好地激励员工，增强员工对企业的归属感和凝聚力。

作者曾对在华日资企业中国员工的满意度进行了调研，此次调查对日资企业员工的"岗位充实"与"离职愿望"、"能力发挥"与"岗位充实"，以及对公司的满意度等相关问题进行了问卷调查（共调查 400 人，回收率 80%）。问题 1："现在的岗位很充实"；问题 2："曾经考虑过离职"。问卷统计结果见表10 - 1。

表 10 - 1　岗位充实与离职愿望

单位：人，%

问题 1：现在的岗位很充实	问题 2：曾经考虑过离职		
	是	否	总计
是	94(40.4)	139(59.6)	233(100)
否	107(64.1)	60(35.9)	167(100)
总计	201(50.2)	199(49.8)	400(100)

资料来源：根据 2002 年调研资料制作。

从表 10 - 1 可以看出，对问题 2（曾经考虑过离职），回答"是"的有 201人，占总数的 50.2%。回答"否"的有 199 人，占总数的 49.8%。从这个数字可以看出，调研的日资企业的员工有一半人曾经考虑过离职。那么，离职愿望和岗位充实有什么联系呢？对问题 1（现在的岗位很充实）回答"是"的有 233人，回答"否"的有 167 人。从表 10 - 1 中可以看出，感到充实的员工中有59.6% 没有考虑过离职；而没有感到充实的员工中有 64.1% 曾经考虑过离职。可以看出，离职愿望和岗位满足呈反比关系。对现在的岗位感到不满足的员工容易考虑离职，对现在的工作感到充实的员工，很少考虑离职。

那么，在对"能力发挥与岗位充实"相关关系的调查中，提出了问题 3："目前的岗位不能发挥自己能力"，回答"是"的有 231 人，回答"否"的有169 人。值得注意的是，认为现在的岗位不能充分发挥自己能力的员工中，有130 人（56.3%）认为"现在的岗位不充实"。相反，认为目前的岗位能发挥自己能力（回答"是"的人）的 169 人中，有 132 人（占 78.1%）觉得自己的工作很充实。因此，员工能力的发挥与岗位的充实有着密切的关联度。越是感到自己能力得到充分发挥的员工，越对自己的岗位感到充实（见表10-2）。

表10-2 能力发挥与岗位充实

单位：人，%

问题3：目前的岗位不能发挥自己能力	问题1：现在的岗位很充实		
	是	否	总计
是	101(43.7)	130(56.3)	231(100)
否	132(78.1)	37(21.9)	169(100)
总计	233	167	400(100)

资料来源：根据2002年调研资料制作。

此外，对在日资企业的中国员工还做了"对公司的满意度相关调查"，要求回答"是"或者"否"。此问卷提出了对企业满意度、领导能尊重自己的意见、调换工作、自己在本公司的发展前途等问题。问题及答案见表10-3。

表10-3 公司满意度问题调查（回答"是"的比率）

单位：人，%

会　社	回答数	问题4	问题5	问题6	问题7	问题8
A公司	39	79.5	61.5	53.8	10.3	35.9
B公司	50	56	32	94	36	58
C公司	96	72.9	67.7	78.1	12.5	57.3
D公司	49	26	16	86	52	26
E公司	81	54.3	45.7	81.5	27.2	48.1
F公司	59	49.2	32.2	79.7	20.3	49.2
G公司	26	57.7	42.3	69.2	34.6	38.5
全　体	400	57.5%	45%	79.3%	25.8%	47.3%

注：问题4：对本公司总体上满意。问题5：领导能尊重自己的意见。问题6：如果能有更好发挥自己能力的地方，考虑换工作。问题7：如果是同样条件，考虑换工作。问题8：自己在本公司有良好的发展前途。

资料来源：根据2002年调研资料制作。

值得注意的是，"对本公司总体上满意"问题中，有57.5%的员工回答"是"，有相当一部分员工对公司的总体情况并不满意。问题5："领导能否尊重自己的意见"的问题中，有45%的员工回答"是"，大多数员工都认为领导没有尊重自己的意见。问题8："自己在本公司有良好的发展前途"的问题中，只有47.3%的员工认同了公司的发展前景，并认为自己在本公司有良好的发展前途。如果从个别企业来看，员工的满意度较低的企业，对所在公司的发展前途并不看好，这些员工大都认为领导不能尊重员工的意见，即使是同样条件也会考虑调换工作。

员工的满意度与公司领导能尊重自己的意见是分不开的，公司领导尊重员工的意见还包括与领导的交流。员工的意见和建议被领导听取或采纳，对员工来讲是最大的激励与信任，可以让员工感到自我价值的体现，可促进员工的创新思维，寻找更多机会展示自己，为公司多作贡献。信任是员工满意度的基础，员工只有被领导信任，才能真正体会到自己作为公司的一员，有责任有义务为公司的发展而做出努力。

二　员工满意度与高敬业度

随着高科技技术的迅猛发展，核心员工对企业的价值越发重要，人才的紧缺加剧了企业之间的人才争夺。为了吸引和保留优秀的人才，提高组织成员对组织的认可与忠诚度，企业不断寻求新的人力资源管理技术，了解和改善组织成员的工作态度与行为。目前，一些国际管理咨询公司都将满意度调查转向衡量员工敬业度调查的研究。众多的研究显示员工敬业度对工作绩效、员工满意度、组织承诺、员工离职率与留任率都有显著影响。Hewitt 公司发现员工敬业度与整体股东利益有0.54、与业绩增长有0.46的高度相关。高敬业组织的每位员工的平均产出与创造的市场价值，平均高于标准普尔 500 的企业。CLC（Corporate Leadership Council）调查了10 个产业、59 个组织、50000 个员工后发现，高敬业度的组织在员工离职意图上，比低敬业度的组织减少了87%，在个人绩效上提高了20%[①]。

员工敬业调查兼顾员工对企业的忠诚、对工作的热忱投入以及对自我潜能的实现，将员工态度、行为与企业经营绩效联系在一起，为企业管理者提供了一个

---

① 　参照《工发资讯》研究中心。文章观点"从员工满意度到员工敬业度的跨越"，http：//www.idmc.com.cn，2010 年。

有力的管理工具，也是当前人力资源实证研究关注的重要研究方向。

　　有研究表明，高敬业度的员工有可能从工作上的压力中获益。敬业度在压力源与紧张之间起着一种缓冲器的作用。当压力源（包括睡眠量、工作上的压力和家庭中的压力）强度较高时，与敬业度较低的员工相比，高敬业度的员工其心理紧张程度较低，躯体症状也较低，而这对员工身心健康都是有益的。当然，高敬业度的员工由于对业绩高低和工作成败比较看重，当他们认为工作责任与任务超过自己的能力时，受到的负面影响也更大，因此对于高敬业度的员工需要组织投入更多的资源、培训和关注。另外，有研究表明，下属在工作中的情绪投入与认知投入能增加管理者的自我效能和管理的有效性，这些对提高组织的整体效能都将发挥潜在的推动作用。

第11章
跨国企业文化的融合与创新

> 跨国企业经营者不但要善于理解东道国文化，更重要的是，要公平、客观地面对现实，有意识地适应本企业的文化价值观念，以此达到适应东道国文化的最佳状态。成熟的跨国企业文化，应是能够保持本国文化特色的同时，又能适应于东道国文化，成为融合于东道国文化中的优良竞争企业。

　　跨国公司给世界各国和各民族文化带来了多元化发展的机遇，不同民族文化的交往与融合，给民族文化的固有价值、伦理观念以及思维模式都带来了新的思考和挑战。跨国公司聚集着各个国家与民族的文化特征，拥有不同文化价值观的人们通过沟通与相互理解，使得有不同民族背景和价值观的人取得共识，完成共同目标。优秀的跨国公司的经营者会以独到的经营理念面对激烈竞争和不断变化的内外部环境，始终保持独到的经营哲学，去营造适应本企业的文化价值观念，让企业文化成为宝贵的无形资产。

第一节　跨国企业文化的多元化时代

　　活跃在世界舞台上的跨国企业，来自不同国家、地区和不同体制，形成了各有特色的企业文化。它们从传统的自我文化圈走出来，从开始主张自我文化的优势，从文化差异与碰撞，到逐渐接受和认同不同国家、地区和民族文化的特征，形成了跨国企业文化多元化的格局。可以说，知名跨国企业的管理理念与创造力来自于优秀的企业文化。跨国企业的文化是建立在对不同文化理解与认同的基础之上，其核心在于吸收各国和各民族传统文化及其文化的精髓，营造和发展自己独特的企业文化。

一　持有固有文化，接受外来文化

（一）固有文化与外来文化

"固有文化"是经过漫长的时间和我们生来所接触的社会环境，包括政治、经济、民族、语言等，经历了几个世代而形成的，由家庭和社会传递给我们。这种文化就像遗传基因一样根深蒂固，它支配着我们的行为和对一些问题的判断与思维。然而，我们每个人都生活和工作在某个社会文化或某个特定的组织文化当中，在拥有组织文化的同时，拥有自己的文化，也是"固有文化"。

关于"固有文化"和"外来文化"是"融合"还是"冲突"的问题，一些学者持有"固有文化与外来文化冲突"的观点。在谈到两种文化合流时，黄克武先生提出一个带有规律性的断语。他说："一个经常发生的现象是越有与固有文化的连续性，就越有与外来文化的非连续性；同时越有与外来文化的连续性，应越有与固有文化的非连续性，在我看来，这是一条相当大胆、奇特的规律，因为它似乎隐含着下面一系列预设：当两种文化相遇时，取之于固有文化者愈多，则得之于外来文化者愈少，反之亦然；掌握固有文化的资源愈多对于掌握外来文化不仅无益反而有损，反之亦然；固有文化中的任何因素和外来文化中的任何因素都是不可能通约乃至水火相容的；固有文化与外来文化是两个对抗的整体等等。"①

随着国门开放，海外留学如同潮涌，很多研究和实践证明，固有文化与外来文化并非冲突，而且持有"固有文化"是理解"外来文化"的基础，只有在充分理解自我文化的基础上，才能尊重和以同样的态度去对待外来文化，并站在一个较高的层次上去理解和融合于外来文化。文化的融合关键在于理解，并不是接受了外来文化，而丢掉自我文化，两种文化可以同时拥有。

有长时间在海外或远离他乡生活的人可能都会有这种感觉。在海外或异地生活的时间越长，对固有文化的领悟就越深，有时是非常强烈的。但是，身在异国

---

① 林同奇：《误读与歧见之间——评黄克武对史华兹严复研究的质疑》，《开放时代》2003 年第 6 期，第 58 页。

他乡生活的同时又面对着和接受着另外一种文化环境，随着时间的延续，逐渐加深对另一种文化的理解与认同。对于熟悉两种文化环境的人来说，脑海里也许替换着不同的文化情境，包括言谈举止、思维和待人接物。我们可以熟练地运用另一种语言甚至运用这种语言来思维。但是，对即使在异国他乡生活了十几年或更长时间的人来说，无疑很难改变对"固有文化"的执著。因为"固有文化"是根深蒂固的，具有它的根基性，这就是我们常说的生于斯长于斯的"故乡恋"和"土地情"。对"外来文化"或是"本土文化"，随着时间的推移和生活的习惯，只是逐渐加深了对这种文化的认同与融入，可以说，我们可以同时拥有"两种文化"或者其他更多的文化。

（二）混合文化与单一文化学说

理查德·罗蒂（Richard Rorty，1931－2007）在分析东西方文化时认为，由于技术给亚洲所带来的变化，产生了东方文化被西化的认识，作者认为这是一种把人引入歧途的说法。更好的说法是，无论是西方还是东方，都处在创造一种混合文化的过程之中，这种混合文化使得东西方都得以超越它们各自先前的文化[1]。

世界各文化共同体随着自然环境、人文环境和生活实践过程而产生，由于自然环境及人们在生活实践中所形成的价值观念及习性不同，各地区在各自条件制约下形成了各具独特的民族文化。但也因各自文化的相似性，各民族文化有着共同的价值和共同性。

在研究如何理解各国文化的多元化特性问题上，日本学者村山元英设计了"文化的交叉与混合关系图"的概念。村山教授认为，每个国家或地区由于社会制度、宗教、信仰、语言、习惯等不同，表现出来的文化结构也有所不同。因此，可将其分为"混合交叉型"和"单一型"两种文化。比如像中国和美国，均属于多种民族、多种语言的国家。美国属于移民和多种族的国家，因此，在文化结构上形成混合交叉，在本国文化共有的部分较少，被归纳为"混合交叉型"文化。而日本是同一民族和使用同一语言的国家，在行为方式上有较规范特点，因此被理解为"单一型"文化国家（见图11－1）。

---

① 〔美〕理查德·罗蒂：《混合文化中的哲学》，贺来、刘富胜译，《求是学刊》2006年第5期，第43～56页。

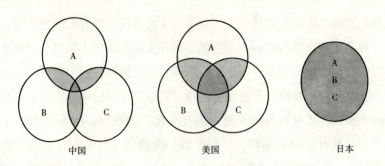

中国   美国   日本

图 11－1 文化的交叉与混合关系图

资料来源：Murayama, Motofusa, *Multinationals Business Transfer*, Books Sosei, 1983, p. 63。

在跨文化的融合与理解上由此可以导出："混合交叉型"文化圈的人们较易理解"单一型"，而"单一型"文化圈的人们则较难于理解"混合交叉型"文化圈的人。毫无疑问，共通的语言、文化背景的人群在市场经济活动中，可较方便地经济往来和信息沟通，有着便利条件和优势，往往较容易融合。而不同的价值观和不同的行为规范给地区间的经济以及企业的管理带来了更多的不明确性。因此，文化冲突是不可避免的，对于跨国企业来说，如何认识文化的特殊性，接纳和汲取不同文化的优势并融合于本土文化之中是成功的关键。

（三）企业文化与人际关系、激励等相互关系

在经济全球化的今天，企业间的竞争实质上是人才的竞争。如何吸引和留住人才，如何最大限度地发挥人才的主动性和创造性，是企业成功的关键。跨国企业公司聚集着不同文化背景的员工和管理人员。跨国企业的管理实质上是在承认不同文化差异的前提下进行跨文化管理的过程。因此，在企业内横向与纵向之间沟通渠道的顺畅、文化的融合与文化的创新，是进行有效跨文化管理的根本保证。

近年来作者通过对日资企业的日籍管理人员与中国员工之间沟通情况与人际关系的调查发现，沟通频率与企业人际关系以及信息的流通与激励等有很大的相关关系。凡是中外员工之间沟通频率少、沟通渠道匮乏的企业，其人际关系紧张，信息流通和激励等方面问题较多。相反，中外员工之间沟通频率高、信息通畅的企业，其人际关系融洽，愿意留在本企业继续工作的员工所占比率也较高。

调查还显示，越是劳动密集型的企业，其沟通的频率也就越少。双方的决策乃至行为方式不易被对方理解，由此而产生很多误会和冲突。其中，有的日资企业70％以上的员工认为与日方管理人员的关系疏远，而疏远的原因并不是因为工资的差异或者由于历史原因所造成的固定印象，绝大多数员工认为语言是阻碍双方沟通的最大障碍，不能很好地进行沟通。此外，对沟通频率少的日资企业做了进一步调查，其结果表明，这些企业内部的信息流通和人际关系方面都存在着问题。

跨国企业外籍管理人员与本土员工之间的沟通显得十分重要，它直接影响到企业内的人际关系和信息流通以及员工工作的积极性。在跨国企业工作的外籍管理人员一般在企业占有重要的职位或是高级管理人员。他们面对着不同国家和地区的文化环境，这些对外籍管理人员的管理能力、沟通能力、学习能力以及对本土文化的适应能力都提出了新的挑战。

二　跨国企业文化的融合与创新

跨国企业的员工来自不同国家和地区，有着各不相同的价值观和行为准则，是一个文化多元化的集合体。语言和文化上的差异阻碍了不同国家和地区的沟通，但并不能成为人们相互了解和渴望沟通的障碍，相反，更多的人愿意接触与自己文化背景不同的事物，愿意通过另外一种方式达到沟通的目的。

（一）企业文化层次理论研究

企业文化是指，在一定的社会经济、人文环境等条件下，企业通过社会实践和经营活动所形成的独特的价值观，并与全体员工达成共识、共同遵守的职业道德和行为规范，是一个企业或一个组织在自身发展过程中形成的以价值为核心、具有高度凝聚力的经营理念和独特的文化管理模式。

企业文化是基于各种文化系统之上的，它的存在与企业外部环境有着密切的联系。这必然关系到企业文化的塑造要受到外界环境，以及社会文化的基础格调和基本思想根源的影响。在叶生的研究中，这被称为企业文化基石，企业文化基石模型包括五大层次：世界文化、民族文化、行业文化、区域文化、职业文化。这五大层次依照其重要性及范围的广度来划分的，世界文化位于最底层，对企业文化的影响最深远，但对企业文化的作用也最间接，一般跨国企业的企业文化对世界文化的考虑因素要多一些；民族文化位于第二层，它对企业文化的影响是所有企业文化基石因素中最重要的，因为它基本决定了除世界文化以外的其他各种文化因素，因此说，民族文化的特征决定了企业文化的基础特征①。

　　跨国公司企业文化的研究，既要考虑世界文化，又要考虑民族文化，每一个民族都有自己的文化模式，民族的发展历史、传统观念、价值观念、语言行为等都有其独特性，所以民族文化的多样性也决定了企业文化的多样性。沙因（Schein）研究了组织文化的三个层次。他把基本假设作为文化的本质，把价值观与行为当作文化本质的表现形式。他认为，文化本身是深奥的、模糊的、复杂的，它笼罩着我们，无所不在。在组织里如果管理者没有意识到自己的组织文化，那么他将被动地接受文化。作为组织领导者，应了解自己的组织文化，不仅如此，组织文化应为组织的每一个成员所理解②。沙因设计的三个层次为：（1）人为形式。这是指外显文化，即在自然和社会工作环境中文化的表象，外显文化是最常见和最容易接近的文化层。（2）信仰与价值。信仰与价值藏于外显文化之下，是人们在社会实践中对事物的看法、观点及信仰，也是组织的战略、目标和哲学。（3）隐性假设与价值。这是一种深层的信仰，文化的精髓已被人们潜意识地接受，表现在他们的思维、意识以及假设、信仰和规范等中，由于是隐性的、在无意识的层次，所以很难被观察到。隐性假设存在于人们的自然生活活动中，表现为处理人际关系以及对事物的判断和基本立场。

（二）文化的融合与创新

　　语言和文化上的差异使人们不能进行良好的沟通，但并不能成为人们相互了解和渴望沟通的障碍，相反，更多的人愿意接触与自己文化背景不同的事物，通过另一种语言达到沟通的目的。在跨国企业内，不同文化背景员工之间的沟通，关键在于经营者或上层管理人员是否为跨国文化沟通开辟了畅通的渠道，创造了良好的条件和融洽的氛围。企业的国际化观念，实际上是从全球出发，更多的是从当地或区域立场上思考问题。如果仅仅是通过投资或将管理人员派到第三国，是不可能使企业真正成为全球性优良企业的。

---

① 叶生：《企业灵魂——企业文化管理完全手册》，机械工业出版社，2004，第89页。
② Edgar H. Schein, *Organizational Culture and Leadership*，清水纪彦、浜田幸雄译，ダイヤモンド社，1989 年 5 月。

经济的全球化有可能使各国从固有的文化跳出，展现一个广阔的文化视野，确立一个重新认识自我和文化创新的视角。而文化的融合是必然发生的现象，也是跨国企业脱离自我文化、接触多国文化的必经之路。在这一过程中跨国企业担负着更多的责任，关键在于是否及时对本企业的战略和行为做出了相应的调整，适应于东道国的文化环境。跨国企业有义务接纳和融合于东道国文化之中，并在此基础上创新企业独特的文化。

人的思维和行为方式、价值观因所处环境和文化背景不同而受到影响和制约。在经济全球化与世界经济一体化的今天，企业面对全球经济的各种激烈竞争。企业为保持自身强有力的竞争优势，希望通过独特的企业文化来提升自己的竞争力。然而，良好的企业文化可使企业永葆青春活力，也是企业在复杂的环境下保持可持续性发展的潜在生命力和吸引并留住人才的关键。跨国企业文化的创新在企业经营战略中占有非常重要的位置。企业高级管理者应有意识地结合本企业的特征，不断吸收、适应和融合于东道国文化，正确引导企业文化得到不断创新和发展。跨国企业经营者不但要善于理解东道国文化，包括社会、历史、价值观、语言等诸多要素，更重要的是还要公平、客观、全面地面对现实，有意识地使企业文化得到改善，达到适应东道国文化的最佳状态。成熟的跨国企业文化，应是能够保持自国文化特色的同时，又能适应于东道国文化，成为融合于东道国文化中的优良竞争企业。

第二节　美、日、德企业文化特征

一　美国掀起企业文化热潮

20 世纪 80 年代，美国学术界和企业界开始注重企业文化的建设，形成了美国企业文化高潮。强调建立以价值观为核心的企业文化，以增强企业的向心力。美国著名管理专家托马斯·彼得斯等通过对美国 40 多家公司的研究，概括了美国优秀公司的八大特点：（1）行动迅速，决策果断；（2）接近顾客，以优秀的产品和优秀的服务维持优势；（3）锐意革新，全力支持敢闯敢为的改革者；（4）珍视企业至为宝贵的资源——人，通过人潜能的发挥来提高生产率；（5）以价值准则为轴心，把公司内部的各种力量凝聚到企业目标上来；（6）扬长避短，展开多角化经营，增强应变能力；（7）组织结构简单，减少层次；（8）宽严相济，张弛有节，注重管理艺术。另一方面，日本的经济奇迹引起了美国和西方社会的关注，他们观察到日本之所以取得如此成功的一个重要原因在于，他们实行了一种与西方完全不同的管理技能。而这种成功的力量在于企业文化，包括企业在长期经营活动中培育起来的具有本企业特色的经营理念、价值观念和工作作风。企业文化营造了企业员工的团队精神、共同的价值标准和道德规范，使企业对外增强竞争力，对内增强凝聚力，企业员工为企业的长期生存的共同目标不懈努力。托马斯·彼得斯研究并总结了优秀的创新型公司的管理，发现这些公司都以公司文化为企业经营控制的主要手段，并获得了惊人的成就，这就是企业文化的力量①。企业文化的潮流，给民主、自由平等、信奉个人主义的美国人带来了新的反思。在美国大约 62% 的企业寿命不超过 5 年，只有 2% 的企业达到 50 年，跨国公司平均寿命为 12 年；日本企业平均寿命为 30 年。中国企业平均寿命为 8年。企业长寿的共同特征是拥有优势的企业文化与学习组织。美国日裔教授威廉·大内（William Ouchi）比较了日本企业和美国企业不同的管理特点，认为，日本企业管理成功的奥秘是在企业内部有一种充满相互信任、微妙和融洽的人际关系。他提出了"Z 理论"（theory Z），其特点是：（1）实行长期或终身雇佣制，使职工在职业有保障的前提下，更加关心企业利益。（2）对职工实行长期考核及逐步提升制度。（3）培养能适应各种工作环境的多专多能人才。（4）管理过程中既严格控制各种现代科学技术的手段，又注重对人的经验和潜能进行细致有效的启发诱导。（5）采取集体研究与个人负责制相结合的"统一思想形式"的决策方式。（6）树立员工平等观念，在整体利益指导下，每个人都可以对工作作出判断，独立工作，以自我控制代替系统指挥，上下级间建立融洽的关系②。Z 理论的核心是信任和微妙性，并与生产效率密切联系。部门之间联系密切，可以及时进行情报和信息沟通。管理者信任和关心员工，并不断激励员工以真诚的态度去工作、对待企业以及同事，员工忠心耿耿地为企业工作。微妙性是指企业对员工不同个性的了解，根据员工的个性和特长组成团队，以提高工作效

---

① 〔美〕托马斯·彼得斯、〔美〕小罗伯特·沃特曼：《寻求优势——美国最成功公司的经验》，管维立译，中国财政经济出版社，1985，第 45～62 页。

② 威廉·大内（William Ouchi）：Z 理论创始人，最早提出企业文化概念的人，是日裔美籍管理学家。参照威廉·大内《Z 理论——美国企业界怎样迎接日本的挑战》（1981）。

率。而亲密性强调个人感情的作用，提倡在员工之间应建立一种亲密和谐的伙伴关系，为了企业的目标而共同努力。X 理论和 Y 理论基本回答了员工管理的基本原则问题，Z 理论将东方式的暧昧和人文感情揉进了管理理论。我们可以认为 Z 理论补充和完善了 X 理论和 Y 理论，提出了现代企业管理的新趋势。在企业文化的研究中，美国哈佛大学工商管理学院的著名管理学教授创立企业文化理论体系，在《企业文化——现代企业精神支柱》① 一书中，他们不仅把企业管理的成功归结为企业文化，首次把其上升到理论高度，从而开创了比较完整的企业文化理论体系，把企业文化的研究推向高潮。他们认为，企业文化是企业上下一致共同遵循的价值体系，一种员工都清楚的行为准则。总而言之，企业文化就是企业在发展中形成的一种企业员工共享的价值观念和行为准则。把企业的构成归纳为五要素：(1) 企业环境。包括市场、顾客、竞争者、政府、技术等，企业环境是塑造企业文化最重要的影响因素，而企业文化则是企业在这种环境中为了获得成功所必须采取的全部策略的体现。(2) 价值观。价值观指的是企业在经营过程中推崇的基本信念和奉行的目标，是为企业绝大多数成员共有的关于企业意义的终极判断，是企业文化的核心或基石。对于任何一个企业而言，只有当企业内绝大部分员工的个人价值观趋同时，整个企业的价值观才可能形成。与个人价值观主导人的行为一样，企业所信奉与推崇的价值观，是企业的日常经营与管理行为的内在依据。(3) 英雄式人物。把企业组织的价值观人格化，是企业价值观人格化的体现，也是企业形象的象征，许多优秀的企业都十分重视树立能体现企业价值观的英雄模范人物使其成为企业员工效仿的实际典型，通过英雄人物树立榜样，是企业文化的重要组成部分。(4) 企业仪式。企业仪式虽然是企业的日常例行事务，它们是有形地表现出来而程式化了的并显示内聚力程度的文化因素。有系统、有计划的仪式也是企业动态文化的重要组成部分，它能保证企业文化健康地发展。(5) 文化网络。这是企业中基本的沟通渠道。通过它，能有效地传递企业的价值观和英雄意识。文化网络传递消息的整个过程，没有文件、录音磁带之类的参与，而是依靠人的口头表达。因此，每个人都在本企业的文化网络中扮演一定的角色，但这个角色不是由谁任命的，也不能印在名片上，而是隐蔽地自发形成的。

---

① Terrence, E. Deal., Allan, A. Kennedy:《企业文化——现代企业精神支柱》，上海科学技术文献出版社，1989，http://info.160key.cn/news/8/813/132426.html。

二 跨国大型企业建立学习型组织

20 世纪 70 年代联合国教科文组织向各国提出"向学习化社会前进"的目标。美国、日本等发达国家提出由学历社会向学习型社会过渡的倡议。1990 年美国彼德·圣吉提出"第五项修炼——学习型组织的艺术与务实"。学习型组织的"学习"强调与工作不可分离的学习,即工作学习化(反思是最好的学习)、学习工作化;强调个人学习基础上的"组织学习",坚持以信息反馈、反思、共享为基础的组织学习;强调"学"后必须有"新行为"的学习。他创立了人们得以由工作中得出生命的意义、实现共同愿望的"学习型组织"理论。这一理论进一步发展和丰富了 20 世纪 80 年代以来形成的企业文化理论。彼德·圣吉在考察和对比日、美两国著名公司的基础上,提出了"五项修炼"的处方,他认为,这适合于每一个企业,通过这些修炼,所有的企业都能迈向我们所期望的"学习型组织",即自我超越、改善心智模式、建立共同愿景、团体学习、系统思考。(1)自我超越是个人素质培养的精神基础,主要表现为集中精力,培养耐心和忍耐力。客观观察现实,不断实现内心深处最想实现的愿望,对事物全身心地投入,不断创造和超越,这是一种真正的终身学习。有了这种精神动力,个人的学习就变成一种永无休止、持续不断的过程。没有个人的学习作为基础,组织无法真正地学习与成长。(2)"心智模式"根深蒂固,影响人们认识周围世界,以及如何采取行动。它不仅影响人们如何认识这个世界,更重要的是它还影响人们的行为。(3)"共同愿景"是组织的凝聚力所在。组织中的人们一直追求的最高境界就是建立共同的愿望、理想、愿景和目标,只有这样,组织成员就会努力学习和追求卓越。这种追求不是基于外在压力,而是在他们的内在愿望。但是,许多领导者从未尝试将个人的愿景转化为能鼓舞组织前进的共同愿景,这就是组织目标与个人目标产生冲突的根本原因。(4)"团队学习"是建立在发展"共同愿景"和"个人超越"这两项修炼的基础上的。团队中的成员互相学习,取长补短,不仅使团队整体的绩效大幅度上升,而且使团队中的成员成长得更快。只有在团队互动中实现组织的学习,才能不断提升组织的创造能力和竞争力。(5)"系统思考"是五项修炼的核心。企业和人类的活动一样都是一种"系统"。系统思考尤为可贵,只有对整体而不是对任何单独的部分深入地加以思考,才能够了解系统的全貌。系统思考的思想植根于学习型组织、新的管理理念。系统思考能够使人的视野从看部分改变为看整体。

有资料显示，全球 500 强企业中，50% 以上都是学习型企业；美国排名前 25 位的企业，80% 是学习型企业。世界排名前 10 位的企业，100% 是学习型企业。因此，企业未来的竞争实质上是企业学习和不断成长的竞争，企业的竞争优势来自于企业拥有的比其他企业更快的学习能力和社会应变能力 ①。

自 2005 年起，连续 5 年跻身世界 500 强之前 100 强的企业共有 65 家，其中包括沃尔玛、壳牌石油、通用电气、西门子、松下电器、惠普、三星电子、雀巢、宝洁公司等。有研究对上述国外企业建立学习型组织为样本，分析其建立学习型组织的理念、制度、环境、内容及方式等特点。特别关注的是在制度方面，国外企业有较完善的激励制度。员工只有不断地自我学习和参加公司的培训，才能得到相应的职位和薪酬方面的提升。雀巢、索尼和三星公司等，只有员工进行过相关学习和培训，才能申请更高一级的岗位，并将学习、培训考评与员工工资挂钩。此外，在环境上，企业不惜重金引进先进科技手段，以提高知识管理员工开发水平。国际企业都建立了完善的内部学习网络，员工可以在线学习和搜索全球范围内所有子公司的培训和学习资料，这在很大程度上降低了学习成本。

在软件环境建设上，企业在内部积极营造"我要学"及"知识共享"的氛围。西门子公司人力资源部的核心工作之一是帮助员工做好职业规划，让员工拥有工作目标感的同时，培养员工的危机意识，即，如果学习跟不上企业的要求，就无法实现个人的职业，成功地将学习氛围从"要我学"变成"我要学"。在学习型组织中，公开交流、分享经验、共享知识是全体员工的自觉行为 ②。

在学习方式上，更是以多种多样的方式积极开展辅助学习活动。大型跨国企业大都重视企业内部培训工作。培训包括岗位轮换及开办企业大学和海外学习等。沃尔玛注重企业内部广泛实施岗位轮换制度，培养"一专多能"的人才，提高员工及团队的灵活性和适应性。大型企业有专门的企业大学或在世界各地建立专门的培训中心。员工通过全面学习企业文化、专业知识技能和管理知识，提高对企业的认同感和归属感。一些企业为员工提供了较多的海外学习机会。如索尼的"管理伙伴计划"，为优秀员工提供为期两年的海外在职培训机会，通过有

---

① 杨书林：《谈加紧建立学习型企业》，《经济论坛》2004 年第 18 期，第 51 ~ 52 页。

② 李志、程珺：《国外企业建设学习型组织的思考》，《中国人力资源开发》2010 年总 242 期，第 25 ~ 27 页。

针对性地专业学习，以及跨文化学习，培养具有全球视野的管理人才，为企业未来的发展做好人才储备工作。

三 日本企业管理模式与文化因素

早在20世纪60年代，日本就从美国引进人力资源管理及人力资源相关概念。起初是学术界发表了一些相关论文和著书，到了20世纪80年代，日本大企业开始吸收并逐渐代替了以前的人事管理，人力资源管理成了人事管理的代名词。但我们注意到，日本对人力资源管理的理解和运作又区别于美国，日本采取了完全不同于西方经济发达国家的管理实务，而是按照日本的国情和日本的企业特点制定了一套日本式的人力资源管理，这被称为日本管理模式。

面对日本的经济奇迹，甚至越来越多的美国学者也掀起了一股研究日本管理模式的热潮。他们认为，日本企业的离职率相对较低，员工对企业忠诚，有凝聚力，企业士气较高。它与美国的强硬管理、企业契约制等形成了较大对比。经济学者贝克尔在《人力资本》的"人力资本和教育"章节中认为，日本实行的独特管理制，对员工实施的特殊开发教育，特别重视特殊的做法，降低了离职率，其结果是提高了凝聚力和企业的生产效率。

日本管理的最大特点，在于著名的"三大名器"，即终身雇佣制、年功序列工资制、企业内工会制。可以解释说，日本在设计人力资源管理的同时注重了企业员工的整体管理和个体管理。重视培养企业劳动骨干和员工的开发与教育。终身雇佣制体现了员工在一家企业里完成整个就业生涯。另一方面，企业给员工提供安全和归属感。这种做法在文化上诱导了"和"的概念。公司员工之间和睦相处，协调工作，对公司忠诚，每个人自己的奋斗目标与公司目标达成一致。日本学者分析，"企业为了提高员工的素质和工作能力，不惜消耗时间和金钱。其结果开发了新产品，降低了成本，使日本产品在国际市场上保持了最强的竞争力"。

（一）丰田生产模式

丰田生产方式（Toyota production system，TPS）在日本企业广泛使用，成为日本企业管理的典范，被称为"丰田生产模式"。TPS的特点总结起来有以下四个方面。

（1）全面质量管理（Total quality control，TQC）。强调每个员工在各工艺过程中的质量控制，企业内的全体员工包括自上而下从企业高层管理者到中层管理，直至生产线操作工人都要参与进来。此外，包括产品的供应商、代理商和销售商等，要求成员对产品负有管理的责任和义务，每一个员工都是质量检验员，把对产品高质量的管理作为一切工作的首位，进行全面的质量控制。如果发现问题，立即停止生产直到解决，生产出的产品无缺陷，达到 100% 的合格率。

（2）准时生产体制（Just in time，JIT）。准时生产体制是以终端客户的需求为生产起点，强调物流平衡，追求零库存，要求上一道工序加工完的零件立即进入下一道工序。它的目的是通过消除企业内部每项不能增值的活动而创造一种能够随市场需求变化而灵活应对的生产体制。建立准时生产体制所用到的方法或策略有节拍时间和周期时间的调整、单件流动、"拉"型生产、消除使设备停机的隐患、"U"形生产结构、"看板"以及减少装备时间等。全面质量管理（TQM）把总的质量作为主要目标；全员生产维护（total productive maintenance，TPM）是企业全体员工共同担负机器和设备的维护，以达到提高设备使用率，提升生产绩效，进而达到零故障，产品合格率 100% 的目标。JIT 是以成本和交货期为控制目标。只有当全面质量管理（TQM）和全员生产维护（TPM）在一个企业已经实施得卓有成效时，才可以进一步考虑导入 JIT 生产体制。为了实现这种理想的准时生产体制，需要连续不断地在各个环节推动"Kaizen"（改善），不断改善生产线上所有不利于生产效率的工序及设备。

（3）"Kaizen"，不断改善。强调"遵循标准"与"协调配合"。在参加生产的工人中间按产品以及工序组成小组，围绕对特定产品质量负责的团队进行"Kaizen"，使所有产品、服务以及创造这些产品和服务的过程不断得到合理改进。通过"Kaizen"活动达到标准化，工作整洁、有序，并消除"浪费"，达到企业的 QCD（质量、成本、交货期）目标。

（4）看板管理（KANBAN 管理）。看板管理是在同一道工序或者前后工序之间进行物流或信息流的传递。当生产计划确定以后，向各个生产车间下达生产指令，然后每一个生产车间又向前面的各道工序下达生产指令，这些生产指令的传递都是通过看板来完成的（见表 11-1）。生产节拍由人工控制，保证生产中的物流平衡，但对于每一道工序来说，均要保证对后道工序供应的准时化。JIT 是一种拉动式的管理方式，它需要从最后一道工序通过信息流向上一道工序传递信息，这种传递信息的载体就是看板。没有看板，JIT 是无法进行的。因此，JIT 生产方式有时也被称作看板生产方式。

表 11 – 1　KANBAN 管理方式

模　式	×××模块
目标产量	3000
现时生产	2000
达成率	66%

2008 年 8 月 28 日上午 11：30

除上述以外，还有合理化建议（proposal）、QC 小组活动等。合理化建议是"改善"的一部分，它可以通过员工的积极参与来提高其职业道德。日本企业界看重合理化建议的原因是它能够提高员工参与 Kaizen 的兴趣，他们鼓励员工尽可能多地提出合理化建议，尽管有时有些建议看起来几乎没有作用。企业领导也不期望每个建议会给企业带来巨大的利益。对他们来说重要的是由此培养出积极参与 Kaizen 并有自律性的员工。西方企业界对合理化建议的看法则主要着重于它们所能带来的经济利益。丰田公司为了依靠员工参与全面管理，在总厂及分厂设了 130 多处绿色的意见箱，每月开箱 1～3 次。仅 1980 年便有 85.9 万条建议，比 1979 年增长 50%，建议采纳率是 93%，付出的奖金达 9 亿日元。据统计，35 年提出的建议共有 442 万条。丰田有 4.5 万名从业人员，平均每人提 100 条建议。这些建议即使不采用，丰田的有关部门也付以 500 日元作为"精神奖"，现行最高的"合理化建议"奖金可高达 20 万日元。此外，对技术上的重大革新创造，自然另有重奖。公司还设有专人负责收集、整理合理化建议，研究其可用价值，评级发奖，并尽快采用。经过半个世纪的经营，丰田公司已成为日本汽车制造业中规模最大的生产厂家，生产量居日本之冠，并跻身于世界汽车工业的先进行列。QC 小组是在生产或工作岗位上从事各种劳动的职工，围绕企业的经营战略、方针目标和现场存在的问题，以改进质量、降低消耗、提高人的素质和经济效益为目的展开活动的小组。QC 小组的特点是，有广泛的群众性和自主性，不断激发职工的积极性和创造性，改进产品质量，降低消耗，从事以提高企业经济效益为宗旨的活动。

（二）日本企业管理的新探索

日本企业长期实行终身雇佣制、年功序列、公司内部工会制度。终身雇佣制使员工对工作有稳定感，如没有特殊原因很少有员工想要调离企业。即使调换了企业也要重新开始，意味着将在一个陌生的竞争环境中开始自己的工作。因此，员工把自己的职业生涯交给了所在企业，把企业当成"家"，并注意企业内部的"融洽关系"，希望能在这个家里有自己相应的位置。年功序列的主要特点是论资排辈，按照员工在企业工作的年限和年龄、资历等获得相应的工资和职位。公司每年都要进行各种形式的考核和培训，企业员工要经受一个长期和激烈的内部竞争。只有少数人能在这样激烈的竞争中脱颖而出。他们不仅是靠个人才干和出色的业绩，而且是适应日本企业竞争机制的获胜者，他们经受住了长期的企业内部竞争，踏实肯干，善于与其他同事一起协调工作，在工作中显示出个人的能力。由于日本企业实行长期人才培养，在企业内部柔性管理下激烈竞争，这也体现出日本企业人才培养的长期指向。

日本经营者有"一手握《论语》，一手握算盘"的经商思想，论语有"天人合一"、"见利思义"、"义利合一"的儒家思想。他们深信"天人合一"的内在生成关系和实现原则，二者缺一不可。这也是日本崛起的秘诀和日本的商道。他们把"得人心者得天下"作为发挥"人"的内在积极性的前提，因而在企业内关注职工的切身利益，特别重视"感情投资"，企业的管理者一般都熟悉每个职工的情况，使职工心甘情愿地为企业出力。此外，还会经常组织运动会、联欢会、恳谈会、野餐会等，参加这样活动的除了公司员工外，还邀请职工家属参加，培养员工热爱企业和企业主人翁精神。企业内即使出现劳资之间、员工之间的矛盾，均属于企业内部矛盾，由企业内工会解决。

日本的企业管理模式可以说支撑了日本经济的成长，但仍存在许多问题。日本企业表面上是实施了一种人性化管理，由于强调长期雇佣，员工很难考虑转到其他企业，找到更适合自己的工作。这可能造成劳动力过度集中，甚至造成无法做到人尽其才的浪费情况。而对于少数无法适应日本式管理的员工来说，长期固定在一个企业工作，若其人际关系不佳，则会出现无可奈何和工作的乏味感等情绪，这本身就是一种不尊重员工选择和无视人格的做法；日本企业通过各种方式加大对员工的各种管理与培训，实际上是给员工不断制造压力，大部分日本员工在工作中感到极大的精神压抑。此外，日本有等级森严的工资差别制和晋升制度，表面上是平等竞争，尊重员工的权利和尊严，鼓励员工追求卓越的工作。但犹如看得见的玻璃天窗，要获得这些，需承受长时间的磨合，甘心情愿为企业牺牲，并适应这种管理方式。日本企业要求员工"忠诚"于本企业，甚至牺牲个人和家庭，这与中国理解的"忠诚"有所不同（见表11-2）；日本企业决策的特性为集体决策、集体行动、集体负责。表面上是尊重员工的想法，希望员工拿出最好的方案，实际上主要是通过员工的酝酿，不断拿出方案，最后由上级决定。

表11-2　中日文化差异性

项　　目	中　　国	日　　本
关于忠诚	偏重于"仁"、"孝"，家庭的特点更明显，家族和家庭是第一位的	对于所属的大大小小的团体，均强调"忠"，但小团体服从大团体
人际关系	强调"情"和各种私人关系	更强调"理"，企业大于个人
关于决策	"不在其位,不谋其政"	集体决策、集体行动、集体负责；员工献计献策,拿出方案,上级决定。
关于服从	服从的是个人	服从的是集体
对待等级	等级代表着权力	等级代表着管辖范围

第二次世界大战后，日本企业管理的新发展具有两重性。一方面，它是同新的生产技术相适应、合理组织生产力的科学管理的发展。另一方面，则是日本经营者为获得最大的赢利，不断实行一系列柔软式管理。这意味着让员工付出更多的精力，实现企业管理的最优化和效率化。这表现为日本企业的管理制度、方法和措施更加多元化。其结果便是，即使日本企业也很难接受这种更加严密和苛刻的管理，甚至出现过劳死的现象。

但近年来随着经济的全球化，以及信息技术不断扩展，特别是来自美国的创新性竞争，日本为提高企业创新能力迎接世界经济的新一轮挑战，多数企业已废除过去的"终身雇佣制"，开始转向企业员工合同制和重视工作成果。企业对人的素质提出了更高的要求。日本为了提高自身的竞争力，不断改变管理方式，采取了中途采用、成果主义、双线评估薪酬制度等一系列改革方案。但新的改革方案和固有的人力资源管理优势存在着根本冲突，因此，日本企业正在不断探求新的管理体系。

"成果主义"和"复合型工资管理"是日本企业管理改革的两大方案。所谓"成果"，是以浮动奖金为主要特征的"成果主义管理制度"，根据产出支付报酬的产量制，其特点是：组织的成绩是每个成员共同努力的结果。个人学习、研究、创造是每个成员参与工作的手段。"成果主义"的主要特点是预先为员工设定工作目标，如果到期未按照计划完成，就可能有减薪或面临下岗的危机。根据职工不同的身份、雇佣形式和期限的差异，有不同的工资结构。（1）业务型工资。依据职工业务性质划分成管理类、助理类、职工类等。（2）工作地型工资。依据特定的工作地点，如国内、海外、后勤、事业部等均有不同的工资标准。另外，依据北海道、本州、四国、九州、冲绳等地区也划分若干工资标准。（3）职务型工资。依据职务性质，如管理、技术、研究、操作、机械等工种的不同制定工资标准。

但是，"成果主义"和长期以来日本实行的"以人为本"的管理方式发生着根本冲突。"以人为本"的管理核心是强调合作精神、温情主义，通过对员工的启发式教育，挖掘潜力，充分调动员工的积极性，使之在工作上发挥更大作用和创造力，这被称为日本企业管理的精华，在生产过程中发挥了重大作用，保证了日本的产品在国际市场的竞争力。因此，"成果主义"的实施在日本引起了各种争议。

四　德国跨国公司企业本土化

德国作为一个工业发达国家，拥有一批世界级的公司，这些公司除了有驰名世界的品牌外，还有自己独特的企业文化。比如，宝马公司的文化理念是"只有每一个人都知道自己的任务，才能目标一致"。奥迪公司是"竞争是从来不睡觉的"。西门子公司是"西门子总有答案"。这些公司在中国甚至世界各国都运作得游刃有余，耳熟能详的品牌之所以能够在人们的心目中牢牢树立，与它们企业文化本土化的经营密不可分。

就管理模式来说，德国式的管理和中国的管理就有很大区别，但这两者之间并不能说哪一个最好，适合就是最好的，这是无数企业在管理中总结出来的经验。德国的企业文化诚信度高，注重法制，管理严格，认真细致，中国则更加注重人情，讲究集体主义，注重过程，规避高风险。

（一）在华德国跨国公司企业文化

分析德国自身的企业文化，必须要考虑它所处的地域文化。首先，欧洲文艺复兴运动和法国资产阶级大革命带来的民主、自由等价值观，对德国企业文化的产生和发展产生了很大的影响。其次，德国强调依法治国，注重法制教育，强调法制管理，在市场经济条件下长期形成的完备的法律体系，为建立注重诚信、遵守法律的企业文化奠定了基础。再次，宗教主张的博爱、平等、勤俭、节制等价值观念，在很大程度上影响了德国企业文化的产生与发展。还有，德国人长期形成的讲究信用、严谨、追求完美的行为习惯，使企业从产品设计、生产销售到售后服务的各个环节，无不渗透着一种严谨细致的作风，体现着严格按照规章制度去处理问题的作风，对企业形成独特的文化产生了极大影响。上述各方面的结合，形成了德国企业冷静、理智和近乎保守的认真、刻板、规则的文化传统。德国企业文化明显区别于美国以自由、个性、追求多样性、勇于冒险为特征的企业文化，也区别于日本企业强调团队精神在市场中取胜的企业文化。

根据 IRIC（荷兰跨文化合作研究所）的研究发现，国家文化和企业文化虽属不同性质的现象，如国家文化主要体现为精神，而企业文化主要体现为实践，但它们又都包括大量的价值现象。根据国家文化和企业文化之间的关系模型（见图 11－2），可以看出国家文化的范畴是如何影响到企业文化实践的。

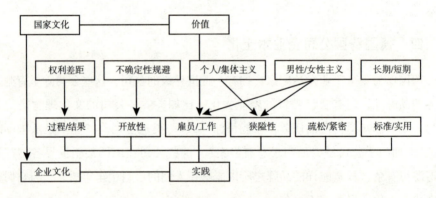

图 11－2　国家文化和企业文化关系模型

企业文化应当从国家文化即民族文化中吸取精华，从对管理活动和管理模式有影响的文化层面分析，其主要有五个维度：集体主义与个人主义；权利差距；不确定性的规避；价值观念的男性度与女性度；长短期取向。根据荷兰跨文化合作研究所所长霍夫斯蒂德及其他有关专家的研究，中德文化五层面的主要差异与冲突表现如下。

（1）就个人主义与集体主义而言，中国倾向于全局观念、集体主义，重视群体的和谐与安定，强调个人的成就依存于群体的兴旺，推崇"群体至上"的价值观念。德国在注重法制的同时，也强调团结和谐，并且追求完美，做事谨慎。

（2）从权利距离方面看，中国在改革开放以前基本上属于权利距离较小的社会。分配上的平均主义，工人参加企业管理，反对干部的特权等做法都在试图缩小权利距离。改革开放至今，政企分开，这种权利距离不断扩大。在分配上鼓励一部分人先富起来，在企业管理中强调"一长制"、"承包制"，这些措施都扩大了权利距离。德国也有较高的权利差距，但注重上下级的沟通，合理的沟通提高了工作效率。

（3）从不确定性避免方面看，中国以前也比较低，如长期采用计划经济体制就是明显的例子。中国实行市场经济后，不确定性的避免在逐步向较高方向发展。德国企业长期注重市场体制，以市场为导向，低成本、高效率地经营。

（4）从男性与女性价值观方面看，如果说中国属于一种中性的、混合型的价值观。德国则男性化尺度较高，鼓励人们决策的自主独立，注重任务的完成，遵守法律，讲究诚信。

（5）从长短期取向方面看，中国和德国都属于长期取向，关注企业未来，重视借鉴，采用长期的眼光制定企业战略。

对于如何解决跨国公司的文化冲突，通常被划分在跨文化管理范畴，而跨文化管理中如何解决文化冲突以四种模式为代表，即四个"中心论"：本国中心论、客国中心论、区域中心论、全球中心论。运用本国中心战略模式，能够在最短的时间内使子公司的运行纳入正常的经营和管理轨道，但这种"移植"的制约因素众多。客国中心战略是最为灵活的一种经营策略，母公司对子公司有一定的监控，子公司也可根据当地实际情况灵活实施，但长期使用这种策略恐会导致子公司"各自为政"，增加跨国企业统一管理的难度。因此，对于跨国公司企业文化的本土化问题，作者认为采取本国中心论和客国中心论两种模式结合的方式解决文化冲突的问题更加有效。

（二）在华德国跨国公司企业文化本土化特征

（1）强调以人为本，注重提高员工素质，开发人力资源。强调以人为本，提高员工素质，这主要体现在注重员工教育，大力开发人力资源上。德国跨国企业普遍十分重视员工的培训。大众汽车公司在中国建立许多培训点，它们主要进行两方面的培训：①使新进公司的人员成为熟练技工；②使在岗熟练技工紧跟世界先进技术，不断提高知识技能。西门子公司在提高人的素质方面更为细致，它们一贯奉行的是"人的能力是可以通过教育和不断培训而提高的"，因此，它们坚持"自己培养和造就人才"。

在管理人才选拔与培养方面，德资企业也颇具特色。大众汽车公司除了最高决策层之外，拥有各方面优异的管理人才。它们以高薪吸纳了大批优秀管理人才和科研专家，并为其发挥才能提供广阔的空间，使他们产生一种自豪感、凝聚力和向心力。西门子（中国）有限公司也特别重视对管理人才的选拔和录用。它们聘用的管理者必须具备以下四个条件：①具有较强的工作能力，特别是冲破障碍的能力。②具有不屈不挠的精神和坚强的意志。③具有老练的性格，能使部下信赖，富有人情味。④具有与他人协作的能力。在尊重人格、强调民主的价值观指导下，普遍重视职工参与企业决策。

（2）强调加强员工的责任感，注重创造和谐、合作的文化氛围。德国企业文化体现出企业员工具有很强的责任感。这种责任感包括家庭责任、工作责任和社会责任，他们就是带着这样的责任感去对待自己周围事物的。企业对员工强调的主要是工作责任，尤其是每一个人对所处工作岗位或生产环节的责任。在华德国跨国企业十分注重人际关系，努力创造和谐、合作的文化氛围。

（3）普遍具有精益求精的意识和注重诚信为本，追求产品质量完美、提供一流服务已成为企业员工的自觉行动。重视产品质量，强烈的质量意识已成为企业文化的核心内容，深深植根于广大员工心目之中。大众汽车公司在职工中树立了严格的质量意识，强调对职工进行职业道德熏陶，在企业中树立精益求精的质量理念。西门子公司以"西门子总有答案"为理念，贯穿"以新取胜，以质取胜"的价值观，使西门子立于不败之地。第一，他们认为高质量意识与员工的高素质是分不开的，十分注意培养具有专门技能和知识的职工队伍，千方百计提高员工的质量意识。第二，具有精工细作、一丝不苟、严肃认真的工作态度，这种态度几乎到了吹毛求疵的地步。第三，把好质量关，严格检查制度，做到层层把关，严格检查。

（4）注重实效，融入管理，树立良好的企业形象。企业文化建设特别注重围绕企业的具体实际进行。结合中国的社会特征，在华德国跨国企业非常注重实际，它们以精湛的技术、务实的态度和忠诚的敬业精神进行经营。它们将企业文化建设融入企业管理，注重实际内容，不拘泥于具体形式，说得少而做得多。除此之外，还特别重视有效的形象宣传，那些在德国乃至中国，甚至世界各地树立起的"奔驰"、"大众"、"西门子"等具有国际竞争力和时代气息的德国跨国集团的品牌标识，已经成为企业实力的象征。

在华德国跨国公司的企业文化是规范、和谐、负责的文化，这些特征融合了中国和德国的企业文化之长。所谓规范就是依法治理，从培训中树立遵纪守法意识和对法律条文的掌握，从一点一滴做起，杜绝随意性和灵活性。和谐，就是管理体制的顺畅，人际关系的和谐。负责，就是一种企业与职工双方互有的责任心，即职工对企业负责任，企业对职工也要负责任，企业与员工共同对社会负责。做好企业文化本土化的研究，重视企业文化建设，培养良好的企业文化是德国企业在华管理经营中的重要组成部分。对外，这是企业的形象问题，这种形象不光是企业的品牌、效益，更重要的是培养企业和职工对社会的责任感，使企业从上到下、从里到外展示给社会的是美好的东西；对内则主要是培养团队精神。总之，研究企业文化本土化，做好跨文化管理，在文化融合的过程中，取其精华，弃其糟粕，在华德国跨国公司的经营一定更加成功有效。

第三节　跨文化沟通与管理

一　欧美各国文化与沟通

据美国《社会展望》1981 年的统计数据，信仰基督教的居民在这些国家的比例分别是：美国占 95%；爱尔兰占 95%；西班牙占 87%；意大利占 84%；比利时占 77%；英国占 76%；德意志联邦共和国占 72%；挪威占 72%；荷兰占 65%；法国占 62%；丹麦占 58%；瑞典占 52%。这些居民包括天主教信徒和新教信徒。文化上的共同渊源使这些国家的社会文化有一些共同的特点，但由于社会组织、结构、价值观和政治经济制度的差异，他们之间也有很多的差异。

追求自我可以说是这些国家文化中的共同特点，个人主义强调，每个人都有独立的个性特征，个性的存在应得到承认和强调。个人的自我是被看做与其他人，与整个世界分离的独立整体；它强调个人的能动性和独立性、行动和利益、责任心和自尊心。

这种价值观念也在商业和国际经济活动中表现出来。在美国和西方国家，很少有人在经济上受到某种损失时会自认倒霉的，他们总要采取各种措施来弥补这种损失。美国有一名儿童，因燃放中国的烟花而被炸伤左眼，这个儿童的家属向当地法院上诉，要求中国方面赔偿600万美元。最后通过美国律师调停，取得庭外和解，原告撤销上诉，并由中国方面向这名儿童提供9.5万美元的救济金。美国有一木工，在钉钉子时，钉子断了，结果木工险些因断钉而失明。后来木工找到卖铁钉的商店，商店又找到生产铁钉的厂商要求赔偿。后来厂商真的赔偿了。消费者为维护其利益组成各种组织。厂商和商业部门也设有各种售后服务。这种售后服务不仅负责保修，也负责调换售出的商品。

在西方人的眼里，个人主义不是坏事，而是正当的、合理的。为了避免个人之间的内部纠纷和一些意想不到的损失，西方人喜欢把事情交付给保险公司去办。大街上两辆汽车相撞，司机们并不争吵，分别在对方的申报单上签字，因为他们根本不需要直接为这次事故付款，他们的汽车都是保了险的。事故的损失将由他们的保险公司承担。当然，肇事者、事故责任者要根据情节承担一定的责任。

西方人各国之间也有很大的差异。比如，由于天气和气候的关系，英国人很少主动过问不相识的路人的事。因此，有人误认为英国人冷漠无情。但对于了解英国人的人们，会认为他们既持重又充满恻隐之心。他们的持重表现在商业上是坚守信约。在国际交往中，英国人的一个突出弱点是只会讲英语。把英语当做母语的人总要受到这样的束缚，他们设想世界上其他人都会讲英语或想学会英语，因为许多国家都把英语作为第一外语。所以有人评价他们是"持重而善于助人的英国人"。而德国人普遍认为责任感是一种重要的美德，是对独立性的重视。德国人在国际经济活动中的特点就是严格，讲求效率，被认为是负有责任感的。

在经商上，德国人非常珍惜商权。例如日本一家厂商与德国某公司谈妥了推销事宜，日方对德方说："假如业绩好，也可以让你做总代理。"而德方则认为，不做人才和资本的先行投资，则无法使业绩突出，而做了这种投资后，与日本的交易一旦停止，就等于是无偿投资，因此德方坚持得到"总代理"的契约后才开始工作。德国人非常擅长商业谈判，即使对于自己亟须购买的具有独特价值的产品，德国人也表现得非常冷静，不让对方看出这一点。一旦他们决定购买，就会想尽办法使对方让步。如降低价格，严限交货日期，严格的索赔条款。而对一些稍有风险的生意，德国人则表现得格外谨慎。

与欧洲略有不同，正如许多评论家所提到的，法国人一直以他们曾是欧洲的文化中心而骄傲。至今在国际交往中，即使会讲英语的法国人也坚持用法语谈话。这是那些法语讲得很蹩脚的外国人在与法国人沟通交往时必须克服的第一道障碍。法国人喜欢宏伟壮观，这意味着光荣、胜利、力量和受到普遍承认的一种荣耀。在生活中，法国人又是幽默的，在谈生意时亦如此，他们常常一边谈生意，一边加进文学、戏剧、音乐、绘画方面的内容。这样既使谈判的气氛妙趣横生，使谈判的双方不至于过分紧张，同时也加强了个人之间的亲密关系。在这里，个人之间的关系往往比公司之间的关系更重要。

美国不同于欧洲任何一个国家，美国是一个独具一格的实体，美国人性格外露，热情奔放，注重实际的物质利益。美国人喜欢新事物，提倡新的思维与设想，同样规格的产品，新的包装，新的颜色，也会产生大的吸引力。美国人在贸易谈判中精于讨价还价，充满自信，在业务上兢兢业业。

有研究表明，日本人与西方人、亚洲人的差异为最大。日本是实现传统价值与现代变革相结合取得成功的国家之一，员工对企业、小企业对其所属的大企业及企业对同业协会的依附与忠诚，同业协会对企业、大企业对小企业及企业对员工的保护，这种双向关系至今仍是维系日本社会的主要纽带。整个日本社会就像一个大的"株式会社"，企业的终身雇佣也体现着这种依属与保护的关系。日本人讲话婉转，不轻易下结论。公司的一项决定要经过上上下下反复磋商后才能成形；政府的一项政策也要在内阁及各部上下反复磋商几次后才能制定。日本人认为这样做出的抉择执行起来就比较容易步调一致。

日本人注重礼节，在传统社会中，礼节表现出每一个人在社会上的等级地位和尊卑秩序。当人们在自己的等级中相互交往时，他们的行为方式表现出对本等级成员地位的相互承认。当人们同其他等级的成员交往时，礼节可以使人们相互承认对方在对方等级中的地位。一个家庭的成员相互之间的行为举止有一定的规矩，不同家庭成员之间的交往也要遵循一套礼节。礼节可以促进人们之间的交往，不论是家庭里、公司里、政府里或其他场合的交往，礼节可以维护已确立的尊卑秩序。

二　跨国经营文化沟通管理问题

经济全球化的发展使得全球内的任何一个公司或企业集团必须打破地域限制，进行跨国经营。经济生活中的跨文化沟通成为必要。对跨文化企业来说，有效沟通是跨文化企业管理的出发点，因为在跨文化企业中，管理者和员工面对的是不同文化背景、语言、价值观、心态和行为的合作者，管理是在异文化沟通和交流的基础上进行。沟通不当，轻则造成沟通无效，重则造成误解和关系恶化，使企业经营目标无法实现。

(一) 语言沟通障碍

语言反映一个民族的特征,它不仅包括该民族的历史文化背景,而且蕴藏着该民族对人生的看法、生活方式和思维方式。由于文化的差异,编码者和译码者所拥有的沟通行为及其意义在概念和内容上也有差异。萨姆瓦等人提出的一个较权威的跨文化沟通模型可以解释其差异,如图 11-3 所示。

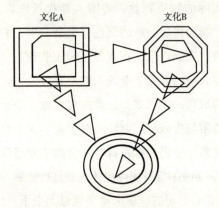

图 11-3 跨文化沟通模型

资料来源: L. A. Samovar, R. E. Porter & N. C. Jain, *Understanding Intercultural Communication*. Belmont, CA: Wadsworth, 1981, p. 29。

模型中,文化 A 和文化 B 是比较相近的文化,而文化 C 与文化 A、文化 B 有较大的差异。在每一种文化图形的内部,各有一个与文化图形相类似的另一个图形,它表示受到该文化影响的个人。代表个人的图形与影响其文化的图形稍有不同。图形的变异说明:文化只是影响个人成长的一部分因素,还有其他因素在起作用;尽管文化对每个人都具有主导性影响的力量,但对不同个体的影响有差异性。文化对跨文化沟通环节的影响程度是由文化间差异的程度决定的①。

在跨文化沟通中,文化的差异是广泛多变的。当一个信息离开它被编码的那个文化时,这个信息内含有编码者所要表达的意图。当一个信息到达它将被解码的文化时,就会发生变化,译码文化的影响变成信息含义的一部分,原始信息的

---

① L. A. Samovar, R. E. Porter & N. C. Jain, *Understanding Intercultural Communication*, Belmont, CA: Wadsworth, 1981, p. 29.

内涵意义就被修改。

（二）非言语沟通障碍

在言语沟通中，也伴随着非言语沟通。非言语沟通常因其自身的非言语性而被许多人所忽视，但现在越来越被重视。艾伯特·梅拉宾博士的经典研究发现，信息抵达接收者的整体影响是：所使用的言词占 7%；言辞的表达方式——语调、音量、音高和其他副语言成分的质量占 38%；非言语的面部表情、手势、身体的姿势等占 55%。

在非言语沟通方式中，不同文化背景的人们对声音的质量（音量、速率和音高）、面部表情、手势、身体的动作以及时空的态度等理解不同，由此产生沟通障碍。反之，如果理解其中的差异，则有助于我们更有效地进行跨文化交流①。

世界上许多国家都把眼睛形容成"心灵的窗户"。因此，不少民族对目光接触的重视远远超过对言语沟通的信赖。在阿拉伯国家，阿拉伯人告诫其同胞"永远不要和那些不敢和您正视的人做生意"。在美国，如果您应聘时忘记看着主考官的眼睛的话，您就别想找到一份好工作。加拿大人、澳大利亚人以及很多其他西方人认为，沟通时目光的直接接触所传递的是一种诚实、真诚和坦率的信息。然而在日本文化中，认为听对方说话时看着对方的眼睛是不礼貌的，恰当的方式是听话时应垂下自己的眼帘，以示尊重。这使那些与日本人交流沟通、却对日本文化知之甚少的西方人感到困惑。

不同的空间距离传递不同的信息。只要看一看办公室的大小，就会发现它常常显示出主人的地位。譬如在美国以及一些亚洲国家，办公室越大，越显示出主人在企业中所处的地位。一些办公室里经常安放着大办公桌，它不仅使办公室看上去更气派，更重要的是成了"缓冲带"——与来访者保持距离。从某种意义上讲，这些大办公桌像是一个"减访桌"——减少来访者与主人的沟通。空间的距离通常表现出个人在企业中的地位差异，往往在心理上给员工们留下沟通困难的影响，这就是为什么很多员工尽量不和其经理接触的原因所在。

三　跨国企业与本土企业的沟通障碍

在跨国经营活动中，跨国企业要与当地的政府组织和其他企业发生各种业务

---

① 菲利普·R. 哈里斯：《跨文化管理教程》，新华出版社，2002，第 43 页。

联系。如因为劳动力问题要与当地劳工组织打交道；因为配件的供应要与当地有关企业谈判；因为产品的销售要与商业性公司挂钩等。跨国企业中的经营管理人员因此也必须频繁地与当地企业、组织中的人员进行沟通和交流。

（一）跨国企业内本土与外籍员工沟通障碍

跨国人员与当地组织者、企业人员之间差异最大的是双方目标价值及认知范围的不一致。跨国企业突破了本土的局限，使企业经营人员也具有一定的世界性意识，对自身活动的范围和目标有较为明确的信念，而当地组织者、经营者则相对局限于本土文化、习俗、行为方式、价值目标、认知取向。其次，双方之间存在语言、背景知识、信息、交流方式的差异也同样阻碍了彼此间的沟通。跨国企业人员由于来自境外，对当地的法律制度、政策条令、生活节奏、行为方式、风土人情等只有零碎的、间接的感知、判断，认知行为不如当地人那样得心应手，可能导致彼此判断相异，影响正常沟通。

从2007~2009年曾经对在华的日资企业的调研中，对日资企业的中国员工进行了问卷调研。当被问及"你对外国管理者的感觉（外资企业）"时，回答"疏远"和"比较疏远"的比例超过45%；进一步调查显示，41.91%的员工认为"语言障碍"和"文化隔阂"（18.15%）是导致其对外国管理者的感觉比较疏远和疏远的主要原因（见图11-4、图11-5）。

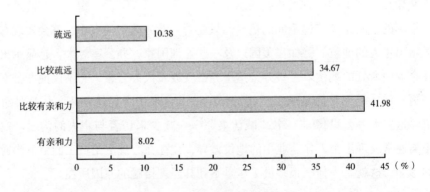

图 11-4 员工亲和度调研分析

资料来源：根据对部分日资企业员工问卷制作。

在境内的外资企业中，中国员工表现出较强的转职意向。对企业的调研结果表明，有近40%的成中国员工表示存在转职意向（见图11-6）。

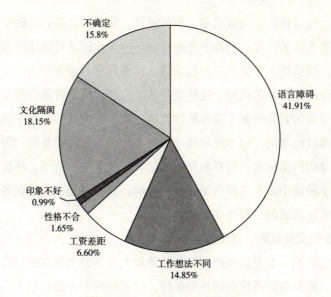

图 11-5　员工亲和度原因分析

资料来源：根据对部分日资企业员工问卷制作。

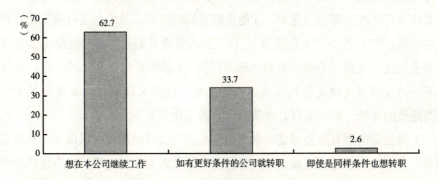

图 11-6　员工转职意向调研分析

资料来源：根据对部分日资企业员工问卷制作。

（二）影响跨文化沟通管理的主要因素

文化的异同性是影响跨文化沟通的关键。来自不同文化背景的人把各自不同的感知、价值观、规范、信仰和心态带入沟通过程，从而影响跨文化沟通。影响跨文化沟通的主要因素有：感知、成见、种族中心主义和缺乏共感。感知是对我们感觉到的事物的解释和再认识，它包括物理的、生理的、神经的、感官的、认知和感情的成分。感知既受文化影响，又反映文化特点。文化是造成感知差异的一个原因，而选择什么内容感知、如何解释、认识评价等，又都反映着不同文化。萨姆瓦等人认为，存在五种主要的社会——文化因素对感知的意义起直接而重大的影响，即信仰、价值观、心态系统、世界观和社会组织①。成见涉及我们对不同个人组成的群体的信仰，这些信仰基于先前形成的看法、观念和态度。成见在跨文化沟通的背景中是十分常见的现象。成见作为我们头脑中的图像，常常是僵化的，难以改变的，对于成功地进行跨文化的沟通是无益的；种族中心主义是一种以自身的价值标准来解释和判断其他文化背景中的群体、环境及沟通的一种趋向。由于种族中心主义通常是无意可得的，并且总是在有意识的层面反映出来，它使跨文化沟通的过程遭受到破坏。

（三）发展文化认同，降低文化摩擦

发展文化认同，首先需要跨国经营的管理人员掌握文化沟通与跨文化理解的技能和技巧。理解是沟通成功的重要条件，它包括两个方面：（1）"要理解他的文化，首先必须理解自己的文化"。也就是说，对国外文化进行研究是建立在对母公司企业文化的详细了解基础之上的。只有在既对母公司的企业文化，又对国外文化进行详细了解的情况下，才能比较它们的异同，从而为进行跨文化管理提供参照系。（2）善于"文化移情"。即母公司管理者必须在某种程度上摆脱自身的本土文化，克服"心理投射的认知类同"，摆脱原来自身文化的约束，从另一个不同的参照系（他文化）反观原来的文化，同时又能够对他文化立足于一种较为超然的立场，而不是盲目地落到另一种文化俗套中。

上海三荣电器有限公司是一家中小型企业，公司管理决策层由一名日籍总经理及一名中方副总经理组成，日方总经理全面负责企业的决策，中方副总经理负责落实具体工作。两位总经理配合默契，合作顺利，沟通畅通，劳资双方融洽，员工主人公意识增加。中日双方配合默契的关键原因是中方副总经理是一位精通日本语言与文化的企业管理沟通者，他在中日双方合作中发挥着桥梁作用，特别是在实行以人为本的管理过程中，经常向总经理介绍中国文化的特点。当总经理遇到合作中的矛盾或对中国员工的行为表示不理解时，他经常做一些中日价值观、思维方式及行为规范差异方面的解释，使总经理增强了跨国经营中文化差异的意识，从而消除了双方沟通与感情交流中的隔阂。当中层管理人员或员工对日

---

① 萨姆瓦：《跨文化传通》，三联书店，1988，第48~62页。

方总经理的管理观念、管理措施产生抵触心理时，他向中方员工做交流沟通工作，使中方员工也增强了中日文化差异的意识。从这个案例中，我们可以看到沟通是企业成功的基础，其关键在于彼此双方的理解。

其次，是在企业内部逐步建立起共同的价值观。作为文化重要组成部分的价值观是一种比较持久的信念。它能够消除种族优越感，以平等的态度彼此尊重和理解对方的文化，从而提高员工的凝聚力、向心力。正如美国管理学家彼得斯（Tom Peters）和沃特曼（Robert H. Waterman）指出："我们观察的所有优秀公司都很清楚它们主张什么，并认真地建立和形成了公司的价值标准。事实上，如一个公司缺乏明确的价值准则或价值观念不明确，我们很怀疑它是否有可能获得经营上的成功。"①

再次，进行跨文化培训。接受跨文化培训是防治和解决文化冲突、发展文化认同的有效途径。跨文化培训可加强人们对不同文化环境的反应和适应能力。其培训的目标是：①使一个人能更好地洞悉自己的行为，体验自己在别人心目中是如何"表现"的；②更好地理解具体的管理过程；③在集体活动过程中培养判断问题和解决问题的技能。具体培训措施可以把不同文化背景的人或在不同文化地区的管理者与职员结合在一起进行多种文化培训。如上海施贵宝公司，是中国改革开放后第一家中美合资的制药企业和上海新建的第一家中外合资企业，也是按照世界卫生组织制定的《优良药品制造规范》（GMP）设计、生产、经营和管理的一家现代化制药公司，该公司对职工的跨文化培训采取了五种形式：①新员工岗前培训。时间为一周，内容主要是公司精神、质量意识、职工守则、企业概况等。②营销人员的集中脱产培训。每三个月一次，内容主要是营销战略、营销技术、产品常识等。③选派生产和管理骨干出国培训，直接学习国外先进技术和管理经验。该公司成立以来，已选派几十批人到美国、澳大利亚、新加坡、加拿大等国培训或参加国际性学术会议，以会代训。④利用外国专家来该公司指导技术的机会，安排跟班培训。该公司先后接待了 200 多人次的外国专家，每次都安排对口的骨干陪同工作，在接触中接受培训。⑤组织各类辅导培训。几年来，该公司结合《优良药品制造规定》（GMP），对各类人员进行专项培训达 300 余次。该公司还结合业务，邀请法律顾问、工商局的专业人员来公司进行法律和业务辅

---

①　虞有澄：《我看英特尔》，三联书店，1995，第 143～145 页。

导。培训不仅能使中方雇员掌握更多的技能，而且使双方增强了了解和信任，便于更好地合作，做到优势互补，从而使企业获得长足的发展。

综上所述，从现象上看，跨国经营是不同国家的资本、技术、商品、劳务、管理的结合，而其更深的内涵则是两种或多种文化的撞击、冲突和融合。对于跨文化管理者来说，关键在于对外国文化进行研究，通过有效沟通在两种文化的结合点上，寻求和创立一种双方都能认同和接纳的、发挥两种文化优势的管理模式，从而实现跨国经营的目标。

第12章

企业核心竞争力与人力资本经济价值

> 在新竞争环境下，国家与国家的竞争实际上也是人才的竞争，一个国家或企业要在世界范围内持续保持强有力的竞争地位，必须具有人力资本开发优势和雄厚的人力资本储备。然而，由于人力资本的载体被投资者忽略以及价值量难以评估特点，有必要建立有效的激励制度以及人力资本合约制度。

第一节　人力资本教育投资的有效性

一　人力资本价值理论

自古典经济学到现代人力资本理论，在理论上论证人力资本的价值与贡献的同时，对人力资本价值的测量也进行了研究。亚当·斯密和大卫·李嘉图（David Ricardo）的价值学说体系归结为：社会财富的增长主要在于劳动者数量的增加和劳动者质量的提高，并将该理论内涵予以概括，得出劳动与产出的测量模型。即，G（产出）$=q$（劳动生产率）$\times L$（劳动力数量）。这是西方经济学最早的有关劳动对产出测量的研究。马克思的劳动价值学说论述了人力资本的决定性作用，指出，真正意义上的货币资本、财务资本、物质资本的存在以劳动力商品的存在为决定性条件。

从马克思劳动价值论中，可进一步概括劳动对产出贡献的测量模型：W［总财富（使用价值）量］$=V$［总劳动时间（价值）］$\times q$（劳动生产率），该模型表示：一国财富的产出决定于投入的劳动资源量与当时的劳动生产率水平。马克思还进一步论述道："劳动力所有者和货币所有者在市场上相遇，彼此作为身份平等的商品所有者发生关系。所不同的只是一个是买者，一个是卖者，因此双方是法律上平等的人。""卖者必须始终让买者在一定期限内支配他的劳动力，使用他的劳动力，就是说，他在让渡自己的劳动力时不放弃自己对它的所有权。"①在马克思的劳动力产权研究中，人力资本的产权是天然属于劳动者本人的。

关于在生产过程中人的主导地位与作用问题，马克思运用科学的唯物史观进行了精辟分析，他认为，人的劳动最具有能动性，是生产的主控要素。从事复杂劳动的劳动者需要较高的教育费用，培养这些技能需要更多的劳动时间，因而具有较高的价值，进而提出复杂劳动比简单劳动可以创造更多的社会财富的观点。

在劳动力产权形式与权能结构问题上，马克思认为，一方面，劳动力产权形式可分为劳动力公有产权和劳动力私有产权；另一方面，把劳动力产权看成一组权利的组合，包括劳动力所有权、占有权、支配权、使用权、处置权和收益权等，这些权利既可以统一又可以分离。在社会主义劳动力产权的双重性问题上，马克思认为，一方面，劳动力产权属于劳动者本身，另一方面，劳动力产权也归社会所有。从劳动力产权过渡到人力资本产权源于对人力资本在经济发展中作用的认识②。马克思从历史发展的视角揭示了劳动力产权的本质属性：劳动力产权关系是经济关系的反映；劳动力产权关系变动和发展的根源在于生产关系的变革，其中最根本的是生产资料所有制的变革；劳动力产权关系是所有制实现运行的基础。

完整的资本概念可归纳为物质资本和人力资本两个方面。前者体现在物质产品上，后者则体现在劳动者身上，体现为凝聚在其身上的知识、能力、健康、技能等。以舒尔茨为代表的现代人力资本学派将人力资本归为经济增长中的决定因素，并对人力资本的贡献进行了测量分析。人力资本和物质资本在投资收益率上是有差别的，人力资本的收益率高于物质资本，人力资本投资与其他投资相比，是一种投资回报率很高的投资，而教育投资是人力资本形成的主要来源。

---

① 〔德〕马克思、恩格斯：《马克思恩格斯全集》（第二十三卷），人民出版社，1972，第190~199页。

② 〔德〕马克思、恩格斯：《马克思恩格斯选集》（第二卷），人民出版社，1972，第33~34页。

舒尔茨通过研究制度变迁与不断增长的经济价值之间的互动关系，提出经济发展过程中人的经济价值上升要求产权制度做出相应的回报。他通过对美国1929～1957 年教育投资与经济增长的关系作了定量研究，其结论是：各级教育投资的平均收益率为 17%；教育投资增长的收益占劳动收入增长的比重为 70%；教育投资增长的收益占国民收入增长的比重为 33%。这一结论证明，与其他类型投资相比较，人力资本投资是一种投资回报率很高的投资。

现代经济发展已经不能单纯依靠自然资源和人的体力劳动。科技进步必然要求提高体力劳动者的智力水平、增加脑力劳动的成分，以此来带动现有的生产要素。舒尔茨的理论成功地解决了古典经济学家长期以来未曾解决的经济增长之源泉，解开了当代富裕之谜。

20 世纪 80 年代以来，美国经济学家罗默（Paul Romer）和卢卡斯（Robert Lucas）等人在舒尔茨人力资本理论基础上，进一步分析了提高劳动力质量对经济增长具有极大的推动作用，提出了"新经济增长理论"。在世界经济增长主要依赖于知识的生产、扩散和应用的背景下，以技术内生化为特征的新经济增长理论，把知识积累看做经济增长的一个内生的独立因素，认为知识可以提高投资效益，知识积累是现代经济增长的主要因素。新增长理论家认为，人力资本投资形成的收益是规模递增的，不仅能抵消物质资本效益的规模递减，还能使这个经济增长的规模递增。卢卡斯的新经济增长理论则将技术进步和知识积累重点地投射到人力资本上。他认为，特殊的、专业化的、表现为劳动者技能的人力资本才是经济增长的真正源泉。20 世纪 80 年代以来，新经济增长理论致力于技术进步的内生化研究，探讨经济增长的内生机制。人力资本理论的研究与实践推动了科技进步和生产力水平的提高，是经济全球化的根本动力。世界经济的高效发展充分显示了人力资本与经济发展的内在联系，是人类社会进步和世界经济发展乃至国家与企业可持续发展的关键要素。

二　人力资本投资与效益分析

（一）人力资本投资的内容及特点

一般而言，投资作为一种经济活动，是以一定的货币或资本的投入为前提，以能够带来新的生产要素和增加预期收益为目的的。人力资本投资从不同角度可以划分为不同形式的投资（见表 12 - 1）。贝克尔认为人力资本投资"包括正规学校教育、在职培训、医疗保健、迁移等多种形式"。舒尔茨把人力资本投资分为五类：（1）医疗和保健：包括影响一个人的寿命、力量强度、耐久力、生命力等长期投资；（2）在职人员培训：这是提高与维持知识与能力的短期投资法；（3）初高等教育：不同质量的教育及受教育者人力资本的形成，会对未来的收益产生不同的影响；（4）成人教育投资：这是获得知识与技能的中期投资；（5）个人与家庭为适应变化的迁移成本费用等。人力资本投资所追求的不仅是未来的货币收益，还包括未来的精神方面的收益。因为，人力资本投资所获得的收益不能仅用金钱来衡量，还包括被投资者愉悦的心情及获取知识的快感，获得精神上的满足。

表 12 - 1　人力资本投资的主要内容与方法

序号	内　容	目　的	方　法
1	医疗保健方面的费用	维护体力	长期投资法
2	在职培训方面的投资	提高与维护知识与能力	短期投资法
3	正规教育方面的投资	"生产性"获得知识、技能	中期投资法
4	成人教育方面的投资	发展、巩固教育不足获得知识与技能	中期投资法
5	迁移成本费用	效用最大化	短期投资法

人力资本投资具有连续性、动态性、投资的受益者与投资者的不完全一致性、投资收益的多方面性、人力资本投资的直接性与间接性等特点。人力资本的连续性体现为在生命历程的各个阶段上都要进行人力资本的投资。一个人在完成一定的正规教育之后，进入社会从事生产劳动，要接受各种在职培训，在劳动过程中还要参与多种继续教育，中断学习即使人力资本贬值。人力资本投资的受益者与投资者的不完全一致性是指投资者进行投资的活动目的之一是获取收益。人力资本投资是一种无形资本，它潜藏于人体之中，只能通过其载体——人力资源的活动才能获得。因此，获益者首先是被投资者个体，且人力资本投资主体由社会、企业、个人三方面来承担，三方在不同程度上也应该是人力资本投资获益者①。

---

① Becker, G. S., *Human Capital*：*A Theoretical and Empirical Analysis*，*with Special Reference to education*，2nd ed.，New York：Columbia University Press，1975.

表 12 - 2　教育投资的收益与费用及影响因素

	对个人的影响	对社会的影响
收益	货币收入:提高外部劳动市场竞争力	社会的适应性、社会良好道德;研究成果对生产力的提高
费用	直接费用:学费、书籍、住宿、服装等;间接费用:时间、机会	来自政府和社会对学校的补助;社会的各种赞助、奖学金等

　　人力资本投资与效益具有与物质资本所不同的特点。第一,人力资本投资的受益者与投资者的不一致性。人力资本投资无形地潜藏于人体之中,通过对人力资本投资所得的收益只能通过载体者的社会活动获得。人力资本投资主体有个人、家庭、企业、政府以及各种团体。人力资本投资主体的多元性使得人力资本投资关系的复杂化,造成人力资本投资与收益的不一致,导致在投资者与人力资本载体者以及在各投资主体之间的分配困难。第二,人力资本投资与物质资本不同,人力资本投资与收益存在多面性。由于人力资本与其载体不可分离,所以人力资本投资及回报就受到人力资本载体者个人偏好的影响。贝克尔曾指出:人力资本投资所追求的不仅是未来的货币收益,而且还包括未来的精神收益。人力资本投资所获得的收益不能仅用金钱来衡量,人的资质是多方面的,通过投资所获得的成果也是多方面的。比如,通过人力资本教育投资,在所获得的收益中还包括被投资者学习的喜悦心情以及获取知识的快乐,人们通过学习获得精神上的满足,这一点在我们现实社会中是非常重要和不可忽视的。第三,人力资本投资的时效性。人力资本投资有较长的时效性,在进行资本投资时,既要考虑当前的经济利益,又要考虑未来的经济效益。企业内教育投资与职业教育的投资,显得尤其重要,在很大程度上影响着个人收入和企业的效益。对企业而言,职业培训是人力资本构成和投资的重要内容。此外,人力资本投资及回报受到人力资本载体——人的生命周期的限制。

　　高等教育的私人收益率一直高于物质资本投资的平均收益率。但是,随着教育水平不断提高,收益率呈递减趋势。有研究表明,人力资本投资所获得的收益呈曲线变化,即随着人的年龄增长,先是较快上升然后又缓慢下降,人力资本投资及成果随着时间的推移其优越性也将逐渐消失。此外,人力资本的被投资者也有较大的差异性,在学习上,效益及能力较高的人并不会感到痛苦,花费少量时间即可完成所需完成的任务；效益及能力相对较低的人，在学习上不仅要忍受巨大的痛苦，而且还要消耗很多的时间，这些都表现出人力资本投资的复杂性。

（二）教育投资对个人收益效果的影响

以美国为例，高等教育的私人内部收益率一直很高。1959 年以来，多数研究认为，其收益率在 10%～15%，高于物质资本投资的平均收益率。美国白人男大学生的高等教育私人内部收益率1939 年、1949 年、1959 年分别为 14.5%、13.0%、14.8%[①]，略高于物质资本投资的平均收益率。布朗达（Blondal, 2002）在论述教育投资对个人收益效果的影响时，对 1999～2000 年部分先进国家受过大学教育男性收入的情况进行了分析。表 12 - 3 是 1999～2000 年部分先进国家受过大学教育男性收入的情况。

表 12 - 3 教育投资对个人收益效果的影响（个人内部收益率）

单位：%

	日本	美国	德国	法国	意大利	英国	加拿大	丹麦	荷兰	瑞典	平均
学习期间（狭义收益率）（A）	8.0	18.9	7.1	13.3	8.0[a]	18.1	8.4	7.9	11.7	9.4	11.4[b]
税收	-0.3	-2.3	-1.5	-1.6	—	-2.1	-0.5	-2.1	-2.0	-1.5	-1.5
失业危机	0.9	0.9	1.1	2.4	0.3	1.6	1.3	1.0	0.0	1.2	1.1
教育费用	-2.0	-4.7	-0.3	-1.1	-0.8	-2.7	-2.3	-0.1	-0.6	-0.7	-1.5
公益援助	1.3	2.1	2.7	1.3	0.0	3.6	1.8	4.8	2.9	3.0	2.4
以上的总和（广义收益率）（B）	7.9	14.9	9.1	14.3	7.5	18.5	8.7	11.5	12.1	11.4	11.6

注：a. 除去税收；b. 除意大利以外。

资料来源：Blondal, S., S. Field & N. Girouard（2002）。

表 12 - 3 中的"收益率"是在大学受教育期间的费用和大学期间所丧失的收入的总和，算出毕业后的工资除去大学费用的比率。学习期间"狭义收益率（A）"是通过大学教育所增加的收入除去在学习期间丧失的收入的比率。从表 12 - 3 中得知，各个国家相比较，工资的收入越高，教育期间越短，其个人内部收益率就越高。表 12 - 3 中，德国最低，为 7.1%，英国是 18.1%，在以上国家中，教育投资对个人收益影响较大。

---

① 加里·贝克尔：《人力资本投资》，北京大学出版社，1997，第 142～149 页。

（三）教育与收入的直接关系

企业与生产设备等物质资本相比较，人力资本是在生产过程中所表现出的生产能力。人力资本主要表现在对教育投资，特别是对人的早年的教育投资，人力资本储蓄对工作后员工的职业技能培训等尤为重要。

日本学者大谷刚（2003）对教育与收入问题的研究表明，受过大学教育的人，在工作的初级阶段工资差异较大，但随着工作年限的延长，差距逐渐缩小。受过高等教育的人可期待和获得难度较大的工作，并有机会受到企业的重用和在职培训，并可增加收入。大学毕业参加工作后，企业内部教育投资与职业教育的投资，显得尤其重要。这种投资在很大程度上影响着个人收入和企业的效益。

大学教育投资在一定程度上增加了个人未来的收入，但随着时间的延续和实际工作经验的增加，以及被投资者个人能力的差异，投资收益会有所不同。对于研究生教育，因所学专业不同，不能一概而论。据日本劳动问题调查中心对毕业研究生的调查显示，读研究生之前与研究生毕业后相比较，工资增加了16%。有50%以上的研究生毕业生对收入给予了肯定。特别是就读理科研究生的收入有明显的提高。

通过年龄与收入模式分析，随着年龄的增长，高学历者的平均工资收入并未呈现优势。员工在就职初期的工资，只因年龄不同而有差异，并不因学历高而有明显差异。但随着年龄的增长，有学历者的收入显示出明显差异（见图12-1）。

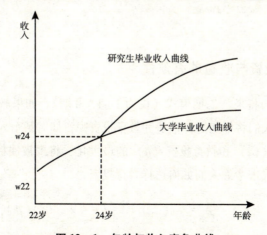

图12-1 年龄与收入竞争曲线

资料来源：大谷刚等《仕事競争モデルと人的資本理論・シグナリング理論の現実妥当性に関する実証分析》，日本经济研究所，No. 47，2003，p. 46。

大学教育对中老年人个人收入的影响，以40岁以上的中年男性为例，其个人的收益效果，各国数值有一定的差异（见表12-4），但各国的数值都呈现出随着年龄的增长，其个人的收益率增幅下降甚至出现负数的现象。因此，教育投资与所获收益随着年龄的增长其优越性将逐渐消失。表12-4是对个人收益平均值的计算，如通过对教育投资的补助和税收来计算成本，那么提高了对整个社会的生产性，对社会产生了正面的影响。

表12-4 中老年大学毕业的个人收益效果（男性）

单位：%

	40 岁	45 岁	50 岁
日　本	0.9	-3.0	-10.5
美　国	8.9	6.7	3.5
德　国	-1.5	-9.7	-23.0
法　国	7.3	1.9	-11.4
意大利	0.4	-4.1	-21.6
英　国	11.1	8.8	5.5
加拿大	1.0	-3.0	-10.5
瑞　典	3.9	0.6	-7.5

资料来源：Blondal, S., S. Field & N. Girouard, "Investment in Human Capital through Post - compulsory Education and Training: Elected Efficiency and Equity Aspects," OECD Economic Department Working Papers, 2002, No. 333, Paris。

三　教育投资与收益的有效性

试用"现在与将来"二期模式（设为Ⅰ期、Ⅱ期），如果教育投资可改变将来的雇佣率时，人们将如何选择消费和教育投资呢？如对某个人效用的计算，可提高现在的消费（C_1）和教育投资（h）的最大化，将来被雇佣的概率为（p），我们采用如下公式来考虑人们如何选择教育投资：

$$U = u(C_1) + \frac{p(h)}{1+\beta} \times u(C_{2y}) + \frac{1-p(h)}{1+\beta} \times u(C_{2n}) \text{（新制作）}$$

$u(C)$，设为从消费 C 中获得效用函数，边界效用递减函数（假设受教育本身没有痛苦和快乐），C_1 是现在的消费，C_{2y} 为将来雇佣，C_{2n} 为没有被雇佣的消费行为，$p(h)$ 是将来被雇佣的概率（p）教育投资（h）的函数。

从以上公式得出，对于现在（Ⅰ期）进行教育投资，消费额会减少，降低效用，但会提高将来（Ⅱ期）的就职机会，可期待高收入，因此可获得更多的消费。

可更简单地换算成以下公式：将来被雇佣所得工资收入为（W_2）和未被雇佣所得的社会保险（B），现在的工资收入为（W_1）时，消费、教育费用等为1，$C_1 + h = W_1$ 成立，$C_{2y} = W_2$，$C_{2n} = B$，个人的期待效用最大化的必要条件可设为

$$U'(C_1) = p'(h) \times \frac{u(W_2) - u(B)}{1 + \beta}（新制作）$$

以上通过"现在与将来"二期模式，分析教育投资与将来雇佣的变化时人们选择消费与教育投资的问题。其结论是：对"现在"进行教育投资，必然会减少（递减）当前的消费额，降低效用；但对当前的教育投资，能提高"将来"的就职机会，并可期待更高的收益及获得更多的消费。教育投资平均值的高低，与制度的设计和投资政策的实施有着密切的关系。此外，投资者对人力资本投资的制度，以及对受教育者的激励程度，与产生出的效益差异也是十分明显的。

企业激励性教育投资与收益的有效性可分为以下两点：（1）即时性的激励教育投资的有效性。对中高年者进行即时的、有针对性的企业职业教育投资可显示出它的近期收益的有效性。激励教育能使个人在原有专门性工作的基础上得以提高，无疑企业实施激励性教育对企业和个人双方都有益。（2）企业特殊培训与人力资本形成。贝克尔在其专著《人力资本》中提出了"企业特殊训练"的概念。贝克尔认为，实施"一般训练"的企业可提高自身的界限生产力，但被培训的员工调换工作，就意味着对其他的企业可以同样提高界限生产力。而实施特殊训练的企业可大大提高生产力，完全的特殊训练只是对实施训练的企业提高生产能力。也就是说，企业的内部特殊培训可以增加本企业的劳动生产率。

第二节　企业人力资本产权与价值测评

人力资本产权问题是现代生产方式下生产关系的集中体现。对人力资本产权问题的研究，弥补了过去只关注物质资本的做法，对企业产权结构的重新配置、

企业内部权力的安排，以及产权分配管理机制等的研究无疑增添了新的内容，成为企业界和经济学界最为关注的焦点。

人力资本产权涉及社会化大生产中人力资本这一无形资源的所有、使用、收益及处置等权力。人力资本能否在企业产权制度中得到合理体现，从而使人力资本投资方与人力资本载体者在企业剩余分配过程中实现"公平与效率"，是合理配置和协调"利益相关者"的利益与权力的关键问题。迄今为止，对人力资本产权问题在理论上有诸多研究，也有许多突破，但没有形成系统的关于企业人力资本产权的理论与可操作性的实证研究系统。

一 企业人力资本产权理论

在人力资源产权问题上，继舒尔茨人力资本研究之后，加尔布雷斯（John Kenneth Calbraith）、凯索尔（Kelsall，R. W.）、熊彼特（J. A. Schumpeter）和奈特（Frank H. Knight）以及斯蒂格利茨分别从不同角度对企业人力资本进行了研究。加尔布雷斯于1969年首次提到智力资本概念，指出智力资本在本质上不仅仅是一种静态的无形资产，而且是一种思想形态的过程，是一种达到目的的方法。他的"技术决定论"[1]认为，制度的演进和权利的转移都与生产要素的重要性更迭有关，由于人力资本是当今和未来时代经济发展的核心资源，所以，人力资本所有者必然要享有企业权利。

凯索尔的"二元经济学理论"认为劳动与资本都是生产要素，劳动者不仅可以通过他们的劳动获得收入，而且，还必须通过资本获得收入，从而设计了"职工持股"计划，这一计划的最终结果是企业员工凭借其人力资本投入分享企业股权[2]。熊彼特和奈特分别从不同的角度证明了企业剩余索取权由企业家所拥有，他们的企业家利润理论，虽有片面性、局限性，但成功地将企业家人力资本引入分配体系，标志着人力资本参与企业剩余索取权的开始[3]。此外，斯蒂格利茨提出"多重代理理论"，即"利益相关者理论"。他认为，企业目标函数不只是股东利益的最大化，还包括所有利益相关者利益的实现，利益相关者同样也应

---

[1] 傅殷才：《经济学基本理论》，中国经济出版社，1986，第87～155页。

[2] Louis O. Kelso, Mortimer J. Adler., *The Capital Manifesto*, New York：Rand House. pp. 45 – 120, 1985.

[3] F. Knight, *Risk Uncertainty and Profit*, New York：A. M. Kelly, 1964.

该分享企业剩余索取权①。企业的股东、经理和一般员工都是企业的利益相关者，都应分享企业的剩余收益。

中国学术界对人力资本产权问题有两种不同的概念。一种是把人力资本产权理解为人力资本所有权。如李建民认为："所谓人力资本产权就是人力资本的所有关系、占有关系、支配关系、利得关系、处置关系，即存在于人体之内，具有经济价值的知识、技能乃至健康水平等的所有权。"② 另一种主要集中在人力资本产权对企业所有权的安排及产生的影响上。从企业产权角度理解人力资本产权，认为人力资本产权问题是人力资本所有者能否拥有企业所有权，即企业控制权和剩余索取权。张维迎认为：由于人力资本的作用，企业所有权的最优安排是企业家和股东之间的剩余分享制③。周其仁认为现代企业的最优企业所有权应授予人力资本所有者，从而提出对"资本雇佣劳动"的质疑，得出人力资本与物力资本共同分享企业所有权的结论④。

关于人力资本产权实现问题，顾琴轩、周彬从人力资本在企业财富创造中的重要作用来探讨人力资本应参与企业剩余收益分配，认为企业收益是企业人力资本和生产资料相结合从事生产而创造的财富，企业剩余收益应当按人力资本和物质资本的构成比例或份额大小进行分配，需要对人力资本和物质资本分别加以定价计量。参与企业剩余收益分配的是总体人力资本和物力资本，为此，需要确定企业总体人力资本和物质资本在剩余收益中的合适比例。在确定企业人力资本与物质资本比例的基础上，将所有人力资本承载者按不同的价值参与企业剩余收益⑤。上述见解，特别是将人力资本产权的实现仅仅归结为企业家和股东的企业剩余分享制，似乎存在较大的片面性。

以上对人力资本产权研究和理解都有不同的侧重，一种是强调了人力资本产权的所有权，另外一种是强调了人力资本产权的收益权。正如产权经济学在

① Stiglitz, J.; E. A. Weiss, "Credit Rationing in Markets With Imperfect Information," *American Economic Review*, 71 (3), 1981, pp. 393 – 410.

② 李建民：《人力资本通论》，上海三联书店，1999，第 23～43 页。

③ 张维迎：《所有制治理结构及委托—代理关系》，《经济研究》1996 年第 9 期，第 13～15 页。

④ 周其仁：《市场里的企业：一个人力资本与非人力资本的特别合约》，《经济研究》1996 年第 6 期，第 71～80 页。

⑤ 顾琴轩、周彬：《人力资本投资债权关系》，《中国人力资源开发》2003 年第 10 期，第 17～18 页。

分析产权的概念时指出的，产权具有比所有权更广泛的内涵，它既包括所有权，又包括使用权、支配权、收益权等。可见，企业人力资本产权涉及企业人力资本，以及人力资本投资方与被投资方的各方利益和权力分配问题，目的是要解决是谁拥有企业的剩余索取权和控制权。而且，企业人力资本投资方与被投资方的利益关系有着不可分割的内在联系，是既对立又统一的相互依存关系，必须通过合理的企业人力资本产权的制度安排，处理好"利益相关者"的产权利益。

二　人力资本投资与人力资本价值测评

近年来，中国学者从劳动要素投入、产出的角度，对人力资本与经济增长的测度方法和测度模式进行了研究。张文贤教授认为，人力资本首先是一种资本，是通过投资形成的、以一定人力存量存在于人体中的资本形式，并强调，以某种代价所获得的能力或技能的价值，可在提高生产力过程中以更大的收益收回。在人力资本价值计量方面，张文贤教授系统分析了现有以工资报酬、收益和投资为基础的人力资本货币性价值计量方法，认为人力资本价值的计量方法基本上都是对未来一定时期人力资本的交换价值（工资报酬）和部分剩余价值（转化为企业收益的那部分剩余价值）的计量，而对企业偿还借贷资本的利息和缴纳的所得税等企业新创造的价值没有计算在内。据此提出了以人力资源完全价值为基础的计量方法，并在此基础上对传统的人力资源货币性价值计量方法进行了修正。

从企业的角度来说，人力资本价值包括两部分：一部分代表企业人力资本投资成本，即企业为了提高其技术、技能、智力方面进行的投资。这主要包括：工资、福利以及教育、培训和学习等方面的支出。另一部分是新增价值，即企业人力资本在企业经济活动中创造的价值总量高出企业人力资本投资成本的部分。通过企业在一定时段内对人力资本投资的价值及人力资本投资所得到的利润现值进行模拟计算和分析。人力资本价值函数公式具体表现为赢利、税金等形式。从理论上讲，静态企业人力资本价值可以表示为

$$P_i = V_i + E(R_i)$$

P_i 表示企业人力资本的价值总量，V_i 表示企业在人力资本的投资成本，E

（R_i）表示人力资本高出企业投资成本部分，i 表示企业在不同岗位上的人力资本投资价值，按岗位计算时，其表示各个岗位的人力资本方面的活动。

动态企业人力资本投资的价值总量可以表示为

$$P_{动i} = \left[V_{动i} + E(R_{动i}) \right] (1 - \alpha_{基-n})$$

其中：$P_{动i}$ 表示企业动态人力资本价值总量。

$V_{动i} = \sum_{基}^{n} \dfrac{C_{基-n}}{(1 + r)^{基-n}}$，表示基期到 n 期企业人力资本投资的现值。

$C_{基-n}$ 表示基期到 n 期企业人力资本投资的总量。

$\dfrac{1}{(1 + r)^{基-n}}$ 表示基期到 n 期企业在人力资本投资的折现系数。

通过运用动态与静态企业人力资本投资价值函数公式，对企业人力资本价值进行分解、量化，分析企业人力资本投资从而获得人力资本对企业的贡献以及对人力资本价值量进行评估，为实现人力资本合理的收益分配提供量化依据。

三 人力资本储备与产权制度安排

（一）新竞争环境下的企业核心竞争力

世界经济的发展历史表明，一个国家或企业要在世界范围内持续保持强有力的竞争地位，必须具有人力资本开发优势和雄厚的人力资本储备。可以说，人力资本已经成为决定企业自主创新能力最重要的生产要素，发挥着一个国家经济增长和企业发展的核心作用。

关于企业的核心竞争力（core competence），迄今为止在国内外有诸多研究。核心竞争力有着丰富的内涵，是一个既容易理解又难以界定的概念。美国著名管理学者哈默尔（Gary Hamel）和普拉哈拉（Prahalad）在《企业核心竞争力》一书中设计了著名的企业战略模型，认为，核心竞争力模型是一个由内而外的企业战略。它是通过企业内部资源的整合，综合企业实力的集中表现。在哈默尔等学者看来，核心竞争力是企业独特的能力，它是竞争优势的来源。而企业核心竞争力是组织中的积累性学识，特别是如何协调不同的生产技能和有机结合多种技术流派的学识。因此，核心竞争力是一个企业能够长期获得竞争优势的能力，是企业所特有的、能够经得起时间考验和具有延展性的，并且是竞争对手难以模仿的技术或能力。从长远来看，企业的竞争优势取决于企业能否以低成本、并以超过对手的速度构建核心竞争力。就企业的核心竞争力而言，有的在于人力资源管理，有的在于品牌的经营或营销，有的则在于优质的产品或到位的服务等。企业核心竞争力，即拥有与其他企业不同的竞争优势，具体包括技术、产品、营销、文化等，归根结底是拥有一流的核心人才和具备良好素质以及卓越工作能力的员工。可以说，现代企业竞争实际上是员工能力与素质的竞争，谁拥有高素质的人力资源，谁将获得竞争优势，使企业在竞争环境下保持持续性成长。所有这些归结到一点，即企业的核心竞争力，来自于企业雄厚的人力资本储备和健全的企业人力资本内生机制。

（二）人力资本持有者与投资方产权合约分析

人力资本是通过人力资源投资而体现在劳动者身上的体力、智力和技能的提高与增长，它是物质资本之外的另一种形态的资本，与物质资本共同构成了国民财富，这种资源是企业和国家生产、发展之根本。人力资本与物质资本相比，具有自身的特别属性，即人力资本与其载体之间具有不可分离的天然属性；同时，人力资本还具有其价值信息难以测度并易于隐藏的属性，这些都给人力资本产权研究以及实现人力资本产权的制度安排带来了困扰。正因为如此，如何解决企业人力资本产权的问题，以及如何公平和公正、合理配置人力资本剩余索取权问题，在研究的方法论上存在着重大分歧。

在有关现代企业制度的理论视角里，企业是各种生产要素之间的一束交易集合，其中，有些生产要素是可以精确计量和定价的，例如物质资本的价值以及利息的高低，可以在市场中找到相应的价格信号。与物质资本不同的是，人力资本的价值量难以评估和计量，也正因为如此，不容易评估的人力资本价值量常常处于被忽视的境地。由于人力资本的这一特点，使企业合约不可能在事先规定一切，而必须保留一些事前说不清楚的内容由激励机制来调度。因此，有效的激励制度的基础在于如何设计有效的人力资本合约，其有效的判断标准是：（1）保护人力资本载体者的权益；（2）保障企业作为人力资本投资者的权益；（3）激励员工最大限度地发挥自己的主动性和创新能力；（4）避免企业之间为争夺人才"挖墙脚"等恶意竞争。因此，有必要对企业治理与人力资本产权的关系进行重新审视，分析企业治理与人力资本产权实现的相互关系，以及人力资本产权实现的市场机制、契约机制和保障机制，处理好人力资本投资方与被投资方的权责分担与利益分享等。

（三）企业人力资本产权制度安排面临新挑战

人力资本越来越成为对经济增长贡献最大的生产要素，人力资本的管理和运营成为企业管理的重点。但人力资本的形成和积累需要有激励性的产权制度和企业良好的人力资本投资环境。两者匹配，企业人力资本投入的回报率将会有所提高，促进人力资本的投资，形成良性循环。如前所述，人力资本的价值量难以评估和计量，不易测评的人力资本价值量常常处于被忽视的境地。由于人力资本的这一特点，使企业合约不可能在事先规定一切，而必须保留一些事前说不清楚的项目由激励机制来调度。在这方面，跨国公司具有优势，有着丰富的人才培养经验和人力资本的储备力量，在全球市场的激烈竞争中，有在世界范围内进行人才选拔的巨大潜力，跨国公司的经验值得我们分析、研究和借鉴。当然，随着本土经济的快速发展，跨国公司的这种优势也在削减。跨国企业面临着本土文化以及管理模式的差异，人力资本投资面临着环境的复杂性，以及人力资本投资的风险等，在人力资本投资方面一般表现得比较慎重。可见，跨国公司面临着对本土人力资本的投资与回报问题。只有妥善解决面临的新挑战，跨国企业在全球性竞争中才可能保持可持续发展。

参考文献

A. 戴维·西尔弗：《企业家·美国的新英雄上海》，张新华译，上海译文出版社，1992。

艾里丝·瓦尔纳、琳达·比默、高增安：《跨文化沟通》，马永红、孔令翠译，机械工业出版社，2006。

白静：《以工作分析为基础的薪酬体系研究》，中国优秀硕士学位论文，2009 年 6 月 23 日，第 6~7 页。

彼得·圣吉：《领导与领导力》，王小燕编译，《中外管理》2003 年第 2 期。

Bartlett, A. C. & Ghoshal, S., 《无国界管理》，李宛蓉译，远流出版事业股份有限公司，1990。

曹胜强、刘昌明：《科技革命：战后美国跨国公司迅速发展的根本动力》，《聊城师范学院学报（哲学社会科学版）》1997 年第 3 期，第 25~27 页。

曹夕多：《一般培训与特殊培训》，中国教育经济学年会会议论文，2006，第 61~69 页。

陈凯凌：《跨国公司的绩效管理——对 H 公司绩效管理系统的解析》，《职业》2008 年第 4 期，第 30~31 页。

陈磊、潘川红：《企业文化与人力资源管理》，《社会科学论坛》2001 年第 9 期，第 7~12 页。

陈琼：《走进中国》，《互联网周刊》2004 年 12 月第 300 期，http：//www.enet.com. cn/ciweekly/。

陈元荚：《跨国公司培训特点研究》，《北京成人教育》1998 年第 8 期。

池仁勇：《项目管理》，清华大学出版社，2009，第 60~63 页。

大谷刚、海崎修、松繁寿和：《仕事競争モデルと人的資本理論・シグナリング理論の現実妥当性に関する実証分析》，日本経済研究所，2003，第 46 页。

丹尼尔·高曼：《成功的领导风格》，魏海燕编译，《企业管理》2001 年第 8 期。

丹尼尔·科勒兹：《麦肯锡决策》，乔迪译，海南出版社，2002。

马克思、恩格斯：《马克思恩格斯全集》（第二十三卷），人民出版社，1972，第 190～199 页。

杜德斌：《跨国公司 R&D 全球化的区位模式研究》，复旦大学出版社，2001。

杜军辉：《对霍夫斯泰德权力距离维度的几点思考》，《文化教育》2007 年第 3 期，第 77～79 页。

杜艳艳：《基于跨文化管理的企业绩效评价研究》，大连海事大学硕士学位论文，2004，第 26～27 页。

付焘、孙遇春：《在华跨国公司培训活动的现状分析》，《中国人力资源开发》2008 年第 7 期。

傅殷才：《经济学基本理论》，中国经济出版社，1986，第 87～155 页。

龚文：《中国企业招聘现状知多少》，《人力资源》2009 年第 8 期（上），第 36～39 页。

顾琴轩、周彬：《人力资本投资债权关系》，《中国人力资源开发》2003 年第 10 期，第 17～18 页。

郭丹：《从人力资本产权视角论人力资本激励》，《湘潭师范学院学报（社会科学版）》2007 年第 3 期，第 15～20 页。

何星亮：《文化多样性与全球化》，《湖北民族学院学报（社会科学版）》2000 年第 5 期，第 19 页。

何元贵：《创新型产业领袖与产业成长——比较视野下的中国汽车产业发展之路》，《工业技术经济》2006 年第 6 期。

洪继中：《试论日本跨国公司发展的历史特征》，《日本研究》1992 年第 4 期，第 16～20 页。

胡豪：《跨国公司的人力资源管理》，清华大学出版社，2007，第 127 页。

胡月星：《现代领导心理学》，山西经济出版社，2005。

黄乾、李建民：《人力资本、企业性质与企业所有权安排》，《经济学家》2001 年第 6 期，第 90～97 页。

黄文辉：《跨国企业薪酬体系设计研究》，北京交通大学硕士学位论文，2007，第5~6页。

Herbert A. Simon：《人类的认知：思维的信息加工理论》，荆其诚、张厚粲译，科学出版社，1986。

Hofstede, G. H., *Culture's Consequences*: *International Differences in Work-Related Values*, Abridged ed., Newbury Park：Sage Publications, 1984. = （1984）萬成博·安藤文四郎監訳，『経営文化の国際比較：多国籍企業の中の国民性』，産業能率大学出版部，pp. 76 – 79。

德斯勒：《人力资源管理》，吴雯芳、刘昕译，中国人民大学出版社，2005，第460~468页。

江城：《中西合璧的绩效管理——以摩托罗拉为例》，《中国人才》2008年第12期，第58~60页。

姜宪利：《论变革时代的管理创新》，《经济论坛》2001年第4期，第11页。

李超平、时勘：《变革型领导与领导有效性之间关系的研究》，《心理科学》2003年第26卷第1期

李翠娟、徐波：《跨国合资企业决策权的知识控制系统研究》，《科技进步与对策》2009年第6期。

李飞：《美国著名零售企业的薪酬制度》，《中国人才》2004年第5期，第70~71页。

李建民：《人力资本通论》，上海三联书店，1999，第23~43页。

李卫国：《跨国公司向发展中国家经济扩张的特点和作用》，《国际问题研究》1984年第2期，第19~20页。

李旭旦、吴文艳：《员工招聘与甄选》，华东理工大学出版社，2009。

林平凡：《论自主创新能力与企业持续发展》，《广东社会科学》2006年第2期，第47~52页。

林新奇：《跨国公司人力资源管理》，首都经济贸易大学出版社，2008，第254~256页。

刘宾：《跨国公司对世界经济的影响》，《陕西财经学院学报》1992年第2期，第37页。

刘继亮、孔克勤：《人格特质研究的新进展》，《心理科学》2001 年第 3 期，第 294～296 页。

刘瑞晶：《跨国公司的招聘方略浅析》，《商业经济》2008 年第 6 期，第 64～65 页。

刘松华：《人力资本出资制度在我国的崛起》，《现代企业》2006 年第 6 期，第 5～8 页。

刘新梅、赵西萍、孙卫：《项目人力资源与沟通管理》，清华大学出版社，1999。

刘艳敏：《对企业工作设计问题的思考》，《企业活力》2005 年第 8 期。

柳春青：《跨国公司的绩效考评范式》，《企业改革与管理》2008 年第 4 期，第 62～63 页。

陆惠琴：《日本、西德和美国人力资源管理的比较与分析》，《武汉工学院学报》1989 年第 2 期，第 80～84 页。

马斌、于炳江、马英：《领导风格与企业绩效之间的关系》，《全国商情：经济理论研究》2008 年第 8 期。

马晶：《西方企业激励理论述评》，《经济评论》2006 年第 6 期，第 53～57 页。

麦迪：《有效激励——概念管理丛书》，中国商业出版社，2003。

〔美〕安弗莎妮·纳哈蒂：《领导力》，王新译，机械工业出版社，2003。

〔美〕理查德·罗蒂：《混合文化中的哲学》，贺来、刘富胜译，《求是学刊》2006 年第 5 期，第 43～56 页。

〔美〕斯蒂芬·P. 罗宾斯：《组织行为学》（第七版），孙建敏、李原等译，中国人民大学出版社，1997。

〔美〕提默锡·巴特勒、詹姆斯·沃德鲁普：《工作设计——留住人才的艺术》，《国外财经》2000 年第 4 期。

米卫兵：《建立企业有效绩效管理体系的研究》，天津大学硕士学位论文，2007，第 28～32 页。

苗雨君、崔振洪：《企业经营创新的设计与实践》，《企业活力》2003 年第 4 期，第 18～19 页。

倪志娟：《全球化时代的文化交往与文化整合》，《青海师范大学学报（哲学社会科学版)》2006 年第 9 期，第 39 页。

年志远：《也谈人力资本产权的特征》，《财经科学》2002 年第 4 期，第 92 ~ 94 页。

潘晨光：《中国人才发展报告 NO.3》，社会科学文献出版社，2006，第 184 ~ 201 页。

庞娟：《人力资本产权界定与企业激励机制的设计》，《企业活力》2007 年第 8 期，第 5 ~ 10 页。

皮卫华：《基于企业战略的人力资源规划研究——以 AC 公司为例》，东南大学硕士论文，2007。

乔纳森·斯迈兰基：《新人力资源管理》，东北财经大学出版社，2000，第 22 ~ 28 页。

切斯特·巴纳德：《经理人员的职能》，王永贵译，机械工业出版社，2007。

秦一综：《跨国企业管理教程》，华东理工大学出版社，2009。

秦志华、张建军：《PM——项目经理》，中国人民大学出版社，2004。

邱立成、刘文军：《战略国际人力资源管理：一个简单的分析框架，理论研究》，《中国人力资源开发》2005 年第 4 期。

〔瑞士〕马丁·希尔伯（Martin Hilb）：《跨国人力资源管理》，李向红、徐卫卫译，中央编译出版社，2006。

上山帮雄、盐地洋：《国际秩序新动向——日本汽车产业的去向》，日刊自动车新闻社出版，2005。

史健生：《西方企业领导有效性理论综述》，《福建师范大学学报》1998 年第 2 期。

舒晓兵、张少文、陈雪玲：《IBM 公司的薪酬管理及对我国企业的启示》，《生产力研究》2006 年第 11 期，第 213 ~ 214 页。

隋启炎：《日本跨国公司发展快的原因及特点》，《国际经济合作》1987 年第 3 期，第 20 ~ 21 页。

孙海法：《现代企业人力资源管理》，中山大学出版社，第 248 ~ 253 页。

孙新华：《东道国共享性资源占跨国企业竞争优势研究》，中国经济出版社，2009。

孙遇春、董力：《跨国公司战略决策影响要素研究》，《河北科技大学学报》

2008 年第 12 期。

孙元欣：《管理学——原理·方法·案例》，科学出版社，2006。

Sethi S. Prakash，《跨国企业行为准则创建指南》（*Setting global standards: guidelines for creating codes of conduct in multinational corporations*），杜宁译，北京大学出版社，2010。

陶筠：《上海 40 家跨国公司薪酬调查》，美世（中国）咨询公司公布了对上海 40 家跨国公司的最新薪酬调查，2003 年 9 月，http：//www. chinahrd. net/zhi_ sk/。

童毅华：《西方管理激励理论述评》，《理论观察》2004 年第 4 期。

Ulrich, D., Brockbank, W., Yeung, A. K. & Lake, D. G., "Human Resource Competencies: An Empirical Assessment," *Human Resource Management*, 1995, 34 (4): 473 – 495. 摘自林怡娴、林文政《人力资源管理角色量表之建立》，国立中央大学人力资源管理研究所，2009。

王川：《美国 20 世纪 60 ~ 70 年代的职业教育发展之路》，《中国职业技术教育》2008 年第 2 期，第 59 ~ 61 页。

王强、曾祥云：《招聘的创新》，《中国人力资源开发》2002 年第 8 期。

王伟：《管理创新原理与实务》，中国对外经济贸易出版社，2002，第 45 ~ 76 页。

王秀臣、于渤：《跨国企业薪酬战略选择的影响因素》，《技术经济》2009 年第 1 期，第 126 页。

威廉·沙门：《哈佛商学院 MBA 管理全集：人力资源管理卷薪酬设定与员工激励》，时代文艺出版社，2003。

武志鸿：《跨文化企业内的管理人员薪酬管理研究》，华南师范大学硕士学位论文，2003 年 5 月，第 25 ~ 36 页。

Wright, R. & McManus, D.，《大潮流：目击全球现场》，李宛蓉译，天下文化，1993。

席酉民：《管理研究》，机械工业出版社，2000，第 218 ~ 220 页。

项锦：《构建基于工作分析的胜任特征模型》，全科论文中心，2009 年 6 月。

萧鸣政、绕伟国：《基于人力资本的人力资源开发战略思考》，《中国人力资源开发》2006 年第 8 期，第 10 ~ 13 页。

徐婷、吴绍琪：《引入新理论的企业工作设计改革新动向》，《统计与决策》

2008 年第 20 期。

许小东：《现代工作设计的基本原则与成功要点》，《企业经济》2001 年第 12 期。

杨宏建：《企业人力资本的形成与特征探析》，《时代经贸》2007 年第 8 期，第 24 ~ 27 页。

杨蓉：《人力资源管理》，东北财经大学出版社，2005，第 284 ~ 290 页。

应永胜：《德国公司制企业薪酬制度解析及启示》，《福建商业高等专科学校学报》2005 年第 2 期，第 15 ~ 16 页。

〔英〕亚当·斯密：《国民财富的性质和原因的研究》，商务印书馆，1976，第 38 ~ 67 页。

友野典男：《行为经济学》，光文社，2006。

于永刚：《成长型企业人力资源管理的发展趋势》，在武汉威乐新技术开发有限公司的演讲，2007 年 8 月。

余凯成：《人力资源的开发与管理》，企业管理出版社，1997。

袁道之：《跨国公司培训模式及对中国企业教育的启示》，《现代企业教育》2003 年第 10 期。

袁玉兰：《中日企业决策方式比较》，《经营之道》2001 年第 12 期。

袁媛：《工作分析发展动态研究》，《商场现代化》2009 年第 1 期，第 305 页。

约翰·科特：《企业文化与经营业绩》，北京大学出版社，1992，第 74 页。

张惠忠：《浙江民营企业家队伍现状和问题分析》，《嘉兴学院学报》2002 年第 5 期。

张明玉等：《管理学》，科学出版社，2005。

张培德：《现代人力资源管理》，科学出版社，2010。

张隋启炎：《试论当代西欧跨国公司的发展》，《世界经济》1984 年第 1 期，第 53 ~ 56 页。

张维迎：《所有制治理结构及委托—代理关系》，《经济研究》1996 年第 9 期，第 13 ~ 15 页。

张文贤：《人力资源价值计量模式的探讨》，《财经大学学报》2003 年第 8

期，第 11～19 页。

张显高：《战后西欧跨国公司的发展及其特点》，《世界经济》1981 年第 11 期，第 19～22 页。

张岩松、李健：《人力资源管理案例精选精析》，经济管理出版社，第 66 页。

张卓元：《30 年国有企业改革的回顾与展望》，2008 年 4 月，http：//enterprise. dbw. cn/。

赵曙明等：《跨国公司人力资源管理》，中国人民大学出版社，2001，第 98～99 页。

赵曙明：《人力资源管理研究》，中国人民大学出版社，2001。

赵永乐、姜农娟、凌巧：《人员招聘与甄选》，电子工业出版社，2009。

商务部研究院跨国公司研究中心：《2004 年跨国公司在中国报告》，2004 年 4 月。

周丽丽、王书宁：《民营企业领导风格调查研究》，《财经管理》2009 年第 2 期。

周其仁：《市场里的企业：一个人力资本与非人力资本的特别合约》，《经济研究》1996 年第 6 期，第 71～80 页。

周帅平：《施工企业项目经理的激励与约束—委托代理理论及其应用》，《建筑经济》2005 年第 3 期。

周箴、彭正龙等：《在华跨国公司人力资源管理》，华夏出版社，2005，第 243 页。

周治平、钟华、李金林：《汽车产业全球化的市场特征分析》，《中国物价》2006 年第 6 期。

朱丹：《企业国际化经营与战略性人力资源管理》，《企业经营与管理》2001 年第 3 期，第 57～63 页。

朱勇国：《工作分析》，高等教育出版社，2007。

Aderson, J. B. , "Compensating Your Executive," *Compensation & Benefits Review.* 1990, 22 (4)：25–36.

Adler, N. J. & Bartholomew, S. , "Academic and Professional Communities of Discourse：Generation Knowledge on Transnational Human Resource Management,"

Journal of International Business Studies, 1992, (23): 51 - 69.

Bass, B. M, *Leadership and Performance beyond Expectations*, New York: The Free Press, 1985.

Becker, G. S. , *Human Capital: A Theoretical and Empirical Analysis, with Special Reference to Education*, 2nd ed. , New York: Columbia University Press, 1975.

Black, J. S. , "Coming Home: Relationship of Expatriate Expectations with Repatriation adjustment & Job Performance," *Human Relations*, 1992, 45 (2): 177 - 129.

Black, J. S. , Gregersen, H. B. , Mendenhall, M. E. & Stroh, L. K. , *Globalizing People through International Assignments*, *Reading*, MA: Addison-Wesley Inc, 1999.

Blondal, S. , S. Field and N. Girouard, "Investment in Human Capital Through Post-compulsory Education and Training: Elected Efficiency and Equity Aspects," OECD Economic Department Working, 2002.

Brislin, R. , *Understanding Culture's Influence*, Fort Worth, TX: Harcourt College Publishers, 2000.

Brown, H. D. , *Principles of Language Learning and Teaching*, NewJersey: PrenticeHall, 1994.

Christopher A. Bartlett & Sumantra Ghoshal, "Global Strategic Management: Impact on the New Frontiers of Strategy Research," *Strategic Management Journal*, Vol. 12, Special Issue: Global Strategy (summer, 1991).

Clark, Kim B. & Takahiro Fujimoto, *Product Development Performance: Strategy, Organization, and Management in the World Auto Industry*. Boston, M. A. : Harvard Business School Press, 1991.

Coleman, C. J. , *Personnel: an Open System Approach*, Winthrop Publishers, 1979, pp. 438 - 426.

Davis, L. E. , "Enhancing the Quality of Working Life: Developments in the United States," *International Labour Review*, Vol. 116, No. 1, 1977, July-August. pp. 53 - 54.

Dessler, G. , *Personnel Management*, 2nd ed. , Reston, 1981, pp. 518 - 520.

DuBrin, A. J. , *Personnel and Human Resources Management*, Van Nostrand, 1981, pp. 513 – 514.

Dunning John H. , "Towards an Electric Theory of International Production: Some Empirical Test," *Journal of International Business Studies*, 1980 (2).

E. C. P. & Herman S. , "Leadership in the North American Environmental Sector: Values, Leadership Styles and Contexts of Environmental Leaders and Their Organizations," *Academy of Management Journal*, Vol. 43. No. 4, 2000, pp. 571 – 604.

F. Knight, *Risk Uncertainty and Profit*, New York: A. M. Kelly, 1964.

French, W. L. , *The Personnel Management Process*, 5th ed. , Houghton Mifflin, 1982. pp. 527 – 533.

Funagawa, Atushi, *International Management in Many Kinds Cultures*, Pearson Education Ltd, 2001.

Furudta, *Intercultural Communication*, Tokyo: yuhikaku, 2000.

Ginzberg, E. , *The Human Economy*, McGraw-Hill, 1976.

Harry, I. , *Communicating with Asia Understanding People and Customs.* , Allen & Unwin LTD, 1996.

Herrick, N. Q. , Maccoby, M. , "Humanizing Work: A Priority Goal of the 1970s'", in Davis, L. E. , Cherns, A. C. , *The Quality of Working Life: Vol. 1: Problems, Prospects and the State of the Art*, New York: Free Press, 1975.

Hicks S. Richard, *Effectiveness of Transactional and Transformational Leadership in Turbulent and Stable Conditions*, A Dissertation submitted to the Faculty of the Claremont Graduate School in partial fulfillment of the requirements for the degree of Doctor of Philosophy in the Graduate Faculty of Education, 1990.

Hofstede, G. H. , *Culture's Consequences: International Differences in Work-Related Values*, Abridged ed. , Newbury Park: Sage Publications, 1980.

Ivancevich, J. M. , *Human Resource Management*, 6th ed. , Chicago: Irwin, 1995, pp. 4 – 5.

Jean de Givry, "The ILO and the Quality of Working Life," *International Labour Review*, Vol. 117, No. 3, May-June 1978, p. 264.

Joel Wallach, Gale Metcalf, *Working Whth Americans*, McGraw-Hill Book Co,

1995.

John P. Kotter. , "What Leaders Really Do," *Harvard Business Review*, Dec. 2001.

Koontz, H. & C. J. O'Donnell, *Management: A Systems and Contingency Analysis of Managerial Functions*, 6th ed. , Book World Promotions, 1976.

Koontz, H. , "The Management Theory Jungle," *Journal of the Academy of Management*, Vol. 4, No. 3. , 1961, pp. 174 – 188.

Louis O. Kelso, Mortimer J. Adler, *The Capital Manifesto*, New York: Rand House, 1985, pp. 45 – 120.

Lustig, M. & Koester, J. , *Intercultural Competence: Intercultural Communication Across Cultures*, New york: Harper Collins, 1993.

Mayo, *An Introduction to Democratic Theory*, Oxford University Press, 1960.

McClelland, D. C. , "Testing for Competence Rather Than for Intelligence," *American Psychologist*, 1973 (28).

McGregor, D. , *The Human Side of Enterprise: 25th Anniversary Printing*, McGraw-Hill, 1960.

Megginson, L. C. , *Personnel: A Behavioral Approach to Administration*, R. D. Irwin, 1967.

Megginson, L. C. , *Personnel Management: A Human Resource Approach*, 4th ed. , R. D. Irwin, 1981, p. 260.

Milkovich, G. T. , "Rethinking International Compensation," *Compensation & Benefits Review*, 1998, 30 (1): 15 – 23.

Murayama, Motofusa, *Multinationals Business Transfer*, Books Sosei, 1983.

Nancy J. Adler & Faribarz Ghadar, *Strategic Human Resource Management: A Global Perspective*, Berlin: Walter de Gruyter & Co. , 1990.

Paul Arveson, *What is the Balanced Scorcard?* The Balanced Scorecard Institute, 1998.

Pillai, Ranjnandini, Meindl, James, R. , "Context and Charisma: A'Meso'Level Examination of the Relationship of Organic Structure, Collectivism, and Crisis to Charismatic Leadership," *Journal of Management*, 1998, Vol. 24, Issue 5, p. 643.

P. M. Podsakoff, S. B. MacKenzie & R. Fetter, "Substitutes for Leadership and the Management of Professionals," *Leadership Quarterly*, Spring 1993, pp. 1 – 44.

Reynolds, C., *Cost-effective Compensation of Expatriates*, Topics in Total Co., 1988, 2 (4): 319 – 326.

Robbins, S. P., *Essentials of Organizational Behavior*, New Jersey: Prentice Hall, 2000.

Robert Kaplan & David Norton, *Balanced ScoreCard-Translating Strategy into Action*, Harvard Business School Press, 1996.

Roethlisberger, Dickson, *Counseling in an Organization: A Sequel to the Hawthorne Researches*, Harvard University Press, 1966.

Roethlisberger, F. J., "What is Adequate Personnel Management?" *Management and Morale*, Harvard University Press, 1941.

Rowden Robert W., "The Relationship between Charismatic Leadership Behaviors and Organizational Commitment," *Leadership & Organization Development Journal*, Jan. 2000, Vol. 21, Issue 1/2, p. 30.

Schuler Randall S., Dowling Perer J. & De Cieri Helen, "An Integrative Framework of Strategic International Human Resource Management," *Journal of Management*, Vol. 19, 1993, pp. 419 – 459.

Schuler, R. & Jackson, S., "Organizational Strategy and Organizational Level as Determinant of Human Resource Management Practices," *Human Resource Planning*, Vol. 10, No. 1. 1987.

Schuler, R. S., *Personnel and Human Resources Management*, West Publishers, 1981, p. 461.

Stiglitz, J., E. A. Weiss, "Credit Rationing in Markets with Imperfect Information," *American Economic Review*, 1981, 71 (3): 393 – 410.

Storey, J., *Developments in the Management of Human Resources*, Oxford: Blackwell, 1992, pp. 24 – 28.

Taylor, F. W., *The Principles of Scientific Management*, W. W. Norton & Company, 1911.

Werther, W. B. & Davis, K., *Personnel Management and Human Resources*,

McGraw – Hill, 1981, p. 79.

Yagil Dana, "Charismatic Leadership and Organizationa Hierarchy: Attribution of Charisma to Close and Distant Leaders," *Leadership Quarterly*, Summer 1998, Vol. 9, Issue 2, p. 161.

Zhao Xiaoxia, *Analysis on the HR Management of the Chinese-Japanese Ventured Corporations in China*, Hakutou Publisher, 2002.

后 记

《跨国企业人力资源管理》一书是我 2002 年出版的《在华日资企业人力资源管理分析》（日文版）之后的第二本专著。回顾人生之路，能以学术服务于社会，不禁感慨万分。

我 1998 年赴日本留学，开始了求学生涯和自我奋斗的历程。经历了大学求学，企业任职，攻读硕士、博士，高校任教等漫长岁月。直到 2004 年回国，才结束了长达 16 年之久的海外学习与工作生活，实现了长期以来学成归国的梦想，在国内开始了新的教学和学术事业的追求。

本书是我在回国后参加课题研究，以及深入人力资源管理教学和学术研究的基础上，对跨国企业人力资源管理从理论与实践两个方面探索的结果。在写作过程中，得到了国内外一些研究机构的关注与支持，在此表示衷心感谢。2007～2009 年，我参加日本学术振兴会海外企业调查基础研究项目，负责主持中国方面的调研项目。在此期间分别对北京、天津、大连、上海、苏州、广州、深圳等地的日资企业、德资企业以及中国台湾、香港企业等的人力资源管理状况进行了调研和问卷调查。本书的部分资料和调研数据来自日本文部省海外企业调查基础研究项目（该项目调研结果将近期另行出版发行）。

在本书的撰写和企业调研的过程中，得到了北京市教委、日本住友财团的支持与帮助，在此特别表示感谢。本书的出版，得到了中国社会科学院学部主席团秘书长何秉孟先生和社会科学文献出版社社长谢寿光先生的大力支持，在此特别表示感谢。社会科学文献出版社编译中心主任祝得彬先生给予了良好的建议，使本书能够顺利出版，在此表示感谢！最后感激我的儿子雨尧和家人长期以来给予我的理解和关爱，感谢一起工作过的同事和同学们长期给予的支持与帮助！

本书由于种种原因和时间关系，存在许多不足之处，这些将在今后的教学与研究中加以改进和完善。恳切希望专家和读者朋友们提出宝贵意见，予以批评指正。

作　者

2010 年 9 月

图书在版编目（CIP）数据

跨国企业人力资源管理/赵晓霞著. —北京：社会科学文献出版社，2011.2
ISBN 978 - 7 - 5097 - 1888 - 9

Ⅰ.①跨…　Ⅱ.①赵…　Ⅲ.①跨国公司 - 劳动力资源 - 资源管理　Ⅳ.①F276.7

中国版本图书馆 CIP 数据核字（2010）第 207107 号

跨国企业人力资源管理

著　　者 / 赵晓霞

出 版 人 / 谢寿光
总 编 辑 / 邹东涛
出 版 者 / 社会科学文献出版社
地　　址 / 北京市西城区北三环中路甲 29 号院 3 号楼华龙大厦
邮政编码 / 100029
网　　址 / http：//www. ssap. com. cn
网站支持 /（010）59367077
责任部门 / 编译中心（010）59367139
电子信箱 / bianyibu@ ssap. cn
项目负责人 / 祝得彬
责任编辑 / 王玉敏
责任校对 / 郭艳萍
责任印制 / 蔡　静　董　然　米　扬

总 经 销 / 社会科学文献出版社发行部
　　　　　（010）59367081　59367089
经　　销 / 各地书店
读者服务 / 读者服务中心（010）59367028
排　　版 / 北京中文天地文化艺术有限公司
印　　刷 / 北京季蜂印刷有限公司

开　　本 / 787mm×1092mm　1/16
印　　张 / 19.25
字　　数 / 332 千字
版　　次 / 2011 年 2 月第 1 版
印　　次 / 2011 年 2 月第 1 次印刷

书　　号 / ISBN 978 - 7 - 5097 - 1888 - 9
定　　价 / 49.00 元

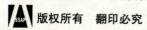